철도 비상 시 조치 III

인적오류 · 이례상황

원제무 · 서은영

박영사

머리말

철도기관사가 운전 중 전기동차가 고장이라도 나면 참으로 난감해진다. 어떻게 하지? 무엇이 잘된 것일까? 관제실에 연락을 해야 하나? 하는 등 순간적으로 수없이 많은 질문이 튀어 나오기 마련이다. 이럴 때 '고장 시 조치법'을 하나 하나 알아 놓고 제대로 익혀 두었다면 전혀 당황하거나 긴장할 필요가 없을 것이다. '철도 비상 시 조치'는 기관사에게 철도 고장 시에 자신 있게, 그리고 효과적으로 대처하는 방법을 알려 주는 과목이다.

'철도 비상 시 조치'책은 수많은 '고장시 조치'와 관련된 배경적 지식, 전문성, 그리고 마음과 생각의 결이 자장 잘 드러나 있는 공간이라고 해도 과언이 아니라고 하겠다. 우선 철도 비상 시 조치라는 과목을 집필하면서 전동차 구조 및 기능, 도시철도시스템, 운전이론, 철도운전규칙 등을 아우르는 안목과 지식이 필요하다는 깨달음을 수없이 얻게 된다. '비상 시 조치'와 관련된 과목에서 탄탄한 기초를 쌓으면서 열정으로 불타는 다리를 건너 넘어와야 비로소 '철도 비상 시 조치'에 다다를 수 있다는 것을 철도와 관련된 여러 책을 쓰면서 알게 되었다. 다시 말하면 철도의 과목 별로 저자의 내공이 구석 구석 스며들어 있어야 철도 비상 시 조치에서 저자 스스로 그 연계성에 긴 호흡의 숨결을 느끼게 되는 것이다. 즉 저자의 입장에서는 그동안 다른 과목에서 전문지식을 풀어내며 글을 쓴 긴 여정에서 막바지에 회포를 푸는 심정이라고나 할까?

그래서 '철도 비상 시 조치'는 철도차량운전면허 시험과목의 결정판이라고 할 수 있다. '철도 비상 시 조치'라는 책을 마주하게 되면 철도기관사가 철도 운전 중에 일어날 수 있는 비상상황에 대비 대처하는 능력을 길러 주는 길로 접어든다는 느낌을 받게 된다. '비상 시 조치'과목은 세 가지 영역으로 나누어진다. '비상 시 조치' 과목은 첫째, 4호선 VVVF 전기동차 고장 시 45개 조치법, 둘째, 과천선(KORAIL) VVVF 전기동차 고장시 47개 조치법, 셋째, 인적 오류와 이례상황으로 구성되어 있다.

그럼 '고장 시 조치'가 왜 필요할까? 수험생이 '고장시 조치'를 공부하는 목적은 세 가지이다. 우선' 비상 시 조치(20문제)'라는 필기시험 과목에 합격하기 위해서이다. 또 한 가지 중요한 목적은 필기시험 합격자에 한해 치러지는 기능 시험에 대비하기 위해서 필요하다. 이는 고장시 조치법을 상당 부분에 걸쳐서 이해하고 있어야 실제 시험장에서 기능시험(실기)을 볼 때 효과적으로 대처할 수 있기 때문이다. 마지막으로 '고장시 조치법'을 터득해야 궁극적으로 전기동차 운전 시에 안전하고 효율적인 운전할 수 있게 된다는 점이다.

여기서 철도차량운전면허 기능시험 장면을 떠올려 보자. 기능시험은 운전실(전기능모의운전실 또는 실제 차량) 내의 평가관이 수험생 옆에서 수험생에게 집중적으로 구술평가 질문을 하는 시험 방식이다. 수험생은 긴장하여 운전하느라 정신이 없다. 그런데 평가관은 쉴새 없이 지속적으로 날카로운 질문을 던진다. "전체 팬터그래프 상승 불능 시 조치는 어떻게 해야 할까요?, "주변환기(C/I)고장 시 조치는?", '교직절환 후 주차단기(MCB) ON등이 계속 점등 시 어떻게 해야 할까요?", "교류피뢰기 동작 시 현상과 조치는 어떻게 되죠?" 수험생이 이런 평가자의 예상질문에 능숙하게 답변하려면 '비상시 조치'에 대해서는 충분한 이해를 바탕으로 머릿속에 하나 하나를 모두 집어 넣고 있지 않으면 안 된다.

'비상시 조치'과목은 20문제가 출제된다. 기출문제의 출제경향을 보면 4호선과 과천선에서 모두 10문제 정도가 나온다. 나머지 10문제는 인적 오류와 이례상황에서 출제된다. 이 책을 통해 철도 분야에 입문하는 학생, 수험생, 철도종사자, 철도관련 자격증 및 철도차량 운전면허 준비자, 승진시험을 준비하는 철도 종사자 등이 '비상시 조치' 라는 시험과목에 우수한 성적으로 합격하게 된다면 저자들로서는 이를 커다란 보람으로 삼고자 한다.

이 책을 출판해 준 박영사의 안상준 대표님의 호의에 항상 감사를 드린다. 아울러 이 책의 편집과정에서 보여준 전채린 과장님의 격조 높은 편집과 열정에 마음 깊은 고마움을 느낀다.

저자 원제무 · 서은영

차례

제1부 인적오류 ··· 1

제1장 인적오류 ··· 3
제2장 지적확인 환호응답 ··· 37
제3장 사고사례 ··· 49

제2부 이례상황 ·· 57

제1장 전동차 승무원 준수사항 ··· 59
제2장 사고(응급)조치 기본 개요 ·· 65
제3장 철도사고의 구분 ··· 140
제4장 열차화재 발생 시 조치요령 ··· 173
제5장 사상사고 발생 시 조치요령 ··· 186
제6장 이상기후 발생 시 조치요령 ··· 194
제7장 기타 이례사항 조치 ·· 210
제8장 차량고장 발생 시 일반적인 조치요령 ···································· 252

부록 주관식 문제 총정리 ·· 257

제1부

인적오류

제1장

인적오류

1. 인적오류란?

1) 인적오류의 정의

- 인적오류는 인간이 발생시키는 오류를 의미한다.
- 인적오류는 인간이 작업하고 수행하는 전 분야에서 활용될 수 있다.
- 인적오류는 의도한 목적을 이루기 위해 계획한 어떤 행위가 실패하여 의도하지 않은 결과로 발생하는 것을 말한다.
- 일반적으로 철도분야에서는 인적오류를 안전상에 중요한 문제를 야기할 수 있는 부적절한 의사결정이나 행위로 정의하고 있다(신호가 정지신호인데도 무시하고 진행을 했다든가, 시속45km/h의 제한속도에서 65km/h로 운행하는 등의 행위).

예제 인적오류는 (   )을 이루기 위해 계획한 어떤 행위가 (   )하여 (   )로
발생하는 것을 말한다.

정답 의도한 목적, 실패, 의도하지 않은 결과

[목적, 계획, 행위에서 의도하지 않은 일의 발생 과정]
- 목적: 승객의 신속하고 안전한 수송

－계획: 운영계획프로그램

－행위: 열차 지연 사고 발생, 또는 탈선사고 발생 등

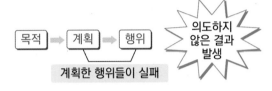

[목직, 계획, 헹위에서 의도하지 않은 일의 발생 과정]

  － 목적: 승객의 신속하고 안전한 수송
  － 계획: 운영계획프로그램
  － 행위: 열차 지연 사고 발생, 또는 탈선사고 발생 등

목적 ➡ 계획 ➡ 행위   의도하지 않은 결과 발생

계획한 행위들이 실패

2) 인적오류에 대한 새로운 인식

－인적오류는 일반적인 인간행위의 한 부분이다(누구나 오류가 있을 수 있다).

－모든 사람이 일상적으로 오류를 범할 가능성이 있다.

－대부분 철도사고의 원인은 인적오류가 근본 원인이라기보다는 하나 이상의 복합적인 위험요인 및 결합으로 이루어져 있다.

－다양한 유형의 사고를 예방하기 위해서는 인적오류에 미치는 근본원인을 찾도록 해야 한다.

[학습코너] 요점정리

(1) 인적오류의 정의
  － 인간이 발생시키는 오류
  － 인간이 작업하고 수행하는 전 분야에서 발생
  － 오류란 계획한 어떤 행위가 의도한 목적과 다른 결과로 발생
  － 철도분야에서는 부적절한 의사결정이나 행위로 정의

예제 오류란 계획한 어떤 행위가 (   )과 (   )로 발생하는 것

정답 의도한 목적, 다른 결과

예제 오류를 철도분야에서는 (   )이나 (   )로 정의하고 있다.

정답 부적절한 의사결정, 행위

---

(2) 인적 오류에 대한 새로운 인식
- 인적오류는 일반적인 인간행위의 한 부분이다.
- 모든 사람이 일상적으로 오류를 범할 수 있다.
- 철도사고의 원인은 하나 이상의 복합적인 위험요인 및 결합으로 이루어져 있다.
- 인적오류가 철도사고의 근본원인이 아니다(시설이나 환경요인 등도 복합적으로 바라보아야 한다).
- 인적오류에 영향을 미치는 근본원인을 찾도록 노력해야 한다.

예제 인적 오류에 대한 새로운 인식은 철도사고의 원인은 (   )의 (   ) 및 (   )으로 이루어져 있다는 점이다.

정답 하나 이상, 복합적인 위험요인, 결합

예제 다음 중 인적오류의 정의에 관한 사항으로 틀린 내용은?

가. 오류란 계획한 어떤 행위가 의도한 목적과 다른 결과로 발생하는 것
나. 인간이 작업하고 수행하는 전 분야에서 발생
다. 인간과 시스템에서 발생시키는 모든 복합적 오류
라. 철도분야에서는 부적절한 의사결정이나 행위로 정의하고 있다.

해설 철도사고의 원인은 하나 이상의 복합적인 위험요인 및 결합으로 이루어져 있다. 인적오류가 철도사고의 근본원인이 아니다.(시설이나 환경요인 등도 복합적으로 바라보아야 한다). 인적오류는 인간과 시스템에서 발생되는 것은 아니다.

예제 다음 중 인적오류에 대한 인식으로 틀린 설명은?

가. 인적오류는 일반적인 인간행위의 한 부분이다.
나. 모든 사람이 일상적으로 오류를 범할 가능성이 있다.
다. 철도사고의 원인은 하나 이상의 복합적인 위험요인 및 결합으로 이루어져 있다.

라. 철도사고의 근본원인은 인적오류이므로, 인적오류에 영향을 미치는 근본원인을 찾도록 노력해야 한다.

해설 철도사고의 원인은 하나 이상의 복합적인 위험요인 및 결합으로 이루어져 있다. 인적오류가 철도사고의 근본원인이 아니다(시설이나 환경요인 등도 복합적으로 바라보아야 한다).

2. 인적오류 사고 통계

1) 사고 요인의 변화 추세

─ 과학기술의 지속적인 발전으로 기계적 안정성은 높아지고 있다(고장률이 줄어든다).
─ 인간 고유의 특성은 크게 바뀌지 않기 때문에 인간의 행위(Human Factor)에 의한 사고 비중이 상대적으로 더 높아지고 있다(E. Hollnagel, 1999－2000); James Reason, 1990).

예제 과학기술의 지속적인 발전으로 (   )은 높아지고 있다. 즉 (   )이 줄어든다.

정답 기계적 안정성, 고장률

예제 인간 (   )은 크게 바뀌지 않기 때문에 (   )에 의한 (   )이 상대적으로 더 높아지고 있다.

정답 고유의 특성, 인간의 행위, 사고 비중

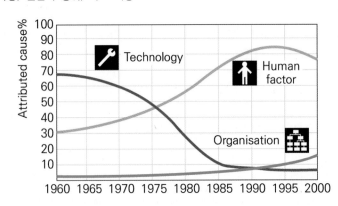

2) 산업별 인적오류 통계

- 산업의 자동화, 기계화에 기인한 경영상의 효율성이 극대화되고 있는 것과 비례하여 안전관리, 안전활동, 안전장치 등의 필요성도 증대
- 인적오류와 관련된 문제의식으로 안전에 대한 총체적인 방안 필요
- 모든 분야를 막론하고 사고의 70%~90%는 인간행위에 기인
- 철도사고에서는 40% 정도가 인적오류로 인해 발생

예제 산업별 인적오류 통계자료에 의하면 철도사고는 어느 정도 인적오류비율로 발생하고 있는가?

가. 70~80%   나. 70%
다. 80%   **라. 40%**

해설 철도사고에서는 40%정도가 인적오류로 발생하고 있다.

3. 인적오류의 분류

1) 인적오류의 분류

(1) 의도하지 않는 행위인 오류(error)(처음에 의도했던 것과는 다르게 나타난 경우)
(2) 의도한 행위인 위반(violation)(신호위반 등)

예제 인적오류는 의도하지 않는 행위인 (   )와 의도한 행위인 (   )으로 나눌 수 있다.

정답 오류(error), 위반(violation)

[오류의 분류]
(1) 실수(slip)
(2) 망각(lapse)
(3) 착오(mistake)로 구분할 수 있다.

(착오는 오류에 포함되면서 동시에 의도한 행위로 분류되는 점을 유의할 것. 또한 실수는 의도하지 않는 행위에 해당하지만 실수와 비슷한 용어인 착오는 의도한 행위로 분류된다는 점 역시 유의해야 한다.)

예제 오류는 (   ), (   ) , (   )로 구분할 수 있다.

정답 실수(slip), 망각(lapse), 착오(mistake)

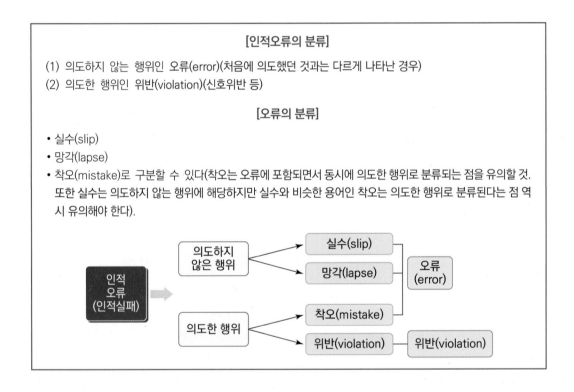

[인적오류의 분류]

(1) 의도하지 않는 행위인 오류(error)(처음에 의도했던 것과는 다르게 나타난 경우)
(2) 의도한 행위인 위반(violation)(신호위반 등)

[오류의 분류]

• 실수(slip)
• 망각(lapse)
• 착오(mistake)로 구분할 수 있다(착오는 오류에 포함되면서 동시에 의도한 행위로 분류되는 점을 유의할 것. 또한 실수는 의도하지 않는 행위에 해당하지만 실수와 비슷한 용어인 착오는 의도한 행위로 분류된다는 점 역시 유의해야 한다).

[인적오류의 분류]

　가. 실수(Slip) (처음에 만들기는 잘 만들었다. 그런데 사람이 잘못했다)

계획자체는 적절하지만 행위가 계획대로 이루어지지 않는 것(처음에 만들어 놓은 건 잘 만들어 놓았는데 사람이 그걸 따라하지 않은 것)
① 작업의 일부를 빠트림

② 잘못된 순서로 작업을 수행함
③ 타이밍을 제대로 맞추지 못함

〔예제〕 실수는 (   )는 적절하지만 (   )가 계획대로 (   ) 것이다.

〔정답〕 계획자체, 행위, 이루어지지 않는

나. 망각(Lapse)(잊어버렸다)

① 계획한 것을 잊어버림
② 규정이 기억나지 않음

〔예제〕 망각은 (   )한 것을 잊어버리거나 (   )이 기억나지 않는 상태이다.

〔정답〕 계획, 규정

다. 착오(Mistake)(처음에 잘못 만들어진 것이므로 잘못 적용될 수밖에 없다)

행위는 계획대로 이루어졌지만 계획이 부적절하여 오류가 발생하는 경우를 말한다(처음부터 잘못 만들어졌다. 40km/h지점인데 60km/h로 잘못 속도 설정이 되었다).
① 타 상황에 적합한 규칙을 현 상황에 잘못 적용
② 잘못된 규칙을 적용
※ Tip: 실수와 착오가 우리를 헷갈리게 한다. 따라서 '적용'이면 착오(Mistake)이고 나머지는 실수이다. 착오의 경우를 우선 외우고 나머지는 실수(Slip)라고 간주하면 된다.

〔예제〕 착오는 (   )는 계획대로 이루어졌지만 (   )이 (   )하여 (   )가 발생하는 경우를 말한다.

〔정답〕 행위, 계획, 부적절, 오류

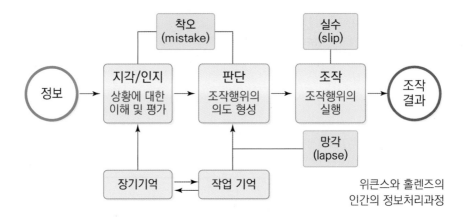

위크스와 홀렌즈의
인간의 정보처리과정

예제 인적오류의 분류에서 실수(Slip)에 의한 오류에 해당하지 않는 것은?

가. 작업절차의 일부를 빠뜨림
나. 타 상황에 적합한 규칙을 현 상황에 잘못 적용
다. 타이밍을 제대로 맞추지 못함
라. 잘못된 순서로 작업을 수행한

해설 타 상황에 적합한 규칙을 현 상황에 잘못 적용하는 것은 착오(Mistake)에 해당한다.

예제 다음 중 인적 오류의 정의에 관한 설명으로 틀린 내용은?

가. 오류는 일반적으로 실수, 망각, 착오로 구분할 수 있다.
나. 계획 자체는 적절하지만 행위가 계획대로 이루어지지 않은 것은 실수이다.
다. 계획한 것을 잊어버리거나, 규정이 기억나지 않는 것은 규정을 위반한 것이 아니고 망각한 것
   이다.
라. 타이밍을 제대로 맞추지 못하거나, 순서가 바뀜 작업을 하는 경우는 착오를 일으키는 것이다.

해설 [실수]는 아래 경우에 해당된다.
   ① 작업의 일부를 빠트림
   ② 잘못된 순서로 작업을 수행함
   ③ 타이밍을 제대로 맞추지 못함

예제 다음 중 인적오류의 실수에 관한 설명으로 틀린 것은?

가. 망각, 착오와 함께 오류로 구분되며, 계획은 적절하지만 행위가 계획대로 이루어지지 않은 경우이다.

나. 행위가 제대로 이루어졌는지 또는 계획과 다르게 이루어졌는지로 착오와 구분된다.

다. 순서가 바뀐 작업을 하거나 작업 절차의 일부를 빠뜨린 경우에 해당된다.

라. 잘못된 규칙을 적용하거나, 타 상황에 적합한 규칙을 현 상황에 잘못 적용하는 것이다.

해설 '적용'이 나오면 착오에 해당된다. 처음부터 잘못 만들어진 것이므로 착오이다(참고로 처음에 제대로 되어 있는 것은 실수이다).

라. 위반(Violation)

(1) 일상적 위반(Routine Violation)

- 위반행위 자체가 조직 내에서 또는 개인적으로 일반 관습이 된 경우 발생
- 예) 절차가 불필요, 복잡, 상세한 경우에 일을 더 빨리 하기 위해 발생(안전규정에 대한 확인 없이)

예제 일상적 위반은 (   )자체가 조직 내에서 또는 (   )으로 (   )이 된 경우 발생된다.

정답 위반행위, 개인적, 일반 관습

(2) 상황적 위반(Situational Violation)

- 현재의 작업 상황이 절차를 위반하지 않으면 안 되는 경우 발생
- 예) 시간적 압박으로 절차서에 명시된 대로 하는 것이 불가능, 인력 불충분 등(4명이 해야 하는 일을 2명이 한다면 절차서 따라하기 힘듦)

예제 상황적 위반은 현재의 (   )이 절차를 (   )하지 않으면 안 되는 경우 발생한다.

정답 작업 상황, 위반

(3) 예외적 위반(Exceptional Violation)

－비상사태의 발생, 설비의 고장과 같은 예외적 상황에서 발생

예제 예외적 위반은 (　　　)의 발생, 설비의 고장과 같은 (　　　　)에서 발생한다.

정답 비상사태, 예외적 상황

(4) 고의가 아닌 위반(Unintentional Violation)

① 작업자 스스로 시행할 수 없는 절차(작업)를 통제하기 위해 발생한 경우
② 작업자가 절차 또는 규칙을 모르거나 제대로 이해하지 못한 경우

예제 고의가 아닌 위반은?

　① 작업자 스스로 시행할 수 없는 (　　　　)를 (　　　)하기 위해 발생한 경우
　② 작업자가 (　　　) 또는 (　　　)을 모르거나 제대로 (　　　)하지 못한 경우에 발생한다.

정답 절차(작업), 통제, 절차, 규칙, 이해

(5) 즐기기 위한 위반(Optimizing or Thrill-seeking Violation)

－장기간의 단조로운 일로 생긴 지루함을 벗어나기 위해 또는 단순히 재미로 발생

예제 즐기기 위한 위반은 장기간의 (　　　　)로 생긴 (　　　)을 벗어나기 위해 또는 단순히
(　　　)로 발생한다.

정답 단조로운 일, 지루함, 재미

예제 다음 중 인적오류의 분류에 해당하지 않는 것은?

가. 조작　　　　　　　　　　　　나. 실수
다. 망각　　　　　　　　　　　　라. 위반

4. 인적 오류의 요인

1) J. Reason의 스위스 치즈모델

− 인간이 실수로 범할 수 있는 요인에 대한 시스템적 접근방향을 제시한 모델이다.
− 사고는 최종적으로 기관사의 불안전한 행위에 의해 발생하지만
− 그 배경에는 불안전 행위의 유발조건, 감독의 문제, 조직의 문제가 있으며
− 이러한 요인들이 하나로 연결되어 사고의 원인으로 작용하게 된다고 본다.
　(다양한 층에 있는 치즈의 구멍이 일치함으로써 사고가 발생한다)
　(스위스치즈는 숙성과정에서 특수한 박테리아가 배출하는 기포에 의해 치즈에 구멍이
　생긴다. 사고가 나려면 치즈를 겹쳤을 때 공교롭게도 몇 개의 구멍이 일치해야 한다는
　이론이다. 항상 여기저기 뚫려 있는 치즈의 구멍처럼 잠재적 결함의 위험은 도사리고
　있다.)
※ 따라서 사람의 불안전한 행위(즉, 인적오류)는 사고의 원인이 아니라 사고원인의 근본
　요인을 분석하는 시작점이다.

예제 Reason의 스위스 치즈모델은 인간이 (　　　)로 범할 수 있는 (　　　)에 대한 (　　　　)을
제시한 모델이다. 사람의 (　　　　　　　　　)는 사고의 (　　　)이 아니라 (　　　　　)을
분석하는 시작점이 된다고 주장한다.

정답 실수, 요인, 시스템적 접근방향, 불안전한 행위(즉, 인적오류), 원인, 사고원인의 근본요인

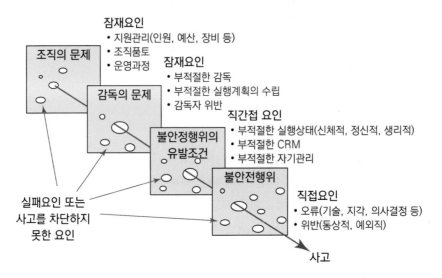

잠재요인
• 지원관리(인원, 예산, 장비 등)
• 조직품토
• 운영과정

조직의 문제

잠재요인
• 부적절한 감독
• 부적절한 실행계획의 수립
• 감독자 위반

감독의 문제

직간접 요인
• 부적절한 실행상태(신체적, 정신적, 생리적)
• 부적절한 CRM
• 부적절한 자기관리

불안정행위의
유발조건

불안전행위

직접요인
• 오류(기술, 지각, 의사결정 등)
• 위반(동상적, 예외직)

실패요인 또는
사고를 차단하지
못한 요인

사고

By Shapell and Wiegmann, adapted from Reason(1990)

[스위스 치즈 효과]

• 스위스 치즈에는 무작위로 구멍이 뚫려 있는데 두어 장만 겹쳐도 그 구멍의 위치가 서로 다르기 때문에 관통하는 구멍이 생기지는 않는다.
• 그런데 참으로 드문 경우이지만 열 장이나 되는 치즈를 겹쳐놓은 상황에서 구멍들이 모두 일치하여 관통하는 하나의 구멍이 만들어지기도 한다.
• 대형 사고라는 것은 이처럼 수많은 작은 우연들이 겹쳐 치즈 열장을 관통하는 하나의 구멍이 생기듯이 만들어진다는 것이 소위 스위스 치즈 효과이다.

출처: 에듀인뉴스(EduinNews)(http://eduinnews.co.kr)

아차사고란?
아차사고(Near miss): 사고는 발생하지 않았지만, 그렇게 될 수 있는 잠재력이 있었던 사건

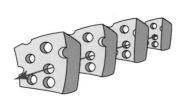

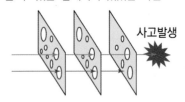

사고발생

아차사고(Near miss): 잠재적 사고위험

2) 인적오류 유발요인

(1) 작업자의 개인적 특성

① 작업자의 불충분한 지식과 능력

② 불충분한 경험과 훈련

③ 성격, 습관, 기호의 문제

④ 부족한 동기

⑤ 낮은 사기

예제 다음 인적오류의 유발 요인 중 작업자의 개인적 특성에 해당하지 않는 것은?

가. 불충분한 경험과 훈련   나. 성격, 기호, 습관의 문제

다. 연수, 연구개발 등의 부족   라. 작업자의 불충분한 지식과 능력

해설 연수, 연구개발 등의 부족은 작업의 교육, 훈련, 교시의 문제이다.

(2) 작업자의 교육, 훈련, 교시의 문제

① 직장에서의 훈련부족

② 감독자의 잘못된 지도

③ 매뉴얼, 점검표 등의 불충분

④ 정보, 의견교환의 부족

⑤ 연수, 연구개발 등의 부족

(3) 인간-기계체계의 인간공학적 설계상의 결함(인간 친화적이 아니다.)

① 의미를 알기 어려운 신호형태

② 변화와 상태를 식별하기 어려운 표시수단과 조작도구

③ 관계가 있는데도 분산되어 있는 표기기기

④ 표기기기와 조작도구의 성질과 목적이 일치하지 않은 경우

⑤ 서로 식별이 어려운 표시기기와 조작도구

⑥ 방향성을 가진 표시, 조작, 조작결과의 방향성이 일치하지 않음

⑦ 공간적으로 여유가 없는 배치(Layout)

⑧ 인체의 무리, 혹은 부자연스러운 지지

⑨ 가끔 틀리는 측정기기, 표시기기

(4) 업무의 숙달 정도

① 작업 업무가 복잡하거나 과도하게 많아 임의적으로 과정을 생략하거나 긴장하여 발생 (신입근로자)

② 업무내용이 익숙하고 반복적이어서 주의해야 할 점들을 놓치고 오류사실을 인지하지 못하는 경우(숙련자)

구분	신입근로자	업무숙련자
발생 요인	• 정보의 선택이 계획대로 행해지지 않는다. • 정보의 과잉으로 혼란을 일으킨다. • 정보의 통합화, 시계열적 처리가 불가능하다. • 기억량이 적고 확실치 않다. • 예측할 수 있는 폭이 좁다. • 조작이 늦고 매끄럽지 못해 분주한 상황이다. • 전체 순서가 혼란스럽다. • 여유가 없고 정신적 긴장상태에 있다.	• 업무를 적당히 처리한다. • 습관적으로 일을 처리한다. • 억측에 빠진다. • 잘못되는 것을 눈치채지 못한다. • 잊어버리고 빠뜨린다. • 의식수준이 낮아진다(단순해진다). • 계획대로 작업을 수행하지 않는다. • 필요없다고 생각하는 것은 수행하지 않는다.

예제 다음 업무숙련자 인적오류 발생요인에 대한 설명 중 틀린 것은?

가. 정보의 선택이 계획대로 행해지지 않는다.

나. 잊어버리고 빠트린다.

다. 의식수준이 낮아진다.

라. 업무를 적당히 처리한다.

해설 '정보의 선택이 계획대로 행해지지 않는다'는 신입근로자 발생요인이다.

5. 기관사 인적요류의 종류 및 발생원인

(1) 정차역 통과

－최근 가장 많이 발생하는 인적오류이며 통과열차로 착각하거나 정차역 지적확인 미시행

(지적확인을 하면 본인의 집중력 향상), 정차역 통과방지장치(철도공사구간)의 무효화,
열차시각 미확인

예제 정차역 통과는 최근 가장 많이 발생하는 (　　)이며 (　　)로 착각하거나 (　　　　)
(지적확인을 하면 본인의 집중력 향상), (정차역 통과방지장치(철도공사구간)의 (　　),
(　　　　)에서 발생된다.

정답 인적오류, 통과열차, 정차역 지적확인 미시행, 무효화, 열차시각 미확인

(2) 신호 확인 소홀

- 주의분산 등으로 인해 장내, 출발, 폐색 등의 신호기를 확인하지 않아 발생하는 오류이며
- 운전 중 잡념, 무전기 수신, 차량의 고장조치, 객실과의 인터폰 통화 등으로 운전에 대한
  집중력이 분산되어
- 신호를 주시하지 않을 때 발생하는 오류이다.

예제 신호 확인 소홀은 (　) 등으로 인해 (　　), (　　), (　　) 등의 신호기를 확인하지 않
아 발생하는 오류이다.

정답 주의분산, 장내, 출발, 폐색

(3) 기기취급 오류

- 스위치의 잘못된 취급, 차량 고장 시 분전함 스위치 오 취급 등으로 발생되는 오류로서
- 취급과정에서 재확인 하는 마음의 여유없이 순간적으로 당황하거나 조급한 마음에서 나
  오는 오류이다.
※ 다음 중 기관사가 순간적으로 당황하거나 조급한 마음에서 일어나는 오류는? → 기기취
  급 오류

(4) 응급조치 미흡

- 응급조치 관련 지식이 부족하거나 당황 또는 착각하여 응급상황 발생 시 정확한 대처를 하지 못해 발생하는 오류를 말한다.

(5) 출입문 취급 소홀

- 집중력 저하, 출입문 취급 망각 등으로 정차역에서 정확한 출입문 취급을 하지 못하거나 승강장 안전문 확인 미흡 등으로 발생하는 오류이다.

예제 출입문 취급 소홀은 (   ), (   ) 등으로 정차역에서 정확한 (   )을 하지 못하거나 (   ) 등으로 발생하는 오류이다.

정답 집중력 저하, 출입문 취급 망각, 출입문 취급, 승강장 안전문 확인 미흡

(6) 협의 소홀

- 운전정보 교환의 미흡 또는 문제 발생 시 관제사 또는 차장과 해야 할 협의를 생략하여 발생하는 오류이다.

예제 집중력 저하로 발생되는 오류는 무엇인가?

정답 출입문 취급 소홀

예제 최근에 가장 빈번하게 발생하는 오류는 어떤 오류인가?

정답 정차역 통과

예제 한국철도공사(KORAIL) 인적오류 사고(2011년 이후)유형별 발생빈도에 따르면 발생빈도가 가장 많은 종류는?

가. 신호확인 소홀   나. 정차역 통과
다. 출입문 취급 소홀   라. 기기 취급 오류

해설 발생빈도 순서는 정차역통과 - 신호확인소홀 - 기기취급 오류 - 응급조치 미흡 - 출입문취급소홀 순서이다.

[사고유형별 반생빈도]

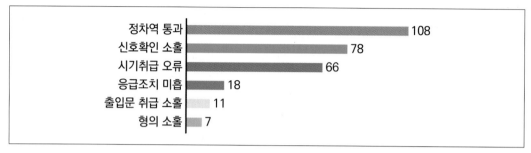

한국철도공사 인적오류 사고('11년~'16년)

인적오류 종류	인적오류 발생 요인 (자료:비상시 조치, 서울교통공사)	
정차역 통과	• 정차역 지적확인 미시행 • 정차역 통과방지장치 오동작 • 열차시각 미확인	• 통과방지장치 무효화 • 정차역 망각(잡념)
신호확인 소홀	• 전도 주시 소홀 • 신호 미확인 • 운전정보 교환 미흡	• 긴급통보 및 호출 무응답 • 신호 오인 • 기관사 응답 미확인(관제사와 기관사 간 신호확인 "몇번 신호 확인하세요""예 학인합니다. (복창))
기기취급 오류	• 잘못된 스위치 취급 • 기기취급에 관한 사전지식 부족	• 적절치 못한 시기의 기기취급 • 주의 분산
응급조치 미흡	• 비상부저 및 통화 미시행 • 주의 분산 • 응급조치 매뉴얼 미숙지	• 긴급통보 호출 무응답 • 긴급상황에서의 당황
출입문 취급소홀	• 승객취급없이 열차출발 • 출입문 취급 망각	• 잘못된 출발전호 • 주의분산

6. 기관사 인적오류의 개선대책

1) 원인별 인적오류 개선대책

가. 심리적 개선

- 사람은 긴장을 하면 위험상태에 처하지 않으며, 또 바쁠 때는 부상이 적은 편이다.
- 그러나 긴장이 풀려 느슨해지면 멍한 상태가 되어 부주의하게 된다.
- 따라서 안전을 위해서는 위험요인을 구체적으로 확인하기 위해 위험한 물건 및 상태를 손가락으로 가리키면서 복창하는 지적확인 환호응답을 시행하여 심리적인 불안요인을 제거한다.
- 이러한 지적확인 환호응답은 업무의 집중력을 높이고 졸음과 권태감을 제거해 인적오류를 상당부분 제거시킨다.

나. 교육훈련 개선

1) 행동수준개선

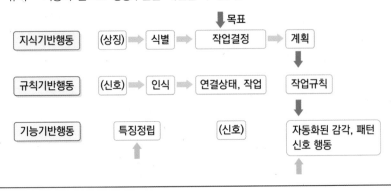

[교육, 훈련개선]

- 인간의 행동은 크게
  ① 기능기반행동(Skill-Based Behavior)
  ② 규칙기반행동(Rule-based)
  ③ 지식기반행동(Knowledge-based Behavior)
  으로 나눌수 있고
- 반복교육으로 행동수준을 개선할 수 있다.
  - 지식기반행동을 통해서 계획을 세우고, 규칙기반행동을 통해서 작업규칙을 적용하고, 기능가반행동을 통해서 자동화된 감각과 패턴을 익힌다. 즉, 무의식적인 상태에서 행동하게 만든다. 무의식 중에 할 수 있는 것이 기능기반행동이다.
  - 지식 → 규칙 → 기능의 순으로 행동수준을 개선할 수 있다.

(1) 기능기반행동

- 외부에서 자극이 주어지면 특별한 사고 과정 없이 무의식적인 행동으로 이어지는 수준으로 주의력이 거의 필요하지 않은 수준이다.
- 반복훈련을 통해 기능기반행동 수준에 다달을 수 있다.

예제 기능기반행동은 외부에서 (　　　)이 주어지면 특별한 (　　　) 없이 (　　　)인 행동으로 이어지는 수준으로 (　　　)이 거의 필요하지 않은 수준이다.

정답 자극, 사고 과정, 무의식적, 주의력

(2) 규칙기반행동

- 외부에서 주어진 감각 자극을 지각하여 상태를 파악하고
- 그 상태에서 행해야 할 직무를 사전에 정해진 규칙이나 절차에 따라 행동이 이어지는 수준으로
- 과거의 경험이나 검증을 통해 만들어진 규칙이나 절차가 있는 경우 행해진다.

예제 규칙기반행동은 행해야 할 (　　　)를 사전에 정해진 (　　　)이나 (　　　)에 따라 (　　　)이 이어지는 수준이다.

정답 직무, 규칙, 절차, 행동

(3) 지식기반행동

- 규정이나 절차가 없거나 목표에 도달될 수 있는 축적된 노하우가 없을 때 적용되는 행동 수준으로
- 본인이 보유하고 있는 지식에 기반을 두고 문제를 해결하는 수준이다.
- 따라서 많은 주의력과 작업기억장치를 요구하고
- 많은 인지적 부하가 걸려 오류의 가능성이 높다. (실수의 가능성도 높다)

예제 지식기반행동은 ( )이나 ( )가 없거나 ( )에 도달될 수 있는 축적된 ( )가 없을 때 적용되는 행동수준으로 본인이 보유하고 있는 ( )에 기반을 두고 문제를 해결하는 수준이다.

정답 규정, 절차, 목표, 노하우, 지식

예제 다음 중 원인별 인적오류 개선대책 중 심리적 개선대책은 무엇인가?

가. **지적확인 환호응답을 시행**

나. 운전 시뮬레이터 활용한 정형화된 훈련 프로세스를 시행(교육훈련 개선 중에서 기능기반행동 내용)

다. 무의식적인 행동으로 나타나는 행동수준과 안정도 향상(교육훈련 개선 중에서 기능기반행동 내용)

라. 조직의 안전문화 개선

해설 안전을 위해서는 위험요인을 구체적으로 확인하기 위해 위험한 물건 및 상태를 손가락으로 가리키면서 복창하는 지적확인 환호응답을 시행하여 심리적인 불안요인을 제거한다. 따라서 지적확인 환호응답은 심리적 개선대책 중에 하나이다.

예제 다음 중 절차서에 명기되지 않은 처음 접하는 비상상황 발생 시 문제 해결 방법은 무엇인가?

가. 기능기반행동
나. 규칙기반행동
다. **지식기반행동**
라. 경험기반행동

해설 규정이나 절차가 없거나 목표에 도달될 수 있는 축적된 노하우가 없을 때 적용되는 행동수준으로 비상상황 발생 시 문제 해결 방법을 지식기반행동이라고 한다.

[행동수준과 안전도 향상 간의 관계]

행동수준	행동수준 별 특징	위험수준
기능기반행동	작업의 빈도가 높아 무의식적으로 행동할 수 있는 수준	매우낮음
규칙기반행동	작업빈도가 어느 정도 이상으로 행동을 위한 규칙이나 절차가 마련되어 있는 수준	중간
지식기반행동	작업의 빈도가 매우 낮거나 처음 해보는 행동으로 규칙이나 절차가 마련되어 있지 않은 수준	매우높음

(자료: 비상시 조치, 서울교통공사)

예제 다음 중 시스템의 안전도를 향상시키기 위한 교육훈련 프로그램방법으로 적당하지 않은 것은 무엇인가?

가. 반복적인 훈련을 통해 발전시킨다.

나. 지식기반 행동을 규칙기반행동으로 발전시킨다.

다. 규칙기반 행동을 기능기반 행동으로 발전시킨다.

라. 지능기반 행동을 지식기반 행동으로 발전시킨다.

해설 지능기반 행동을 지식기반 행동으로 발전시킨다는 것은 오히려 오류(Risk Level)를 증가시키는 결과를 낳게 된다.

[행동수준과 안전도 향상]

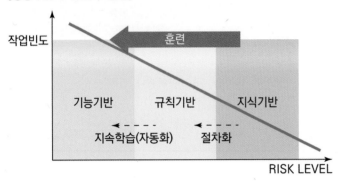

2) 기관사의 인적 오류 저감을 위한 교육훈련

- 일반적인 작업자들은 시스템 및 작업 내용, 기계조작 요령에 대하여 교육하고 훈련함으로써 인적오류를 줄일 수 있으나,
- 기관사의 경우 운전시뮬레이터를 활용한
- 정형화된 훈련 프로세스를 통해 정상 상황뿐 아니라 인적오류가 발생하기 쉬운 다양한 조건에서의 오류관리 능력을 습득하도록 함으로써
- 인적오류로 인한 철도 사고를 예방하고 있다.

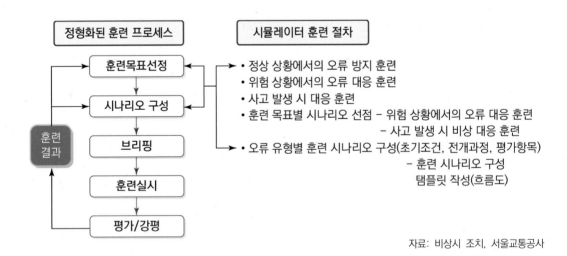

자료: 비상시 조치, 서울교통공사

[시뮬레이터 훈련의 종류 및 훈련 목표]

[원인별 안전오류 개선 대책]
1) 심리적 개선   2) 교육훈련 개선   3) 시스템적 개선   4) 조직의 안전문화 개선

시뮬레이터	정의	훈련 목표
Real Cab	• 실제 장비 사용 훈련(장비면허 시 실제 차로 한다.)	• 조작기술 훈련 및 실제훈련
FTS(Full−Type Simulator)	• 복잡한 작업과 그에 따른 모든 환경적 복잡성까지 구현된(High Fidelity)	• 실제와 유사한 동적환경에서의 상황 인식을 통한 정신운동기술의 훈련 • 정상, 비정상, 비상 상황에서의 훈련
PTS(Personal−Type Simulator)	• 비교적 실제 환경과 비슷하게 부분적으로 구현된 장치(약식으로 만든 장치)	• 특정한 역할을 집중적으로 훈련, 조작절차 훈련 • 고장 진단 등의 훈련
CAI(Computer−Aided Instructor)	• 교육용 소프트웨어의 형태의 PC 장비	• 자기주도적 학습 및 평가 • 규정 및 절차의 습득 • 관련 지식의 습득 및 이해

(자료: 비상시 조치, 서울교통공사)

[서울교통공사 9호선]에서는

승무원들의 역량함량을 위해
1) 전기능 모의운전연습기인 FTS(Full-Type Simulator)
2) 개인별 훈련이 가능한 PTS(Personal-Type Simulator)
3) 그리고 철도시스템 및 고장조치와 관련한 온라인 학습이 가능한 CAI(Computer-Aided Instructor)를 운영하고 있다. 또한 FTS 와 PTS를 동시에 통제 가능한 교관제어식과 FTS훈련상황을 실시간으로 시청할 수 있는 훈련생대기실도 별도로 설치되어 있다.

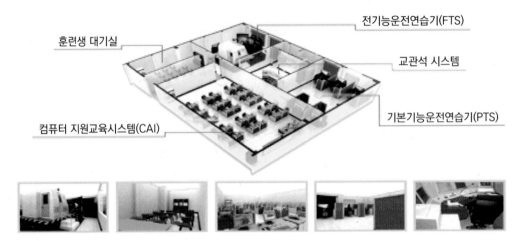

훈련생 대기실
전기능운전연습기(FTS)
교관석 시스템
컴퓨터 지원교육시스템(CAI)
기본기능운전연습기(PTS)

기초교육에서 고도화된 전문훈련까지 가능한 기관사를 위한 종합적인 교육훈련을 제공하는 최첨단 교육설비

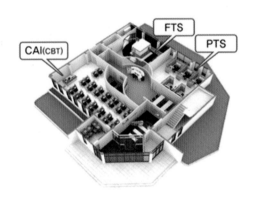

CAI(CBT)
FTS
PTS

[수도권] 서울지하철 9호선, 모의운전연습기
[전기능 모의운전연습기(FTS: Full Type Simulator)]
타보니: 뉴스: 동아닷컴

[전기능 모의운전연습기(Full Type Simulator)]

- 실차와 동일한 교육환경(과천선 ADV)
- 실제 현장의 위기감을 부여(3자유도 모션 시스템 3.5t)
- 고장처치 및 이례사항 기능(IDC 적용)

FTS

FTS운전실내부

[기본기능 모의운전연습기(Personal Type Simulator)]

- TC Car 운전제어대
- 고장처치 시스템탑재
- 자율훈련 기능
- 자가 진단 기능

PTS

PTS기능교육

[예제] 다음 중 특정한 역할을 집중적으로 훈련과 고장 진단 등의 훈련을 하는 시뮬레이터 훈련 시스템은
어떤 것인가?
[예제] PTS(기본기능모의운전연습기)

[전기능 모의운전연습기 FTS(Full Type Simulator)(서울교통공사)]

- 4호선용 전기동차 운전실 구현(3대)
- 4호선 전구간 영상 구현
- 전기동차 운전방법 학습
- 화재조치, 고장조치, 구원훈련 훈련
- 차장직무, 구원연결, 승객비상대피훈련

[기본기능 모의운전연습기 PTS(Personal Type Simulator)(서울교통공사)]
(개인이 비상시 조치 등 연습가능)

- 동력운전, 제동 등 기본 운전연습용
- 4호선용 전기동차 제어대 1조
- 2호선용 전기동차 제어대 2조
- 1호선, 3호선용 전기동차 제어대 각 1조
(선로에 사람이 떨어져 있다, 화재가 발생했다.)

FTS(9호선)

PTS

3) 시스템적 개선

(1) 표지 및 스위치류 개선

- 운행 중 기관사의 시야에 들어오는 각종 표지에 반사재 부착 및 LED설치 등으로 가시성
  을 확보하여("오른쪽, 왼쪽을 가시오"라는 안내보다 화살표 붙이는 게 더 안전)
- 착오를 방지하고 각종 기기취급의 오류를 방지하고자 중요스위치를 채색하고 복잡한 복
  귀버튼의 배열을 단순화 하는 등 작업환경 개선을 통해 인적오류를 사전에 예방할 수 있
  다. (A스위치 눌러야 하는데 B스위치를 누른 경우 발생방지)

(2) 위험도 기반 철도 안전관리시스템 구축

- 철도 인적오류에 관한 식별 및 위험도를 평가하고 (어디에 언제 위험도가 높고 집중되는 지) 안전요건 관리체계구축 및 안전심사제도 등을 강화하여
- 인적오류로 인한 사고를 감소시킨다.

(3) 인적오류 분석체계를 통한 철저한 원인 분석

- 기존에 발생했던 인적오류를 통해 철저한 사고조사와 인적오류의 원인을 심층적으로 분석하여
- 시스템을 개선하고 교육훈련에 반영하여 동종 사고를 사전에 방지한다.

(4) 인적오류가 발생해도 사고로 확산되지 않도록 방지벽 설계

- 인적오류가 발생해도 다른 사람이 인지하여 대응하도록 안전방지벽을 구축하고 (연쇄사고방지)
- 인적오류가 사고로 전개되지 않도록 기계 또는 설비를 장착하는 물리적 방지벽을 구축한다.
- 또한 인적오류 발생을 막는 안전규정 및 절차를 마련하는 행정/절차적 방지벽 구축도 필요하다. (행정: 메뉴얼적(시스템적)으로 만들어 놓는다.)

[물리적 방지벽 예시]

물리적 방지벽 (기계적,전기적 장치, 장비 자동화)	
(1) 궤도회로장치	(12) 폐색장치
(2) 열차자동정지장치	(13) 열차자동제어장치
(3) 선호전환장치	(14) 연동장치
(4) 열차집중제어장치	(15) 원격제어장치
(5) 기관사 졸음방지장치	(16) 자동진로제어장치
(6) 건널목 경보기	(17) 기계연동장치
(7) 지장물 검지 자치	(18) 건널목차단기 고장 감시장치
(8) 과전압 보호장치	(19) 신호정보 분석
(9) 열차접근 경보기	(20) 낙석 검지 경보장치
(10) 접근표시기	(21) 열차접근 표시등
(11) 폐색 신호기	(22) 차내 경보장치

[행정/절차적 방지벽 예시]

행정/절차적 방지벽 (서류, 문서 매뉴얼, 규정)	
(1) 운전 및 유지보수 절차서	(7) 기술자의 자격부여
(2) 경영 및 관리자의 정책, 직무 수행권한과 범위, 책임	(8) 기술사양서
(3) 훈련 및 교육여건과 자질	(9) 각종 규제, 점검, 인허가 사항
(4) 보수작업 의뢰서	(10) 관리감독 직무수행
(5) 기관사의 자격, 면허	(11) 기관사 안전수칙
(6) 의사소통방법	(12) 운전취급 규정
	(13) 철도안전법

4) 조직의 안전문화 개선

(1) 인력운영

- 자질이 우수한 사람을 선정하여 오류를 줄인다.
- 예) 기관사 선발시험이나 경력 기관사를 대상으로 적성검사를 실시하며 최초검사, 정기검사, 특별검사 기준을 강화하여 인력을 선정한다.

(2) 안전문화 확립

① **안전의식 내재화**: 모든 사람이 안전을 당연하면서도 최우선으로 생각하는 문화를 확립하고, 무의식 중에서도 안전한 방법으로 행동할 수 있도록 직무 안전뿐 아니라 일상에서의 안전의식 체득화가 중요하다. (스위치는 항상 OFF 하는 등)

② **인적오류에 대한 올바른 이해**: 인적오류는 사고의 근본원인이 아니다는 사실을 (줄일 수 있다) 인지하고 인적오류에 영향을 미친 근본원인을 찾도록 노력해야 한다.

③ **위험정보의 공유 문화 확립**: 위험경험 및 아차사례(Near Accident)에 대한 정보공개 및 공유 비밀보고제도 같은 다양한 제도확립이 필요하다.

(3) 안전관리

시설 설비에 대한 개선과 기관사에 대한 안전교육
① 하인리히 법칙(1: 29: 300)
② 깨진 유리창의 법칙(제임스 윌슨과 조지 켈링)

예제 1건의 (   )에 대하여 (   )의 (   )와(   )의
(   )가 발생하며, 보고되지 않은 사건의 발생(Occurrences)은 최소한
(   )에 달한다.

정답 중대사고(Major Accident), 3~5건, 경미한 사고(Less Significant Accidents), 7~10건, 준사고
(Incidents), 수백 건

- 일반적으로 『보고되지 않은 사건들』은 그 자체만으로는 인명이나 재산상의 피해를 야기
하지 않아 아무런 손해를 입히지 않기 때문에 알려지지 않는다.
- 그러나 직장에서는 누구도 알지 못했던, 혹은 안다고 해도 손이 미치지 않는 많은 개선
해야 할 사항이 있다.
- 따라서 인적오류가 방지하기 위해서는 개선의 필요가 있는 불안전 요인을 조금이라도 줄
여야 하며 개선활동과 함께 개선에 대한 계몽이 중요하다.
- 불합리한 사항을 미연에 발견하여 조치하면, 그만큼 인적오류로 인한 손실비용을 줄이는
것이 가능하다는 것이다.

[하인리히 법칙(1:29:300)]

하인리히: 노동재해 예방(과학적 접근(포드시대, 1931)
• 중상자 한 명 발생: 같은 원인으로 경상자 29명 발생
• 같은 원인으로 부상 우려가 있는 잠재적 상해자 300명이라는 법칙
• 즉, 위험을 방치하면 330회에 한 번은 큰 사고를 당할 위험이 있다.

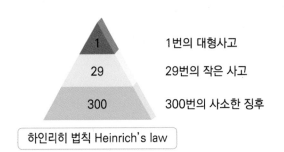

1번의 대형사고

29번의 작은 사고

300번의 사소한 징후

하인리히 법칙 Heinrich's law

[하인리히 법칙(1:29:300)]

여행 보험사의 관리자였던 하인리히는
7만 5천 건의 산업재해를 분석했다.

[깨진 유리창 이론(Broken Windows Theory, BWT)]

- 미국의 범죄학자 제임스 윌슨(James Wilson)과 조지 켈링(George Kelling)이 (1982년 3월에 공동발표)

- 깨진 유리창(Fixing Broken Windows: Restoring Order and Reducing Crime in Our Communities)이라는 글에 처음으로 소개된 사회 무질서에 관한 이론이다.

- 깨진 유리창 하나를 방치해 두면, 그 지점을 중심으로 범죄가 확산되기 시작한다는 이론

으로,

- 사소한 무질서를 방치하면 큰 문제로 이어질 가능성이 높다는 의미를 담고 있다.
- 나태한 직원 한 명을 방치하면 태만이 조직 전체로 확산되어 인적오류의 가능성이 부분에서 전체로 확대되는 경향을 보이는 것을 포함한다.

예제 깨진 유리창 이론은 깨진 유리창 하나를 방치해 두면, 그 (　　　)을 중심으로 (　　　　)되기 시작한다는 이론으로 (　　　　　)를 (　　)하면 (　　　)로 이어질 가능성이 높다는 의미를 담고 있다.

정답 지점, 범죄가 확산, 사소한 무질서, 방치, 큰 문제

예제 깨진 유리창 이론은 (　　　　) 한 명을 방치하면 (　　)이 조직 전체로 확산되어 (　　　)의 가능성이 (　　　　　)로 확대되는 경향을 보이는 것을 암시해 준다.

정답 나태한 직원, 태만, 인적오류, 부분에서 전체

[깨진 유리창 이론]

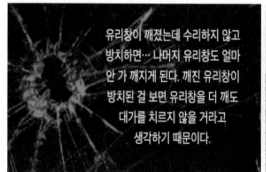

깨진 유리창 이론 - Wonderful Mind

[조지 L. 켈링(George L. Kelling) 교수: '깨진 유리창의 법칙'을 뉴욕 지하철에 적용]

뉴욕의 지하철 흉악 범죄를 줄이기 위한 대책으로 지하철에 있는 낙서를 철저하게 지울 것을 제안했습니다. 낙서가 방치되어 있는 상태는 창문이 깨져있는 자동차와 같은 상태라고 생각했기 때문이죠. 지하철 차량기지에 교통국 직원이 투입되어 무려 6,000대에 달하는 차량의 낙서를 지우는 작업이 수행되었는데요. 워낙 많은 낙서로 인해 무려 5년이 지난 뒤에야 모든 낙서를 지울 수 있었답니다. 그런데 반신반의했던 낙서 지우기 프로젝트는 계속해서 증가하던 지하철의 흉악 범죄 발생률에 영향을 미치기 시작했습니다. 낙서 지우기를 시행하면서 범죄 발생률이 완만해지기 시작했고, 2년이 지난 후에는 중법죄 건수가 감소하기 시작했으며, 94년에는 절반 가까이 범죄율이 감소했습니다. 결과적으로 뉴욕 지하철의 중범죄 사건의 75%나 줄어들게 되었죠.

출처: http://ddungsang.tistory.com/632 [엉뚱상상 블로그 라이프]

2) 사고유형별 인적오류 개선대책

(1) 정차역 통과

– 정차역 무선 통고를 받거나 정차역 통과 방지 장치의 음성을 들은 후 적절한 제동을 취급해야 하는 위치에서 정차조치를 실념하여 발생하고 있으며,
– 선행열차에 의한 신호변화, 다른 장치의 고장이 제동취급 시점에서 동시에 발생하여 집중력 저하 등으로 인해 발생한다.
– 사고예방은 신호시스템의 개선(ATP방식)(ATP와 ATC는 정차역통과시 기관사가 미리 감속하지 않으면 자동으로 ATP가 감속시킨다)을 통해 가능하며,
– 정차역 통과 방지장치와 제동장치를 연동장치를 연동시켜 기관사가 적절한 제동취급을 하지 않으면
– 자동으로 제동을 체결하여 열차를 정차시키는 방식으로 인적오류를 예방할 수 있다.

(2) 신호확인 소홀

– 신호확인을 소홀이 하게 되는 경우는 인지의 실패요인으로 차량고장, 사상사고 등 여러

상황이 동시에 발생하거나,

- 운전 중 잡념, 무전기 수선, 차량의 고장조치, 객실과의 인터폰 통화 등으로 운전에 대한 집중력이 분산되어 적절한 시기에 신호를 주시하지 못해 발생한다.
- 신호확인 소홀의 경우 열차충돌 및 탈선 등 대형사고의 발생위험이 크므로 우선적으로 해야 하는 필수행동을 매뉴얼을 통해 미리 숙지하고, 지적확인 환호응답("예! 1234열차 이번 정차역 제동취급 알았습니다."라고 복창한다)을 시행하여 복합적인 상황 속에서 대응행동을 결정하고 잡념 등이 발생하지 않도록 해야 한다.

(3) 기기취급 오류

- 기관사의 기기취급 오류는 매뉴얼에 정리되어 있음에도 불구하고 차량 고장 시 당황하여 잘못된 스위치를 취급하는 경우에 발생한다.
- 취급오류는 조급한 마음에 재확인을 하지 않으면 발생할 수 있다. 이는 평소 매뉴얼에 의한 취급 순서를 숙지하고 시뮬레이터를 활용한 고장조치방법 숙달훈련과 함께 이미지 트레이닝을 통하여 가능하다.
- 또한 자주 쓰는 스위치는 잘 보이도록 채색하는 방법과, 복잡한 버튼계열을 단순화, 그룹화 하고, 명칭을 아래쪽에 선명하게 표시하여 정확하게 취급할 수 있도록 개선하는 방법 등이 있다.

(4) 기타 오류

- 인적오류를 유발시키는 기타 오류는 응급조치 미흡, 출입문 취급 소홀 등에 있으며 응급조치 미흡은 반복적인 고장조치 훈련과 역량 강화를 통해 대응이 가능하다.
- 또한 출입문 취급 소홀은 주의력의 변화에 따라 발생하며 잡념을 없애도록 지적확인 환호응답의 시행 및 안내방송, 정차역 통과방지 장치 음성 강화로 개선이 가능하다.

예제 다음 중 기관사가 당황하였을 때 발생하는 오류는 무엇인가?

정답 기기취급 오류

예제 다음 중 관련사항이 틀린 것은?

가. 과학기술의 지속적인 발전으로 기계적인 안정성은 높아지고 있다.

나. 실수는 점차적으로 줄여나가는 것이다.

다. 노동재해예방(과학적 접근)(1: 29: 300) 하인리히 법칙

라. 깨진 유리창의 법칙: 제임스 윌슨과 조지 켈링

해설 과학 기술의 오류는 낮아진다. 사람의 오류는 늘어난다.

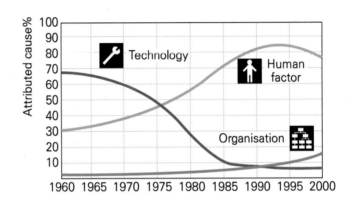

예제 다음 중 조직의 안전문화 개선사항을 틀린 것은?

가. 기관사 선발시험이나 적성검사의 기준을 강화하여 양질의 인력을 선정한다.

나. 안전의식을 외재화시켜 인적오류에 대한 올바른 이해를 시킨다.

다. 위험 정보의 공유 문화를 확립하여 오류를 줄인다.

라. 시설 설비에 대한 개선과 기관사에 대한 안전교육을 실시하여 안전문화를 확립한다.

해설 안전의식을 내재화시켜 인적오류에 대한 올바른 이해를 시킨다.
　　　　– 내재화: 스스로 몸으로 습득한다
　　　　– 공유문화: "나는 이런 사고를 겪었다"는 정보를 공유

제2장

지적확인 환호응답

1. 지적확인 환호응답이란?

[지적확인 환호응답]

부산경남 코레일, 지적확인환호로 안전관리
강화(물류/유통)-NSP통신

지하철 100만km 무사고
'매뉴얼 충실히 따랐죠' 서울경제

[지적확인]
- 지적확인은 기관사 혼자 확인하고자 하는 대상물을 가리키며 눈으로 확인하는 행위이다.

  예제   지적확인은 기관사 (   )하고자 하는 (   )을 가리키며 (   )하는 행위이다

  정답   혼자 확인, 대상물, 눈으로 확인

[환호]

- 환호는 기관사 혼자 지적한 대상물의 명칭이나 현재 상태에 대한 인식을 강화하기 위하여 소리를 내어 확인하는 것을 말한다.

예제 환호는 기관사 혼자 ( )한 ( )의 명칭이나 ( )에 대한 (인식)을 강화하기 위하여 (소리)를 내어 확인하는 것을 말한다.

정답 지적, 대상물, 현재 상태

[응답]

- 2명 이상의 사람이 함께 수행한다.
- 한 사람이 확인 및 조작 대상을 지적하면 나머지 사람이 대상의 상태와 동작 내용을 복창하며 확인하는 것을 말한다.

예제 응답은 ( )이 확인 및 조작 대상을 ( )하면 ( )이 대상의 ( )와 ( )을 ( )하며 확인하는 것을 말한다.

정답 한 사람, 지적, 나머지 사람, 상태, 동작 내용, 복창

2. 지적확인 환호응답의 도입

- 지적확인 환호응답제도는 1960년대 초 미국 NASA의 APOLLO 우주발사 과정에서 결함을 사전에 체크하는 ZD(zero Defects: 무결점)운동에서 비롯되었다.
- 1960년대 말 일본국철(JNR)에서 '지적환호응답'이라는 명칭으로 도입되어 운영 중이다.
- 한국철도에서는 1976년 5월 5일 "지적확인 환호응답"을 공식적으로 운용하기 시작했다.
- "지적확인 환호응답"이 시작된 이유는 직원의 취급 부주의로 인해 사고가 빈발하였기 때문이다.

3. 지적확인 환호와 주의력과의 관계

(1) 인적사고 발생과정에서 취약포인트의 불안전 작업조건에 대한 강화시켜준다.

(2) 인적사고의 복잡한 발생과정에서 기관사 등 직원의 소홀로 인한 오류를 방지해 준다.

(3) 인적사고의 복잡한 발생과정에서 직원들의 지각과정의 인지력을 최대한 효과적으로 강화시켜 신속하고 정확하게 판단하고 조치를 내리게 해 준다.

(4) 인간의 시각, 청각, 및 운동감각능력을 동시에 동원하는 시각 – 청각 – 운동감각의 입체적인 주의력 강화방안이라고 할 수 있다.

코레일 경북본부는 본부대강당에서 100여 명의 직원이 참석한 가운데 [지적확인환호응답 Boom-Up대회를 개최하였다. [출처: 철도신문 2016.02.02.]

일본철도기관사의 지적확인환호 모습

4. 지적확인 환호응답의 효과

(1) 지적확인 환호의 지적은 확인하고자하는 대상과 상태에 자기의 주의강도를 높여주는 수단이다.

(2) 지적확인 환호의 지적은 작업자의 주의를 대상이나 상태에 적극적으로 지향, 접근, 결합, 강화시켜 줌으로서 상태의 파악 및 인지의 정확성, 신속성을 높여준다.

(3) 지적확인 시 눈의 초점은 손으로 지적된 대상이나 상태에 맞추어져 시각기능의 동체시력을 정체시력(시험 자주 출제)으로 유지하도록 해 줌으로써 작업자의 시력기능을 강화시켜 준다(움직이는 눈동자를 집중시켜 정체시력으로 만든다).

지적확인 시 눈의 초점은 손으로 지적된 대상이나 상태에 맞추어져 시각기능의 (　　　)을 (　　　)으로 유지하도록 해 줌으로서 작업자의 시력기능을 강화시켜 준다.

동체시력, 정체시력

(4) 상태를 지적할 때의 손동작은 팔운동과 동시에 음성환호의 성대근육운동과 함께 이루어져 대뇌의 운동중추신경을 자극한다.

　－일본 국철은 지적확인 환호응답에 관한 실험을 실시했다.

　[확인방법]을

　① 눈으로만

　② 지적만

　③ 환호만

　④ 지적과 환호

4가지 방법으로 나누어 각각의 오류율과 소요시간을 비교하여 아래 표를 도출했다.

[네 가지 방법별 오류율과 소요시간]

확인방법	눈으로만	지적만	환호만	지적과 환호
오류율(%)	2.85	1.50	1.15	0.08
소요시간(초)	1.15	0.90	0.95	0.75

지적과 환호에 따른 오류율은 (　　　)%, 소요시간은 (　　　)초로 나타났다.

0.08, 0.75

점착력은 (　　　), 실제동거리는 (　　　)이다.

0.08, 0.75

- 위의 표(연구결과)에서 보면 지적확인 환호응답 실천 시 눈으로만 확인했을 때보다 3.5
배의 오류율 감소(눈: 2.85/지적환호: 0.08)된 것으로 나타났다.

- 지적확인 환호응답 방법 체득 후 지적확인 환호응답 소요시간도 약 1/2(지적환호: 0.75/
눈: 1.15)로 감소되었음을 보여준다.

[현장의 지적확인 환호응답 모습]

서울지하철 1~8호선을 운영하는 서울교통공사는
올해도 도시철도 100만km사고 무사고 기관사를
배출하였다.(기관사의 지적환호 응답모습)
출처: 서울시티(http://www.seoulcity.co.kr)

5. 지적확인 환호응답 필요성

(1) 열차안전운행을 확보

지적확인 환호응답의 자율적 실천 및 습관화를 통하여 열차안전운행을 확보할 수 있다.

(2) 오감을 통한 정확도 향상

승무원의 운전취급 시 5감을 모두 적용시켜 확인동작함으로써 불안전성을 보완하여 정확
성을 기할 수 있게 된다.

(3) 인적오류 사전감소

인적오류는 제거하는 것이 아니라 감소시키는 것이다.

(4) 실수의 근원방지

실수의 근본 원인을 사전 방지할 수 있다.

(5) 기기취급 시 안전사고 사전 예방

시각 기능의 동체시력을 방지하고 정체시력을 유지하도록 해줌으로써 작업자의 시력기능이 발휘될 수 있도록 해준다.

(6) 신경자극을 통한 오류방지

지적자의 팔 운동과 환호 시의 성대근육운동은 대뇌의 중추신경을 자극하여 작업자의 주의력을 재강화시킴에 따라 작업자의 주의산만, 피로, 실념 등에 의한 착각을 방지해 준다.

예제 다음 중 지적확인 환호응답 관련사항으로 틀린 것은?

가. 지적확인 환호응답은 시행자가 대상물을 손가락으로 가리키며 눈으로 확인하고 환호와 응답하는 것이다.

나. NASA의 ZD운동에서 시작되었고, 60년대 말 일본국철에서 '지적확인 환호응답'이라는 명칭으로 도입되어 운용되었다(한국철도는 1976년 도입).

다. 인간의 지각과정의 인지력을 최대한 효과적으로 강화시켜줌으로써 작업상황 조건을 신속하고 정확하게 파악하는 데 있다(오류율: 0.08%로 감소, 시간소요: 0.75초로 감소)('눈으로만' 보다 3.5배, ½감소)

라. 인간의 시각, 청각, 및 운동감각 능력을 동시에 동원하는 시각-청각-운동 감각의 입체적 주의력 강화방안이다.

해설 지적확인 환호응답은 2명 이상의 사람이 함께 수행한다. 혼자 있을 때는 응답이 이루어질 수 없다.

예제 다음 중 지적확인 환호응답의 효과로서 눈으로만 확인했을 때와 지적환호를 했을 때의 오류율과 소요시간 감축으로 맞는 것은?

가. 3.5배 오류율 감소와 소요시간도 약 1/2감소
나. 3.5배 오류율 감소와 소요시간도 약 1/3 감소
다. 2.5배 오류율 감소와 소요시간도 약 1/3 감소
라. 2.5배 오류율 감소와 소요시간도 약 1/2 감소

해설 지적환호를 했을 때는 3.5배의 오류율 감소와 소요시간도 약 반으로 감소된다.

예제 다음 중 일본 국철 노동과학연구서의 확인방법에 따른 지적확인 환호응답의 소요시간은 얼마인가?

가. 0.65초　　　　　　　　　나. 0.75초
다. 0.85　　　　　　　　　　라. 0.95초

해설 소요시간: 0.75초로 감소, 오류율: 0.08%로 감소

예제 다음 중 지적확인 환호응답의 필요성에 관한 설명으로 틀린 것은?

가. 자율적인 실천 및 습관화를 통하여 열차 안전운행을 확보할 수 있다.
나. 인간의 시각, 청각, 후각 등 오감을 통한 정확도를 향상시킬 수 있고, 대뇌의 운동 중추신경을 자극하여 작업자의 주의력을 재강화시킬 수 있다.
다. 인적오류를 사전에 제거시키고 업무상 오류를 최소화할 수 있다.
라. 동체시력을 방지하고 정체시력을 유지하도록 해줌으로써 작업자의 시력기능이 원활하게 발휘될 수 있도록 해준다.

해설 인적오류는 제거하는 것이 아니라 감소시키는 것이다.

6. 지적확인 환호응답 기본동작 및 요령

가. 기본동작

(1) 먼저 취급 또는 확인할 대상물을 찾는다(Pan, MCB 등).

(2) 검지로 대상물을 정확히 지적한다(검지(2째)손가락으로 지적)(귀 뒤쪽에 손가락을 올렸다가 앞으로 당기면서 힘 있게 지적한다).

(3) 대상물의 명칭과 상태를 명확하게 환호하고 응답한다("Pan하강!", "MCB차단!") (1인: "Pan하강" 전동차의 위쪽을 쳐다보며 손가락으로 지적. 혼자서 지적확인 환호).

[지적확인기본 동작]

(1) 먼저 취급 또는 확인할 대상물을 찾는다.
(2) 팔을 곧게 펴고 검지로 대상물을 정확히 지적한다.
(3) 대상물의 명칭과 상태를 명확하게 환호하고 응답한다.

KORAIL강원지사의 지적확인 교육자료

나. 시행순서

(1) 취급자와 보조자 2명이 근무할 경우 취급자가 먼저 지적확인을 하고 보조자가 지적확인 환호응답하는 것을 원칙으로 한다.

(2) 단독으로 업무를 수행하는 경우에는 지적확인 환호만 실시할 수 있다.

다. 대상물 확인

- 지적확인 대상물이 한 곳에 2개 이상 있을 경우에는 열차의 안전운행에 직접 관련되거나 열차운행에 지장을 줄 수 있는 대상물을 우선 지적확인하고 나머지 대상물에 대해서는 환호응답만 할 수 있다.

라. 기기점검

- 취급자가 각종 기기를 점검 및 보수하거나 조작판 및 보안장치 등을 취급할 때에는 취급하기 전에 지적확인을 하고 취급한 후에는 이상유무를 확인함과 동시에 환호를 해야 한다.

마. 주체신호기

(1) 주체의 신호기와 보조신호기가 동시에 확인 가능한 경우에는 주체의 신호에 대한 지적확인 환호응답만 시행하고
(2) 주체의 신호기의 확인이 불가능하고 보조신호기의 신호확인만 가능한 경우에는 보조신호기에 대하여 지적확인 환호만 시행해야 한다.

바. 지적동작 생략

- 기관사가 기기 및 장치를 사용하여 운전취급을 하는 경우나 양손으로 물건을 들고 이동하는 경우, 철도사고 발생, 장애 등 급박한 상황 발생 시에는 지적동작은 생략하고 확인 및 환호만 시행할 수 있다.

7. 지적확인 환호응답 시행시기

(1) 선로에 진입 또는 횡단 시(공통: 모든 경우에 다한다.)
(2) 운전중 신호의 현시상태, 전호, 포지 및 진로의 방향 기타 중요한 사항을 확인할 때(동력차 승무원)
(3) 차량점검 시 주요기기의 상태 및 기능을 확인할 때(동력차 승무원)
(4) 기기를 수동으로 취급할 때(동력차 승무원)
(5) 각종 기기를 점검 및 보수하거나 조작판, 보안장치 등을 취급할 때(공통)

8. 지적확인 환호응답 이행 대상자

[지적확인 환호응답 이행 대상자]

가. 운행선 및 인근 구간에서 근무하는 모든 직원, 계약자 및 이해관계자
나. 철도운영기관에서 종사하는 다음의 직원
   (1) 관제사
   (2) 열차승무원(열차팀장, 여객전무, 전동열차승무원)
   (3) 정거장의 열차운용원, 역무원(신호취급 및 수송업무 담당자에 한함)
   (4) 기관사(KTX기장, 기관사, 장비운전자), 부기관사
   (5) 선임장비관리관, 장비관리원
   (6) 건널목관리원
   (7) 선임전기장, 전기장, 전기원
   (8) 선임시설관리장, 시설관리장, 시설관리원
   (9) 선임차량(기계)관리장, 차량관리원
   (10) 선임건축(설비)장, 건축(설비)원

9. 지적확인 환호응답 세부시행시기 및 요령

1	선로를 횡단할 때	열차접근 또는 없음
2	상치신호기의 진행신호 현시를 확인하였을 때(복선 4, 5현시 자동폐색구간의 폐색진행 현시 제외)를 확인하였을 때	1. 장내(출발, 폐색, 엄호)진행 2. 감속(주의, 경계) OOkm 3. 장내(출발, 폐색, 엄호)정지 4. 장내OO선, OOkm, 정차역
3	장내(출발)신호기가 동일선상에 2기 이상일 때	OO선 장내(출발)진행(감속, 주의, 경계)
4	유도신호 현시를 확인하였을 때	유도진행(평소 소등, 진행신호: 점등)
5	신호기에 대응하는 수신호의 현시 상태 (진행, 정지. 서행, 해제)를 확인하였을 때	수신호 OO (진행, 정지, 서행, 해제) ("수신호 진행". "수신호 정지")
6	중계신호기의 현시 상태를 확인하였을 때	중계제한(제한, 정지)
7	상치신호기의 등열식 또는 문자식 진로표시기의 진로를 확인하였을 때	OO선 OOkm

	지적확인 및 환호시기	환호용어
8	진로예고표시기의 현시상태를 확인하였을 때	예고 OO선(고속, 경부선 등)
9	시발열차, 본선(부본선)을 통과하는 열차, 정차 후 출발하는 열차가 해당선로의 출발 신호기의 진행신호 및 진로예고표시기의 진로를 확인하였을 때	본선(부본선)출발진행 OO선
10	기외정차 경고등을 확인하였을 때	기외정차
11	엄호신호기 현시상태 및 서행구역 통과측정 표지를 확인하였을 때 1. 서행예고 확인 시 2. 서행신호 확인 시 3. 서행해제(서행구역 통과)확인 시	1. 서행예고 OO키로 2. 서행 OO키로 3. 서행해제
12	속도제한표지를 확인하였을 때	제한 OO키로 (기출문제)
13	건널목지장경고등을 확인하였을 때 1. 경고등 점등 2. 고장표시등 소등	1. 비상 2. 건널목 주의
14	절연구간 통과취급 및 전차선표지 확인 시 1. 절연구간 예고표지 2. 타행표지 3. 주간제어기 'O'위치 4. 절연구간 표지 5. 역행표지 6. 가선종단표지 확인 시	1. 절연예고 2. 타행 3. 주간제어기 양호 4. 절연구간 5. 역행 6. 가선중단
15	교직절환스위치 취급 시 1. 교류 → 직류전환 2. 직류 → 교류전환	1. 직류전환 2. 교류전환
16	열차가 정거장 또는 신호소에 진입하는 경우 상치신호기 확인지점 또는 정거장 가까이 접근하였을 때	OO접근 정차역("서울역 접근 정차역")
17	역 도착 시 [정위치＋닫힘양호＋승강문 소등＋열림양호(PSD포함)]확인 시	승강문 열림/승강장안전문(또는 안전문)열림
18	발차 전 [승강문 점등＋닫힘양호＋승강장 양호]확인 시	승강문 닫힘/ 승강장안전문(또는 안전문)닫힘
19	정차역 정차 시	정위치(PSD설치 정거장 파란불이 점등된다)

	지적확인 및 환호시기	환호용어
20	진로개통표시기 신호현시 및 진로를 확인하였을 때 1. 진로개통 2. 진로개통 안 됨	1. 진로개통(상선/하선) 2. 진로개통 불량
21	입환신호기의 진행신호 현시를 확인하였을 때	oo선 입환진행
22	입환작업 시 입환표지의 현시상태(개통, 불량)를 확인하였을 때	oo선 표지개통(불량)
23	열차출발 시 선로전환기 진로상태를 확인하였을 때	진로 양호(불량)

[지적확인환호]

서울본부 지적확인환호응답 결선 페스티발

지적확인 Gramho.com

[예제] 다음 지적확인 환호응답 세부 시행시기 및 요령에 관한 설명 중 틀린 것은?

가. 유도신호를 확인하였을 때: 유도진행

나. 진로예고표시기의 현시상태를 확인하였을 때: 예고 ○○선(고속, 경부선 등)

다. 기외정차 경고 등을 확인하였을 때: 기외정차

라. 서행신호 확인 시: 서행예고 ○○키로

[해설] '서행신호 확인 시: 서행 ○○키로'가 맞다.

제3장

사고사례

1. 대구지하철 1호선 중앙로역 화재사고(사례1)

1. 사고개황: 2003년 2월 18일 9시 52분 경 대구지하철 1호선 전동 제 1079열차가 반월당역을 출발, 중앙로에 진입하기 직전 승객의 라이터 불로 인해 화재가 발생하였다.
2. 사고원인: 우울증 증세의 중풍환자가 자기 신체에 대한 비관과 사회불만에 의한 방화
3. 결과: 사망 200명, 부상 146명, 전동차 2대 12량 소실 및 시설물의 소실, 국가안전도 실추
4. 문제점: 지하철 화재 발생 시에 승객을 대상으로 한 안전대피요령 등 초보적인 대처 방식과 교육이 전무함
5. 대책:
   - 위기관리 능력 강화를 위한 정기적, 임시적인 교육훈련
   - 화재발생 전동차의 초동진압 조치 등 근무자의 업무숙달 배양
   - 유형 및 상황별 비상조치 매뉴얼 습득과 실행의 지례 대한 상시적인 모니터링
     - 옆 차 기관사가 연기가 들어오니까 차량 문을 닫아버려 대형사고로 확대
     - 이 사고를 계기로 철도안전법, 기관사면허제도 등을 보완하는 계기가 되었다.

[대구지하철 참사]

예제 다음 중 대구지하철 1호선 중앙로역 화재사고 관련하여 방화 시 발생할 수 있는 인적오류
에 대한 방지대책의 기본 3가지에 포함되지 않는 것은?

가. 위기 관리 능력 강화를 위한 정기적·임시적인 교육 훈련

나. 화재 발생 전동차의 초동진압 조치 등 근무자의 업무 숙달 배양

다. 유형별·상황별 비상조치 매뉴얼 습득과 실행 의지에 대한 상시적이 모니터링

라. 인적오류 분석체계를 통한 철저한 원인 분석

해설 '인적오류 분석체계를 통한 철저한 원인 분석'은 중앙로역 화재사고 관련하여 방화 시 발생할 수 있는
인적오류에 대한 방지대책의 기본 3가지에 포함되지 않는다.

2. 공항철도 계양↔검안역 간 사고(사례2)

1. 사고현황: 열차가 더 이상 안 들어올 것으로 판단하고 작업하다 참변
2. 사고원인: 안전수칙 미 준수와 작업시간 전에 임의로 작업 시작
3. 결과: 작업자 사망 5명, 부상 1명, 전동차 배장기 파손 1,733만원 피해
4. 문제점:
   - 용역수행에 따른 안전관련 지도 및 감독 소홀
   - 용역사의 작업책임자 미 지정
   - 안전관리 점검 등을 계획서에 누락
5. 대책:
   - 작업 전 안전대책 수립 및 준수 여부와 관련한 예방시스템 구축
   - 작업자 관리감독 및 선로내 또는 관리구역 내 출입금지
   - 운전취급자 및 유지보수 담당자의 매뉴얼 숙지

[계양역~검암역 선로에선 무슨일이? 열차 운행 중 승인도 안받고 작업 왜… 공항철도 근로자 5명 참변 '미스터리']

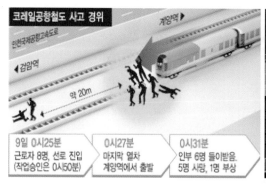

인천/ 박준철 기자 terryus@kyunghyang.com　　　　중앙일보 2011.12.10.

3. 부산 3호선 배산↔물만골역 충돌, 탈선 사고(사례3)

1. 사고개황: 자동운전 구간을 하고 가다가 고장이 나서 뒤에 오는 열차가 구원을 해야 하는 상황. 구원열
   차가 현장에서 비상으로 제동하였으나 제동거리 부족으로 추돌사고 발생
   - 구원열차는 규정상 25km/h로 운행해야 하나 당시 사고 차(구원열차)는 52km/h로 운행
2. 사고원인: 관제사와 구원열차기관사의 규정위반
3. 결과: 승객부상 201명, 열차탈선 등 1억 4천 만원대 피해
4. 문제점:
   - 고장열차, 관제사, 구원열차 기관사의 열차위치 파악 결여
   - 운전취급 규정에 의한 관계자들에게 운전정보 지시 결여
   - 수동운전 승인없이 전령법 운행 및 속도위반
5. 대책:
   - 관제사, 기관사, 역장 등 운전 취급 관계 직원의 규정 준수
   - 열차운행 시 준수사항에 대한 교육훈련
   - 열차무선전화기 사용 불능 등 이례상황을 대비하여 철도종사자간 신속한 정보공유를 위한 현실성이
     있는 운전취급규정 마련

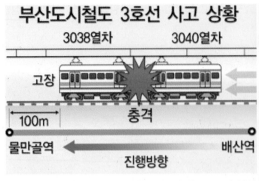

부산도시철도 3호선 사고 상황

3038열차   3040열차

고장

100m   충격

물만골역   ← 진행방향   배산역

부산지하철 3호선 고장 전동차 견인하다 추돌 45명 부상
2012-11-22 11:56:50 [출처: 부산일보]

4. 경부선 대구역 무궁화열차와 KTX 충돌사고

1. 사고개황: 무궁화호 열차가 신호위기관사가 출발정지 신호상태에서 다른 호선(노선) 열차에 현시된 신호
를 보고 열차를 출발시켜 제1차 사고 발생. 그 후 KTX가 정거장으로 들어오다 다른 KTX 객
차와 접촉하여 2차사고 발생)
2. 사고원인: 정지신호에서 열차 출발 및 로컬관제원의 장내신호기 미취급
3. 결과: 승객부상 21명, 무궁화 기관차 및 KTX 8량 탈선과 차량파손 13량
4. 문제점:
  • 열차운행 효율향상을 위한 속도향상 시 ATS 미설치(수리 중. 정지신호에서 ATS가 정상적으로 작동
  했더라면 열차가 그 자리에서 정지했을 것. 정지신호 현시되어 있으면 15km/h스위치 취급하고 간
  다.)에 따른 대책 마련 미수립
  • 기관사의 신호오인에 의한 인적오류
5. 대책:
  • 열차방호, 무선교신 청취 등 기관사의 규정 준수를 위한 대책수립
  • 비상시 인력동원에 대한 미비한 시스템 보완
  • 운전관련 조직의 운전계획, 운전제도, 교육훈련계획의 수시 점검

[대구역 KTX-무궁화 충돌사고]

대구역 KTX-무궁화 추돌사고..."중상자 없어"
연합뉴스 2013-08-31 14:22

예제 다음 중 경부선 대구선 무궁화-KTX충돌사고 관련하여 열차충돌 등 대형사고로 이어질 수 있는 인적오류에 대한 방지 대책 기본 3가지에 포함되지 않는 것은?

가. 종합관제소 및 운전취급실의 신호기 오류상태 감시와 이상 시 즉시 시스템 개선

나. 비상 시 인력동원에 대한 미미한 시스템 보완

다. 열차 방호, 무선교신 텅취 등 기관사의 규정 준수를 위한 대책 수립

라. 운전관련 조직의 운전계획·운전제도·교육훈련 계획의 수시 점검

해설 '종합관제소 및 운전취급실의 신호기 오류상태 감시와 이상 시 즉시 시스템 개선'은 서울교통공사 2호선 상왕십리역 전동열차 충돌-탈선사고에 해당된다.

5. 서울 2호선 상왕십리역 열차 충돌, 탈선사고

1. **사고개황**: 앞차가 PSD수리하느라 몇 분(4분) 늦게 출발하였는데 후속 열차가 와서 부딪치는 사고
2. **사고원인**: 신호기의 오류(앞 신호가 정지가 나면 뒤 신호등은 경계, 주의, 감속, 진행(진감주경정) 앞에 신호기가 정지가 났음에도 불구하고 뒤의 신호기가 진행을 현시한 게 화근. 후속열차 기관사는 진행신호를 보고 가다가 부딪히는 사고발생)(CPU에 과전류가 흘러서 자동신호기가 고장이 났었다)
   기관사의 지연 운전 미 보고, 관제사의 열차 간 조정 미 실시
3. **결과**: 승객 477명 부상, 열차 6량 탈선, 차체굴곡 7량 등관 28억 피해
4. **문제점**:
   - 선행열차 기관사는 열차 지연시 관제사와 교신이 없었다(선행열차 기관사가 4분 정도 운행이 늦은 사실을 관제사에게 보고했었어야 한다." 지금 안전문이 고장나서 정비하느라 4분 정도 늦겠습니다"라는 보고를 하지 않았다).
   - 관제사의 열차간격 조정 미실시(관제사는 뒤차에게 "앞차가 약간 지체된 상황이니 천천히 왕십리역으로 들어와라"라는 통보를 안해 주었다)
   - 신호관제의 신호체계 변경작업에 대한 작업통제 미실시
   - 철도종사자의 인적 오류
5. **대책**:
   - ATS/ATC등 시스템 혼용운영에 따른 열차운행의 안전성 사전 파악
   - 종합관제소 및 운전취급실의 신호기 오류상태 감시와 이상 시 즉시 시스템 개선
   - 종합관제소의 시기 적절한 열차운행 통제 감시 지시와 철도 종사자 간의 정보교류를 위한 비상연락체계 구축의 제도화

예제 서울교통공사 2호선 상왕십리역 전동열차 충돌-탈선사고 관련하여 충돌-탈선 사고 시 인적오류에 대한 방지 대책의 기본 3가지에 포함되지 않는 것은?

가. ATS/ATO 등 시스템 혼용운행에 따른 열차운행의 안전성 사전 파악

나. 종합관제소 및 운전취급실의 신호기 오류 상태 감시와 이상시 즉시 시스템 개선

다. 종합관제소의 시기적절한 열차운행 통제·감시·지기와 철도종사자간의 정보교류를 위한 비상연락체계 구축 제도화

라. 열차무선전화기 사용 불능 등 이례상황을 대비하여 철도종사자간 신속한 정보공유를 위한 현실성이 있는 운전취급규정 마련

해설 '열차무선전화기 사용 불능 등 이례상황을 대비하여 철도종사자간 신속한 정보공유를 위한 현실성이 있는 운전취급규정 마련'은 부산교토옹사 3호선 배산-물만골역 간 전동열차 충돌-탈선사고 대책에 해당된다.

[상왕십리역 지하철 추돌사고...탑승자 172명 부상]

cjh@vop.co.kr

www.kmib.co.kr

제2부

이례상황

제1장

전동차 승무원 준수사항

1. 직무사상사고 예방을 위한 안전수칙

(1) 지적확인환호 응답 및 직무안전관리 생활화

(2) 출고 사업 시 지정된 통로를 이용할 것(지정되지 않은 지름길은 위험요소가 많음)

(3) 역 구내에서는 고상 홈 밑으로 뛰어 내리지 말고 사다리를 사용할 것(뛰어 내리다 다리 다침)

(4) 고상 홈에 설치된 사다리를 이용 시 넘어지지 않도록 조심할 것

(5) 선로 내 하차 시는 바닥상태 및 열차의 진행유무를 확인할 것

(6) 출고 점검 시 항상 인접선의 열차상태에 유의할 것

(7) 출고점검 시 구름방지 조치하고 MC Key를 휴대 후 이석할 것

(8) 철길 보행 시 선로에 걸려서 넘어지거나 미끄러짐에 유의

(9) 구내를 보행하거나 철길을 걸어 갈 때는 잡념을 배제하고 항상 열차의 진행 유무를 확인하며 걸어갈 것(건축한계와 차량한계 간의 차이가 한 뼘 밖에 되지 않는다.)

(10) 스크린 도어 설치구간에서 정거장 도착이나 출발 시 신체 일부를 밖으로 내밀지 말 것

(11) 운전실 문을 닫을 때는 손잡이를 잡고 천천히 닫을 것

- 사다리(뛰어 내리면 안 된다.)

- 출고 점검시 항상 인접선의 열차 상태에 유의
- 지정된 통로(지정통로만 이용)

지정된 통로

['직무사상사고 예방을 위한 안전수칙'에서 수험생을 헷갈리게 하는 문제 예]

(7) MC Key를 휴대(O) → BC 핸들을 취급한다(X)

(9) 열차의 진행유무(O) → 열차의 반대방향으로(X)

(10) 신체 일부를 밖으로 내밀지 말 것(O) → 고개를 내밀어서 확실히 볼 것.(X)

(11) 천천히 닫을 것(O) → 빨리 닫을 것(X)

[고상홈(高床 platform) 혹은 고상 승강장]

열차의 바닥과 같은 높이의 승강장을 의미한다.

- 일반적인 전철에서 사용되며 한국에서는 수도권 전철이 개통하면서 사용되기 시작하였고 그 후부터 모든 통근형 전동차는 고상 승강장을 채택하게 되었다. 한국의 고상 승강장의 규격은 선로 윗면으로부터 1,135mm로 규정되어 있다.
- 저상 승강장에 비해 승차 시 열차와의 높이에 차이가 없어 별도의 계단 없이 승차하기 편하다는 장점이 있으나
- 승강장과 선로간의 높이나 높아 추락사고 시 올라오기 어렵다는 단점이 있다.

노원역의 고상 승강장

2. 직무사상사고 발생 위험요인

(1) 입환작업 또는 열차운행 중 창문개방으로 철도시설물에 접촉 우려

(2) 입환작업을 위하여 선로를 횡단 시 직무사상사고 우려

(3) 차량과 차량 사이를 이동 시 부주의로 인한 실족사고 우려

(4) 입환작업 또는 출고 시 선로를 횡단할 경우 열차에 접촉 우려

(5) 운전실에서 뛰어 타거나 뛰어 내리는 중에 부상하는 사고

(6) 운전실 문에 손가락이 부상하는 사고(문을 빨리 닫는 경우에 발생)

(7) 입환작업 또는 출고를 위하여 계단을 이용 시 미끄러져 부상하는 사고

(8) 보행 중 잡념으로 인하여 시설물에 접촉사고 우려(관제실은 차량중심의 관제만 하므로 보행자는 관심없다.)

(9) 출고점검 중 하부 고압기기 접촉으로 인한 감전사고 우려

(10) 전동차 운행 중에 운전실에 승차하거나 내리다 부상당하는 사고

(11) 출퇴근 시 안전 확인 소홀로 인한 사고 우려

3. 전동차 기관사 안전수칙

(1) 기동 시 Pan상승 또는 MCB를 투입할 때는 "Pan상승" 또는 "MCB 투입" 방송을 3회 이상 실시한 다음 관계스위치를 취급하여야 한다(혹시, 차량하부에 점검하는 직원이 있으면 대피할 수 있도록).

(2) 출고나 기동시험할 때는 차량이동금지전호기를 제거한 것을 확인 후 "기동시험 또는 출고합니다"라고 3회 이상 방송 후 움직여야 한다.

(3) 차량기지 구내에서 움직일 때는 기적취명(단독기적 "빵" 0.5초) 후 5초 이상 간격으로 2회 이상 단속단(1 Notch)으로 운전 취급을 하여야 한다.

(4) 어떠한 경우라도 전동차 지붕 위에 올라가서는 안 된다.

(5) 운전 중 창문을 개방하여 머리를 창 밖으로 내밀어서는 안 된다.

(6) 출고 점검 및 사상 사고 처리 등으로 선로횡단 시 좌우 열차 유무를 확인하여야 한다.

(7) 운전실 출입문 외측 승강대에 매달려서는 안되며 입환 시 구내원(기관사)은 운전실에 승차하여야 한다.

(8) 운전할 때에는 진행방향 전부 측 운전실에서 하여야 한다.

(9) 운전실 기기를 청소할 때는 습기가 있는 것으로 하여서는 안 된다.

(10) 운전석을 이석할 때에는 MC키, 제동핸들(BC)을 취거하여야 한다('안전수칙'에서는 MC Key를 휴대 후 이석할 것).

(11) 사상사고 기타 등으로 상판 밑을 (하부(AC, SIV 등 있는 곳)) 횡단할 필요가 있을 때에는 Pan하강 및 MCB를 차단한 후(전기를 완전히 끊은 다음에 밑에 내려가야 된다)가 아니면 횡단을 금한다.

(12) 전기 기기의 점검을 할 필요가 있을 때는 Pan을 하강시킨 후에 해야 한다.

(13) 전차선 단로기가 설치된 선로에 진입할 때에는 단로기 전방에 일단정지하고 단로기 상태를 확인 후 진입하여야 한다.

(14) 운전실 승하차 시 뛰어 내리지 말고 손잡이를 잡고 안전하게 승하차하여야 한다.

(15) 인접선이 있는 차량으로 건너갈 때에는 반드시 지상에 하차 후 승차 차량 운전실 손잡이를 잡고 승차한다.

예제 다음 중 직무 사상사고 발생 위험요인이 아닌 것은?

가. 운전실에서 뛰어 타거나 뛰어내리는 중에 부상하는 사고

나. 출고점검 중 하부 고압기기 접촉으로 인한 감전사고 우려

다. 입환작업 또는 열차운행 중 창문개방으로 철도시설물에 접촉 우려

라. 출고점검 중 상부 고압기기 접촉으로 인한 감전사고 우려

해설 '출고점검 중 하부 고압기기 접촉으로 인한 감전사고 우려'가 맞다.

예제 다음 중 직무사고 예방을 위한 안전수칙에서 틀린 내용은?

가. 지적확인환호 응답 및 직무안전관리 생활화

나. 역 구내에서는 고상 홈 밑으로 뛰어내리지 말고 사다리를 사용할 것

다. 출고 점검 시 구름방지 조치하고 MC Key와 제동핸들을 휴대 후 이석할 것

라. 전차선 단로기가 설치된 선로에 진입할 때에는 열차를 운행하면서 단로기 상태를 확인 후 진입하여야 한다.

해설 전차선 단로기가 설치된 선로에 진입할 때에는 단로기 전방에 일단정지하고 단로기 상태를 확인 후 진입하여야 한다.

다음 중 전동차기관사 안전수칙으로 틀린 것은?

가. "Pan상승" 또는 "MCB 투입" 방송을 3회 이상 실시한 다음 관계스위치를 취급하여야 한다.

나. 차량기지 구내에서 움직일 때는 기적취명 후 5초 이상 간격으로 2회 이상 단속단으로 운전 취급을 하여야 한다.

다. 차량이동금지전호기를 현시를 확인 후 "기동시험 또는 출고합니다"라고 3회 이상 방송 후 움직여야 한다.

라. 운전실 출입문 외측 승강대에 매달려서는 안 되며 입환 시 구내원(기관사)은 운전실에 승차하여야 한다.

'차량이동금지전호기를 현시를 확인 후'를 → '차량이동금지전호기를 제거한 것을 확인 후'로 바꿔야 정답이 된다.

다음 중 전동차 기관사 안전수칙에 관한 설명으로 틀린 것은?

가. 출고 시 "출고합니다"라고 3회 이상 방송을 실시한 후 출고할 수 있다.

나. 차량기지 구내에서 전동차를 움직일 때는 기적취명 후 3초 이상 간격으로 2회 이상 단속단으로 운전취급 하여야 한다.

다. 사상사고 기타 등으로 상판 밑을 횡단할 필요가 있을 때는 Pan을 하강한 후 횡단하여야 한다.

라. 전기기기 점검을 할 필요 있을 때는 Pan을 하강시킨 후 하여야 한다.

차량기지 구내에서 전동차를 움직일 때는 기적취명 후 5초 이상 간격으로 2회 이상 단속단으로 운전취급 하여야 한다.

다음 중 전동차 기관가 안전수칙에 관한 설명으로 틀린 것은?

가. 전기동차 기동 시 PAN상승 또는 MCB를 투입할 때에는 "PAN상승" 또는 "MCB투입" 방송을 3회 이상 실시한 다음 관계스위치를 취급하여야 한다.

나. 출고나 기동시험 할 때는 차량이동금지전호기를 제거한 것을 확인 후 "기동시험 또는 출고합니다"라고 3회 이상 방송 후 움직여야 한다.

다. 차량기지 구내에서 움직일 때는 기적취명 후 5초 이상 간격으로 2회 이상 단속단으로 운전 취급을 하여야 한다.

라. 사상사고 기타 등으로 상판 위를 횡단할 필요가 있을 때는 PAN하강 및 MCB를 차단한 후가 아니면 횡단을 금한다.

해설 사상사고 기타 등으로 상판 밑을 횡단할 필요가 있을 때는 PAN하강 및 MCB를 차단한 후가 아니면 횡단을 금한다.

예제 다음 중 전동차 기관사 안전 수칙에 관한 설명으로 틀린 것은?

가. 전기동차 기동 시 MCB를 투입할 때에는 "MCB투입" 방송을 5회 이상 실시할 것

나. 차량기지 구내에서 움직일 때는 기적취명 후 5초 이상 간격으로 2회 이상 단속 단으로 운전취급할 것

다. 운전 중 창문을 개방하여 머리를 창밖으로 내밀어서는 안 된다.

라. 전기기기의 점검을 할 필요가 있을 때는 PAN을 하강시킨 후 할 것

해설 전기동차 기동 시 MCB를 투입 할 때에는 "MCB투입" 방송을 3회 이상 실시할 것

예제 다음 중 전동차 승무원 직무사상사고 예방을 위한 안전수칙에 관한 설명으로 틀린 것은?

가. 출고 사업 시 지정된 통로를 이용할 것

나. 출고점검 시 MCB차단을 확인하고 MC Key를 휴대 후 이석할 것

다. 출고 점검 시 항상 인접선의 열차상태에 유의할 것

라. 역 구내에서는 고상 홈 밑으로 뛰어내리지 말고 사다리를 사용할 것

해설 출고점검 시 구름방지 조치하고 MC Key를 휴대 후 이석할 것

제2장

사고(응급)조치 기본 개요

1. 철도사고 개요

- 철도에서 사고가 발생하면 대형사고로 이어질 우려가 있으므로, 철도운영자 등은 철도에서 화재, 폭발, 열차탈선 등 비상사태의 발생을 대비하기 위하여
- 비상대응을 위한 표준운영절차 및 비상대응훈련 등이 포함된 비상대응계획을 수립하여야 한다.
- 철도에서 비상사태 발생 → 신속히 대응하여 인명과 재산 및 환경피해를 최소화
- 비상사태 발생 전: 사전예방과 철저한 대비로 안전을 확보

[비상 대응을 위한 주요단계]
제1단계: 예방단계
제2단계: 대비단계
제3단계: 대응단계
제4단계: 복구단계

[가장 중요한 단계: 제1단계인 예방단계]

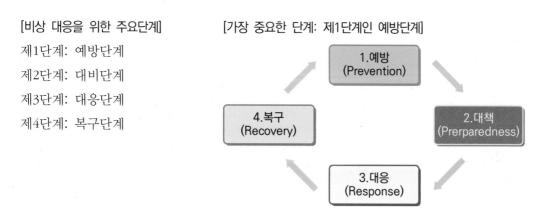

가. 예방단계(Prevention): 위기요인을 사전에 제거하거나 감소시킴으로써 위기발생 자체를 억제하거나 방지하기 위한 일련의 활동

나. 대비단계(Preparedness): 위기사항에서 수행해야 할 제반 사항을 사전에 계획, 준비, 교육, 훈련함으로써 위기 대응능력을 제고시키는 일련의 활동(준비가 된 상태)

다. 대응단계(Response): 위기상황 발생 시 신속하게 재처함으로써 피해를 최소화하고 제2차 위기 발생 가능성을 감소시키는 일련의 단계

라. 복구단계(Recovery): 위기로 인해 발생한 피해를 위기 이전의 상태로 회복시키고 제도 개선과 운영체계 보완 등을 통해 재발을 방지하는 일련의 활동단계

예제 비상 대응을 위한 주요단계는 제1단계: (　　　)', 제2단계: (　　　), 제3단계: (　　　), 제4단계: (　　　)로 이루어진다.

정답 예방단계, 대비단계, 대응단계, 복구단계

예제 다음 중 비상대응을 위한 주요 단계에 관한 설명으로 틀린 것은?

가. 예방단계 – 대비단계 – 대응단계 – 복구단계 4단계로 이루어진다.

나. 예방단계는 위기요인을 사전에 제거하는 활동이 포함된다.

다. 위기상황에서 수행해야 할 제반사항을 사전에 계획, 준비, 교육, 훈련함으로서 위기대응능력을 제고시키는 일련의 활동은 대응단계에 해당한다.

라. 복구단계는 위기로 인해 발생한 피해를 위기 이전의 상태로 회복시키는 활동이다.

해설 위기상황에서 수행해야 할 제반사항을 사전에 계획, 준비, 교육, 훈련함으로서 위기대응능력을 제고시키는 일련의 활동은 대비단계에 해당한다.

예제 다음 중 비상대응을 위한 제2 단계인 대비단계와 가장 거리가 먼 것은?

가. **전략**　　　　　　　　　　　　나. 계획
다. 교육　　　　　　　　　　　　　라. 훈련

해설 '준비'가 맞다.

예제 다음 중 철도에서 비상사태 발생 시 비상대응을 위한 주요 단계에 관한 설명으로 틀린 것은?

가. 1단계는 예방단계로서 위기요인을 사전에 방지하기 위한 활동 단계를 말한다.

나. 2단계는 대비단계로서 위기상황에서 수행해야 할 제반사항을 사전에 계획, 준비하는 단계를 말한다.

다. 3단계는 대응단계로서 위기상황 발생 시 신속하게 대처함으로써 피해를 최소화하고 제2차 위기발생 가능성을 감소시키는 일련의 활동단계

라. 4단계는 회복단계로서 위기로 인해 발생한 피해를 위기 이전의 상태로 회복시키는 단계를 말한다.

해설 4단계는 복구단계로서 위기로 인해 발생한 피해를 위기 이전의 상태로 회복시키는 단계를 말한다.

2. 철도사고 대응 매뉴얼

– 위기관리 매뉴얼은 국가위기 발생 시 신속한 대처 및 임시복구를 수행하기 위한 지침서로서 다음과 같은 매뉴얼이 있다.

[위기관리 매뉴얼의 종류]

(1) 위기관리 표준매뉴얼
  – 정부차원의 위기관련 기준이 되는 매뉴얼

(2) 위기대응 실무매뉴얼
  – 국가위기관리 기본지침과 위기관리 매뉴얼을 근거로 정부의 유관부처와 기관에서 국가위기상황이 발생할 경우 현장에서 신속하게 적용할 구체적 조치사항을 유형별로 분류한 매뉴얼이다.
  – 철도운영기관은 국토교통부 소관 매뉴얼을 근거로 실무기관 매뉴얼을 제작한다(실무기관 매뉴얼이지만 국토통부 소관매뉴얼을 근거로 한다).

(3) 실무기관 매뉴얼
  – 철도운영기관 본사 소관 매뉴얼(서울교통공사 등)
  ※ (2) 위기대응 실무매뉴얼(국토부 근거)과 (3) 실무기관 매뉴얼(서울교통공사)을 혼동해서는 안 된다.

(4) 현장조치 매뉴얼
  – 철도 운영기관 지사 소관 매뉴얼(주로 탈선 시 신호장애 시 대응매뉴얼)

예제 위기대응 실무매뉴얼은 (   )과 (   )을 근거로 정부의 유관 부처와 기관에서 (   )이 발생할 경우 현장에서 신속하게 적용할 구체적 조치사항을 유형별로 분류한 매뉴얼이다.

정답 국가위기관리 기본지침, 위기관리 표준매뉴얼, 국가위기상황

예제 (   )은 국토교통부 소관 매뉴얼을 근거로 (   ) 매뉴얼을 제작한다.

정답 철도운영기관, 실무기관

예제 다음 중 국가위기상황이 발생할 경우 현장에서 신속하게 적용할 구체적 조치사항을 유형별로 분류한 매뉴얼의 명칭으로 맞는 것은?

가. 위기관리 표준매뉴얼   **나. 위기대응 실무매뉴얼**
다. 실무기관매뉴얼   라. 현장조치매뉴얼

해설 위기대응 실무매뉴얼: 국가위기관리 기본지침과 위기관리 표준매뉴얼을 근거로 정부의 유관 부처와 기관에서 국가위기상황이 발생할 경우 현장에서 신속하게 적용할 구체적 조치사항을 유형별로 분류한 매뉴얼로, 철도운영기관은 국토교통부 소관 매뉴얼을 근거로 실무기관 매뉴얼을 제작한다.

예제 다음 중 비상대응을 위한 주요 단계에 속하지 않는 것은?

가. 예방단계   나. 대비단계
다. 준비단계   라. 대응단계

해설 준비단계는 주요단계에 속하지 않는다.

예제 다음 중 비상대응 단계에서 가장 중요한 단계는?

가. 예방단계   나. 대비단계
다. 준비단계   라. 대응단계

해설 가장 중요한 단계는 '예방단계'이다.

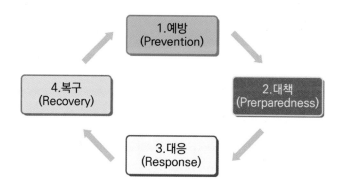

예제 다음 중 위기상황에서 수행해야 할 제반사항을 사전에 계획, 준비, 교육, 훈련하는 단계는
어느 것인가?

가. 예방단계   **나. 대비단계**

다. 준비단계   라. 대응단계

해설 정답은 '대비'단계이다.
  – '예방'은 처음부터 위기요인을 제거하는 것이다.
  – 복구단계는 원위치하는 단계이다.

예제 다음 중 비상대응을 위한 제2단계인 대비단계와 가장 거리가 먼 내용은?

가. 계획   나. 훈련

다. 교육   **라. 대처**

해설 대비단계: 위기상황에서 수행해야 할 제반 사항을 사전에 계획, 준비, 교육, 훈련함으로써 위기 대응능
력을 제고시키는 일련의 활동

예제 다은 중 철도운영기관에서 제작하는 위기관리 매뉴얼은 무엇인가?

가. 위기관리 표준매뉴얼   나. 위기대응 실무매뉴얼

다. 실무기관 매뉴얼   라. 현장조치 매뉴얼

해설 '철도운영기관에서 제작'하면 실무기관 매뉴얼이다. 철도운영기관과 연결시키자.
  – 위기대응 실무매뉴얼: 국토교통부 주도(소관업무)

3. 사고발생시 기본조치

가. 철도사고 발생시 조치

(1) 철도운영자는 철도사고 등이 발생 시

철도운영자는 철도사고 등이 발생한 때에는 사상자 구호, 유류품 관리, 여객수송 및 철도시설 복구 등 인명 및 재산피해를 최소화하고 열차를 정상적으로 운행(본선개통)할 수 있도록 필요한 조치를 하여야 한다.(안전법60조) (1.인명재산피해최소화와 본선 개통)

(2) 철도사고 등이 발생 시 철도운영자의 준수사항(시행령 56조)

① 사고수습 또는 복구작업을 하는 때에는 인명의 구조 및 보호에 가장 우선순위를 둘 것
② 사상자가 발생할 경우에는 "비상대응절차"에 따라 응급처치, 의료기관에의 긴급이송, 유관기관과의 협조 등 필요한 조치를 신속하게 할 것
③ 철도차량 운행이 곤란한 경우에는 비상대응절차에 따라 대체교통수단을 마련하는 등 필요한 조치를 할 것
④ 신속한 연락체계의 구축

> **예제** 다음 중 철도사고 발생 시 철도운영자의 조치사항에 해당하지 않는 것은?
>
> 가. 철도운영자는 인명 및 재산피해를 최소화하고 열차를 정상적으로 운행할 수 있도록 필요한 조치를 하여야 한다.
> 나. 철도운영자는 사고수습 또는 복구작업 시 인명의 구조 및 보호에 가장 우선순위를 두어야 한다.
> 다. 사상자가 발생한 경우에는 "비상대응절차"에 따라 응급처치, 의료기관에의 긴급 이송, 유관기관과의 협조 등 필요한 조치를 신속히 할 것
> **라. 철도차량 운행이 곤란한 경우에는 비상교통수단을 마련하는 등 필요한 조치를 할 것**
>
> **해설** 철도차량 운행이 곤란한 경우에는 대체교통수단을 마련하는 등 필요한 조치를 할 것

> **예제** 다음 중 철도사고 발생 시 철도운영자의 준수사항에 해당하지 않는 것은?
>
> 가. 철도운영자는 사고수습 또는 복구작업 시 인명의 구조 및 보호에 가장 우선순위를 두어야 한다.
> 나. 철도차량 운행이 불가능 시 버스 투입 등의 대체 교통수단을 마련할 것

다. 관계기관과의 비상연락체계를 구축할 것

라. 사상자가 발생한 경우에는 위기관리표준매뉴얼에 따라 필요한 조치를 신속히 할 것

해설 '사상자가 발생한 경우에는 비상대응절차에 따라 필요한 조치를 신속히 할 것'이 맞다.

예제 다음 중 철도사고 발생 시 철도운영자의 준수사항에 해당하지 않는 것은?

가. 사상자가 발생한 경우에는 "위기대응절차"에 따라 응급처치, 의료기관에의 긴급 이송, 유관기관과의 협조 등 필요한 조치를 신속히 할 것

나. 철도차량 운행이 불가능 시 버스 투입 등의 대체 교통수단을 마련할 것

다. 관계기관과의 비상연락체계를 구축할 것

라. 철도운영자는 사고수습 또는 복구작업 시 인명의 구조 및 보호에 가장 우선순위를 두어야 한다.

해설 '사상자가 발생한 경우에는 "비상대응절차"에 따라 응급처치, 의료기관에의 긴급 이송, 유관기관과의 협조 등 필요한 조치를 신속히 할 것'이 맞다.

예제 다음 중 사고발생 시 기본조치에 관한 설명으로 틀린 것은?

가. 철도운영자는 철도사고 등이 발생 시 사상자구호, 유류품관리, 여객수송 및 철도 시설 복구 등 인명 및 재산피해를 최소화하고 열차를 정상적으로 운행할 수 있도록 필요한 조치를 하여야 한다.

나. 철도운영자는 철도사고 등이 발생하여 철도차량 운행이 곤란할 때 비상대응절차에 따라 대체 수단을 마련하는 등 필요한 조치를 하여야 한다.

다. 열차 운전 중 사고 발생 시 승무원은 인명구조 및 인명피해방지를 우선으로 하고, 구름방지, 열차방호, 여객의 유도 등 그 상황을 판단하여 가장 안전한 조치를 취하여야 한다.

라. 열차 운전 중 사고 발생 시 승무원은 병발사고의 우려가 있을 때 상황에 따라 관계열차 또는 차량을 정차시키는 조치를 함과 동시에 지체 없이 팬터그래프를 내려야 한다.

해설 승무원은 열차 운전 중 사고 발생 시 병발사고 및 운전사고의 발생 우려가 있을 때 지체 없이 관계열차 또는 차량을 정차시키는 조치를 함과 동시에 상황에 따라 팬터그래프를 내려야 한다.

나. 열차운전 중 사고 발생 조치

1) 선보고 후조치 원칙 ("선보고 후조치"시험출제 가능)

- 열차운전 중 사고발생시 사고상황을 정확히 파악보고(통보)함으로써 열차운행의 혼란 및 후속열차에 의한 병발사고를 사전에 방지하기 위함이다(관제실, 역장, 차장, 기관사 4명 간 언제든지 정보공유 연락, 통보체계를 갖추고 있어야 한다).

2) 승무원의 기본조치 사항

(1) 승무원은 열차운전 중 사고발생 시 인명구조 및 인명피해방지를 우선으로 하고, 구름방지, 열차방호, 여객의 유도 등 그 상황을 판단하여 가장 안전한 조치를 취함과 동시에 관제사 또는 인접역장에게 그 개요를 급보하여야 한다.

(2) 병발사고 및 운전사고의 발생우려가 있을 때에는 지체없이 관계열차 또는 차량을 정차시키는 조치를 함과 동시에 상황에 따라 팬터그래프를 내려야 한다.

(3) 승무원은 열차운행 중 사고 및 차량고장 등 이례적인 상황이 발생하였을 때에는 즉시 관제사 및 인접역장에게 급보하고 차장에게 통보하여야 한다. 필요 시 후속열차 및 인접선 운행열차 승무원에게도 통보하여야 한다. 급보시에는 사고의 정도에 따라 구원이 필요하다고 인정할 때는 구원요구를 하여야 한다.

(4) 열차 또는 차량을 운전 중 관련법 및 규정 등에서 정하여지지 않은 돌발상황이 발생했을 때에는 그 상황을 정확히 판단하여 관제사에게 급보하고 가장 안전하다고 인정되는 방법에 의하여 신속히 응급조치를 하여야 한다.

(5) 사고에 대한 조치는 신속하게 함과 동시에 인명, 화물 및 철도재산의 피해가 최소한도로 그치도록 하고 사고의 상황을 정확히 파악하여 급보함으로써 열차운행의 혼란을 방지하여야 한다.

(6) 사고로 인하여 사상자가 발생하여 응급조치를 함에 있어서는 운영기관별 사상사고 처리규정에 의하여 신속 정중하게 조치하고 조치상 유감없도록 하여야 한다.

(7) 차량에 화재가 발생하였을 경우 등 긴급 부득이한 경우 외에는 여객을 차외로 유도해서는 안 되며, 여객을 차외로 유도하는 경우에는 차외(차량외부)의 상태를 미리 확인하여 안전한 장소로 유도하여야 한다.

[철도관제사]

지하철 관제센터는 안전하고 편리한 열차운행 및 운영을 위한 제반사항을 전반적으로 통제하고 관리하는 곳이다. 특히, 9호선 관제센터는 국내 도시철도 최초로 통합관제시스템을 운영하고 있다. 즉, 차량기지 관리, 본선열차운행, 기술시스템(전기, 신호, 통신, 설비 등) 등 운영 관련 모든 일들이 관리되는 곳이다.

9호선 웹진

예제 다음 중 열차 운전 중 사고발생 시 승무원의 기본조치사항으로 틀린 것은?

가. 열차운행의 혼란을 방지하기 위해서는 사고의 상황을 정확히 보고해야 한다.

나. 사고발생 시 긴급 부득이한 경우 외에는 승객을 차외로 유도해서는 안 된다.

다. 사고의 정도에 따라 필요한 경우 구원을 요구하여야 한다.

라. 사상자가 발생하여 응급조치를 함에 있어서는 운영기관별 비상대응절차에 의하여 신속히 처리해야 한다.

해설 사상자가 발생하여 응급조치를 함에 있어서는 운영기관별 사상사고 처리규정에 의하여 신속히 처리해야 한다.

예제 다음 중 열차운전 중 사고발생 시 승무원의 기본조치 사항으로 틀린 것은?

가. 승무원은 열차 운전 중 사고가 발생한 때에는 인명구조 및 인명피해방지를 우선으로 한다.

나. 병발사고 및 운전사고의 발생 우려가 있을 때에는 지체 없이 관계열차 또는 차량을 정차시키는 조치를 함과 동시에 MCB를 차단시켜야 한다.

다. 관련법에 정하여지지 않은 돌발상황 발생 시 그 상황을 정확히 판단하여 관제사에게 급보하여야 한다.

라. 차량에 화재가 발생하였을 경우 긴급한 경우 외에는 여객을 차량 밖으로 유도하여서는 안 된다

해설 '병발사고 및 운전사고의 발생 우려가 있을 때에는 지체 없이 관계열차 또는 차량을 정차시키는 조치를 함과 동시에 상황에 따라 팬터그래프를 하강시켜야 한다.'가 맞다.

3) 철도사고 복구의 우선순위 (출제 가능)

－사고복구 작업에 있어서의 우선순위는 다음 각 호의 순위에 의하여야 한다.
① 인명의 구조 및 안전 조치
② 본선의 개통
③ 민간 및 철도재산의 보호

예제 사고복구 작업에 있어서의 우선순위는?

- 인명의 (　　) 및 (　　) 조치
- 본선의 (　　)
- 민간 및 철도재산의 (　　)

정답 구조, 안전, 개통, 보호

[열차사고현장]

무궁화호 탈선 사고
"선로 바꾸는 과정에서 과속"/YTN

KTX열차 탈선사고 직전 코레일 직원들
선로서 작업 -헤드라인제주

예제 다음 중 철도사고 발생으로 사고수습 및 복구작업에 있어서 최우선 순위는?

가. 본선의 개통　　　　　　　　　나. 인명의 구조 및 보호
다. 민간재산의 보호　　　　　　　라. 철도재산의 보호

해설 '인명의 구조 및 보호'가 맞다.

예제 다음 중 철도사고 복구의 우선순위가 아닌 것은?

가. 인명의 구조 및 보호

나. 본선의 개통

다. 민간 및 철도 재산의 보호

라. 연속사고 방지

해설 철도사고 복구의 우선순위 ① 인명의 구조 및 보호 ② 본선의 개통 ③ 민간 및 철도재산의 보호

예제 다음 열차운전중 사고 발생시 가장 먼저 하여야 하는 조치는?

가. 인명구조 및 인명피해 방지를 우선으로 하고, 구름방지, 열차방호, 여객의 유도를 한다.

나. 승무원은 열차 운전 중 사고 발생시는 선보고 후조치 원칙을 따라야 한다.

다. 승무원은 본선을 개통하여 열차운행의 혼란 및 후속열차와 인접열차에 의한 병발사고를 사전에 방지하여야 한다.

라. 차량에 화재가 발생하였을 경우 등 긴급 부득이한 경우 외에는 여객을 차량외부로 유도해서는 안된다.

해설 사고 발생시는 '선보고 후조치' 원칙을 따라야 한다.

다. 열차방호

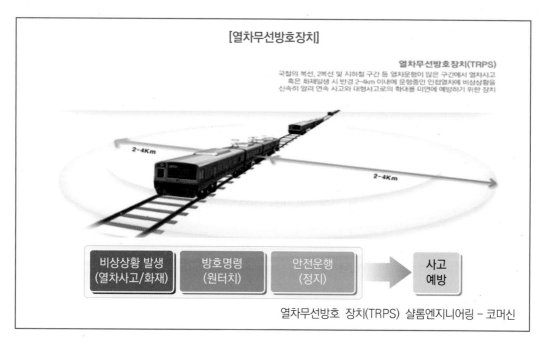

[열차무선방호장치]

열차무선방호장치(TRPS)

국철의 복선, 2복선 및 지하철 구간 등 열차운행이 많은 구간에서 열차사고 혹은 화재발생 시 반경 2~4km 이내에 운행중인 인접열차에 비상상황을 신속히 알려 연속 사고와 대형사고로의 확대를 미연에 예방하기 위한 장치

2~4Km   2~4Km

| 비상상황 발생 (열차사고/화재) | 방호명령 (원터치) | 안전운행 (정지) | → | 사고 예방 |

열차무선방호 장치(TRPS) 샬롬엔지니어링 - 코머신

(1) 열차방호의 정의(다른 열차가 오는 것을 막는 조치)

① 정거장 외의 선로에서 사고, 기타 등으로 열차가 정차한 경우 및 선로 또는 전차선로에 열차의 정차를 요하는 사고 또는 장애가 발생한 경우에 진행하여 오는 열차를 정차시키기 위한 조치를 말한다.

② 특히, 열차사고 발생 시에는 즉시 열차방호장치 방호를 시행한 후 인접선 지장유무를 확인하여야 한다.

━━━━━━━━━━━━━━━━━━━━━━━━━━━━━

예제 열차방호란 정거장 외의 선로에서 사고, 기타 등으로 열차가 (   )한 경우 및 선로 또는 전차선로에 열차의 (   )를 요하는 (   ) 또는 (   )가 발생한 경우에 (   )하여 오는 열차를 정차시키기 위한 조치를 말한다.

정답 정차, 정차, 사고, 장애, 진행

━━━━━━━━━━━━━━━━━━━━━━━━━━━━━

예제 열차방호의 경우 열차사고 발생 시에는 즉시 (   )를 시행한 후 (   ) 지장유무를 확인하여야 한다.

정답 열차방호장치 방호, 인접선

━━━━━━━━━━━━━━━━━━━━━━━━━━━━━

[열차방호장치 방호를 우선 시행해야 하는 경우] (열차방호장치를 동작시켜야 할 경우)

– 열차사고 발생 시(열차충돌, 열차탈선, 열차화재) (먼저 열차방호장치를 동작시키고, 다른 조치로 넘어가야 한다.)

– 건널목 사고 발생시(복선이상의 구간에서 인접선로를 지장한 경우) (먼저 열차방호장치를 동작시키고, 다른 조치로 넘어가야 한다.)

━━━━━━━━━━━━━━━━━━━━━━━━━━━━━

예제 열차방호장치 방호를 우선 시행해야 하는 경우

- 열차사고(열차(   ), 열차(   ), 열차(   ))발생 시
- 건널목 사고((   )의 구간에서 (   )를 지장한 경우)발생 시

정답 충돌, 탈선, 화재, 복선이상, 인접선로

(2) 열차 방호시 유의사항

- 열차의 방호는 지장선로의 앞, 뒤 양쪽에 시행함을 원칙으로 한다.
- 다만 열차가 진행하여 오지 않음이 확실한 방향과 무선전화기(무전기) 방호에 따라 관계
  열차에 지장 사실을 확실히 통보한 경우에는 정지수신호방호(낮은 수준의 방호) 또는 열
  차표지방호(낮은 수준의 방호)를 생략할 수 있다.

[ATP(열차방호장치) 차상장치]

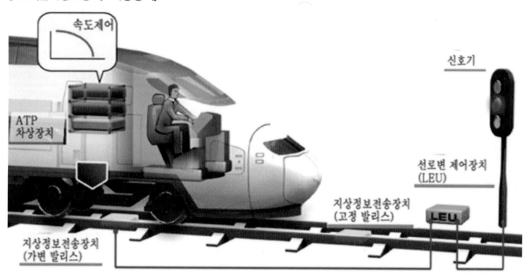

예제 다음 중 열차 사고 시의 방호요령에 관한 설명으로 틀린 것은?

가. 자동폐색식 또는 차내신호폐색식을 시행하는 구간의 정거장 외에서 열차사고로 정차하였을 경
   우 전 차량이 탈선 등으로 신호 궤도회로를 단락할 수 없을 때에는 즉시 1종 방호를 한다.

**나. 대용폐색방식 시행구간에서 열차가 사고 기타로서 정차한 경우 지도권을 휴대한 경우에는 열
   차방호를 생략할 수 있다.**

다. 대용폐색방식에 의하여 운전하는 열차가 정거장 외에서 사고 기타로써 정차하였을 때에는 제2
   종 방호를 하여야 한다.

라. 열차방호를 할 지점이 정거장 구내일 때 역장에서 통고하고 그 방향에 대한 방호를 생략할 수 있다.

해설 대용폐색방식 시행구간에서 열차가 사고 기타로서 정차한 경우 지도표를 휴대 한 경우에는 열차방호를
   생략할 수 있다.

예제 다음 중 열차 사고 시의 방호요령에 관한 설명으로 틀린 것은?

가. 자동폐색식 또는 차내신호폐색식을 시행하는 구간의 정거장 외에서 열차사고로 정차하였을 경우 전 차량이 탈선 등으로 신호 궤도회로를 단락할 수 없을 때에는 즉시 2종 방호를 한다.

나. 대용폐색방식 시행구간에서 열차가 사고 기타로서 정차한 경우 지도표를 휴대한 경우에는 열차방호를 생략할 수 있다.

다. 대용폐색방식에 의하여 운전하는 열차가 정거장 외에서 사고 기타로써 정차하였을 때에는 제2종 방호를 하여야 한다.

라. 열차방호를 할 지점이 정거장 구내일 때 역장에서 통고하고 그 방향에 대한 방호를 생략할 수 있다.

해설 자동폐색식 또는 차내신호폐색식을 시행하는 구간의 정거장 외에서 열차사고로 정차하였을 경우 전 차량이 탈선 등으로 신호 궤도회로를 단락할 수 없을 때에는 즉시 1종 방호를 한다.

예제 다음 중 열차방호요령에 관한 설명으로 틀린 것은?

가. 구원열차를 요구 또는 구원열차 운전의 통고가 있을 때에는 제1종방호를 해야 한다.

나. 자동폐색식을 시행하는 구간의 정거장 외에서 반자동 신호기의 정지신호에 의하여 열차가 정차한 경우 제2종 방호를 하여야 한다.

다. 지도통신식을 시행하는 구간에서 지도표를 휴대한 경우에는 제2종 방호를 생략할 수 있다.

라. 구원열차 요구 후 상당거리 이동시켰을 때에는 제1종 방호를 시행하여야 한다.

해설 구원열차를 요구 또는 구원열차 운전의 통고가 있을 때에는 제2종방호를 해야 한다.

예제 다음 중 대용폐색 시행구간에서 사고 기타로써 정차한 경우 시행해야할 방호종류로 맞는 것은?

가. 1종 방호
나. 2종 방호
다. 3종 방호
라. 무선 방호

해설 대용폐색방식에 의하여 운전하는 열차가 정거장 외에서 사고 기타로써 정차하였을 때에는 제2종 방호를 하여야 한다.

예제 열차방호를 할 지점이 (   )일 때 (   )에게 통보하고 그 방향에 대한 방호를 (   )할 수 있다.

정답 정거장 구내, 관제사, 생략

예제 자동폐색 시행구간에 (   )의 (   )에 의하여 정차한 경우 그 (   )의 신호기가 (   )인 경우에는 방호를 (   ).

정답 반자동 신호기, 정지신호, 후방 반자동신호, 하지 않는다

예제 자동폐색 시행구간에 반자동 신호기의 정지신호에 의하여 정차한 경우 차장은 속히 열차의 후방에 (   )를 하여야 한다.

정답 2종 방호

예제 자동폐색 시행구간에 반자동 신호기의 정지신호에 의하여 정차한 경우 (   )에 의하여 후속열차에게 그 사실이 (   )에는 (   )할 수 있다.

정답 무선방호, 통보된 경우, 방호를 생략

예제 자동폐색식을 시행하는 구간의 (   )에서 반자동 신호기의 정지신호에 의하여 열차가 정차한 경우 (   )를 하여야 한다.

정답 정거장 외, 제2종 방호

예제 자동폐색식을 시행하는 구간의 정거장 외에서 반자동 신호기의 정지신호에 의하여 열차가 정차한 경우 열차방호 시 (   )로부터 정지수신호의 (   )가 (   ) 이상 되지 않을 때는 열차후방(   )이상의 거리에 (정지수신호)를 현시하여야 한다.

정답 후속열차, 인식거리, 300m, 100m, 정지수신호

예제 전 차량 탈선 등으로 (   )를 단락할 수 없을 때는 즉시 (   )를 실시하여야한다.

정답 궤도회로, 제1종방호

예제 대용폐색방식 시행구간에서 열차가 사고 기타로서 (   )한 경우 (   )를 휴대한 경우에는 열차방호를 (   )할 수 있다.

정답 정차, 지도표, 생략

예제 대용폐색방식 시행구간에서 열차가 사고 기타로서 정차한 경우 (   )를 휴대하지 않은경우 (   )를 한다.

정답 지도표, 2종방호

예제 구원열차 운전의 (   )가 있을 경우에는 (   )를 하여야 한다.

정답 통고, 2종방호

예제 다음 중 구원열차를 요구한 경우 기관사의 조치사항으로 틀린 것은?

가. 관제사 또는 최근 정거장 역장의 지시를 받지 않고서 열차 또는 차량을 이동하여서는 안 된다.
나. 자력으로 운전이 불가능한 경우 관제사에게 구원을 요청한다.
다. 구원열차 운전의 통고가 있을 경우에는 2종방호를 하여야 한다.
라. 구원열차가 오지 않는 방향이라도 열차방호를 생략해서는 안 된다.

해설 구원열차가 오지 않음이 확실한 방향은 열차방호를 생략할 수 있다.

예제 정거장 외에서 차량고장으로 구원열차를 요구하였을 때 취하여야 할 방호로 적절한 것은제1종방호이다.

정답 (X) '제2종방호'가 맞다.

예제 구원열차 도착 전에 사고복구되어 자력으로 운행 가능 시 관제사의 지시없이 운전하여서는 안 된다.

정답 (O)

예제 구원열차 요구한 후 이동 가능한 경우는 응급작업상 필요하다고 인정하였을 때다.

정답 (O)

(3) 운영기관별 열차방호

가) 한국철도공사 열차방호의 종류(6개)

① 정지수신호에 의한 방호(전호기로 하는 방어)

- 지장열차(고장열차)의 열차승무원(차장, 차장이 없는 차는 기관사가 직접) 또는 기관사는 지장 지점으로부터 정지수신호를 현시하면서 주행하여 400m 이상의 지점에 정지수신호를 현시하여야 한다.
- 다만 수도권 전동열차 구간의 경우에는 200m 이상의 지점에 정지수신호를 현시하여야 한다.

[정지수신호에 의한 방호(KORAIL)]

지장열차(고장열차)의 열차승무원 또는 기관사는 (   )으로부터 정지수신호를 현시하면서 주행하여 (   )에 (   )를 현시하여야 한다. 다만 (   )의 경우에는 (   )에 정지수신호를 현시하여야 한다.

지장 지점, 400m 이상의 지점, 정지수신호, 수도권 전동열차 구간, 200m 이상의 지점

② 무선전화기에 의한 방호(차내 무전기에 의한 방호)(무전기에 의해 통화가 가능하면 정지수신호 생략 가능)

- 지장(고장)열차의 기관사가 관계열차(옆의 열차, 관제사에게 하는 것 아님) 또는 관계정거장에 열차무선전화기로 지장사유를 통보한다.
- 지장열차의 기관사(기장)는 지장 즉시 무전기의 채널을 비상통화위치(채널2)에 놓고 "OO - ( ) ( )역간 상(하)선 무선방호!"(단선구간에서는 상하선 구분 생략)라고 3~5회 반복 통보하고, 관계열차 또는 관계정거장을 호출하여 지장내용을 통보하여야 한다.
- 무선방호를 수신한 모든 열차의 기관사는 현재의 위치에서 정차할 자세로 주의운전하고, 본인이 승무한 열차가 관계열차인지 주의하여 경청하고 그 사유를 파악해야 한다.
- 관계열차의 기관사는 현재의 위치에서 열차를 즉시 정차하고 방호열차의 위치를 확인한 후 주의 운전(반드시 45km/h가 아니더라도 서서히 주의하면서 운행하는 속도)해야 한다.
- 해당 열차의 열차승무원은 즉시 열차의 뒤쪽에 정지수신호 방호를 하여야 하며, 관계열차의 열차승무원(근처에 있는 승무원)은 기관사가 즉시 정차하지 않을 경우에는 즉시 열차를 정차조치하여야 한다.
- 무선전화기에 의한 방호 사유를 확실히 통보하였을 때 기관사 및 차장은 정지수신호에 의한 방호를 해야 하는 경우 이를 생략가능하다. 이 경우 기관사는 통보받은 자의 직, 성명을 기록, 유지하고 차장에게 통보하여야 한다.

③ 열차무선방호장치에 의한 방호

- 열차무선방호장치라 함은 복선운전구간 및 자동폐색구간에서 열차 또는 차량운행 중 사고 발생으로 전차량 탈선 또는 인접선로 지장(자체 차만 탈선한게 아니라 다른 차량에게 피해) 등으로 병발사고 발생우려 시 조치할 시간적 여유가 없는 경우에,
- 동력차 운전실에 설치된 상황발생스위치를 눌러 2~4km 이내 운행 중인 열차에 방호신호를 송출하여(주위의 모든 열차들에게) 경보 및 열차운행을 정지시키는 장치이다.
- 지장열차의 기관사(기장)는 운전실 열차방호장치의 상황발생스위치를 동작시키고,

－후속열차 및 인접 운행열차가 정차하였음이 확실한 경우 또는 그 방호사유가 없어진 경우에는 즉시 열차방호장치의 동작을 해제시켜야 한다(해제스위치는 고장난 차의 기관사가 한다)(주위의 모든 열차가 기관사가 누른 방호스위치를 인지하여 정차하면).

[열차무선방호장치]

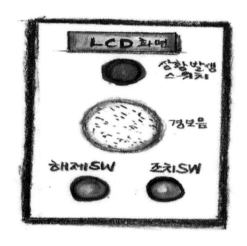 

예제 열차무선방호장치란 동력차 운전실에 설치된 (   )를 눌러 (   ) 운행 중인 열차에 (   )를 송출하여 (   ) (   ) 및 (   )시키는 장치이다.

정답 상황발생스위치, 2~4km 이내, 방호신호, 주위의 모든 열차들에게, 경보, 열차운행을 정지

[열차자동방호장치]

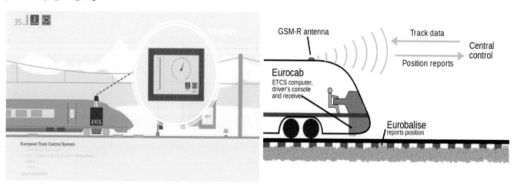

열차자동방호장치 - 나무위키   열차자동방호장치 namu.moe

[학습코너] 방호장치에 의한 방호

1. 열차방호장치 취급 장소: 복선운전구간 및 자동폐색구간
2. 열차방호장치 취급 시기(방호시간이 없을 때(무선방호를 쓸 시간적 여유가 없다))
   ① 전 차량 탈선 또는
   ② 인접선로 지장(인접선로로 차량이 넘어졌을 때)으로 병발사고 우려시
   ③ 운행 중이 열차에 화재발생 시
3. 열차방호장치 취급결과(현상): 2~4km 이내 운행 중인 열차에 방호신호를 송출하여 자동으로 경보 및 열차운행을 정지시킨다.

[열차방호장치 취급]

1) 상황발생 스위치
   가) 역할: 방호신호 송출
   나) 취급 시 현상

   〈동작차량〉
   ① 적색의 상황발생등 점멸
   ② 약 10초간 경보음 발생(동작 차도 들어본다. 작동여부 판단하기 위하여)
   ③ LCD화면 상황발생 송출메시지 현시

   〈수신차량〉 (2~4km 근처에 있는 차량)
   ① 적색의 상황발생등 점멸 (동작차량이 스위치ON 하지 않았는데도)
   ② 경보음 발생
   ③ 즉시 비상제동 체결
   ④ LCD화면 상황발생수신메시지 현시

2) 조치 스위치 (수신차량이 취한다). (해제스위치는 고장난 차의 기관사가 한다.)
   수신차량이 방호신호를 수신 후 비상제동 완해 시 사용하는 스위치 (제동시스템에 갖다 놓는다.)

예제 열차방호장치 취급 경우 상황발생 스위치 취급 시 동작차량의 현상은?

- ( )의 상황발생등 ( )
- 약 ( ) 경보음 발생
- LCD화면 상황발생 ( ) 현시

정답 적색, 점멸, 10초간, 송출메시지

예제 열차방호장치 취급 경우 상황발생 스위치 취급 시 수신차량(2~4km 근처에 있는 차량)의 현상은?

- ( )의 상황발생등 점멸 (동작차량이 스위치ON하지 않았는데도)
- ( ) 발생
- 즉시 ( ) 체결
- LCD화면 상황발생( ) 현시

정답 적색, 경보음, 비상제동, 수신메시지

예제 다음 중 승강장 및 열차의 안전장치에 관한 설명으로 틀린 것은?

가. 승강장 비상정지버튼 작동 시 적색등이 점등되어 약1초 간격으로 점멸한다.

나. 승강장 비상정지버튼 작동 시 진입 열차는 ATS에 의한 비상제동이 체결된다.

다. 열차방호장치의 상황발생스위치 취급 시 2~4km 이내 운행 중인 열차에 적색의 상황발생등이 점멸하고 경보음이 발생하며 일반열차는 즉시 비상제동이 체결된다.

라. 방호신호를 10초이상 연속해서 수신하지 않으면 자동해제된다.

해설 **해제스위치**

가) 역할: 방호신호 송출 해제

나) 취급시기: 방호신호를 송출한 기관사가 신호의 송출을 중단해도 문제없다고 판단 시

다) 취급 시 현상

① 상황발생등 소등 ② 녹색의 해제등 점등 ③ LCD화면의 상황해제 송출메시지 현시 ④ 20초 경과 시 해제신호 송출 종료 ⑤ 해제등 소등 ⑥ LCD화면 초기의 송수신 대기화면으로 전환 ⑦ 방호신호를 20초이상 연속해서 수신하지 않으면 자동해제

[열차무선방호장치]

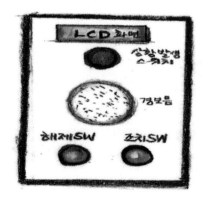

[해제 스위치] (고장난 차 기관사가 해제해야)

가) 역할: 방호신호 송출 해제
나) 취급시기: 방호신호를 송출한 기관사가 신호의 송출을 중단 해도 문제 없다고 판단 시(주변의 모든 차량
    이 다 알았다고 할 때)
다) 취급 시 현상
    ① 상황발생등 소등
    ② 녹색의 해제등 점등
    ③ LCD화면의 상황해제 송출메시지 현시
    ④ 20초 경과시 해제신호 송출 종료
    ⑤ 해제등 소등
    ⑥ LCD화면 초기의 송수신 대기화면으로 전환
    ⑦ 방호신호를 20초 이상 연속해서 수신하지 않으면 자동해제

예제 해제스위치 취급 시 현상은?

- 상황발생등 (   )
- (   )의 해제등 점등
- LCD화면의 (   ) 송출메시지 현시
- (   ) 경과 시 해제신호 송출 종료
- 해제등 (   )
- LCD화면 초기의 (   )으로 전환
- 방호신호를 (   ) 연속해서 수신하지 않으면 (   )

정답 소등, 녹색, 상황해제, 20초, 소등, 송수신 대기화면, 20초 이상, 자동해제

[열차방호 수신 시 승무원의 조치사항]

가. 전기동차 승무원 (수도권지역(서울근교)운행하는 전기동차)

현상	조치
(1) 경보음 울림 (2) 비상제동체결은 되지 않음(전기동차인 경우는 비상제동이 체결되지 않는다. 다른 일반열차는 모두 비상제동이 체결된다.)	(1) 방호 수신 즉시 감속하여 주의 운전하고, 방호 상황을 확인하여 적절한 조치 (2) 무선전화를 사용하여 인근지역을 운행하고 있는 동력차에 방호상황 발생전파 (서로 정보 교환)

나. 일반열차

현상	조치
(1) 경보음 울림 (2) 방호 수신 즉시 비상제동 동작	(1) 비상제동 동작 정차 후 (2) 무선전화를 사용하여 인근지역을 운행하고 있는 동력차에 방호상황 발생전파

예제 다음 중 열차방호장치의 해제 스위치에 관한 설명으로 틀린 것은?

가. 방호신호를 송출한 기관사가 신호의 송출을 중단해도 문제가 없다고 판단시 사용한다.

나. 적색의 상황발생등이 소등되고 녹색의 해제등이 점등된다.

다. 해제스위치는 고장차 기관사가 하는 것이다.

라. LCD 화면 초기의 송수신 대기화면으로 전환된다.

해설 해제스위치는 방호 사실을 인지한 기관사가 하는 것이다.
- 옆에 있는 기관사가 조치스위치를 사용한다.
- 20초 경과 시 해제신호가 지속되다 종료
- 비상경보음은 10초
- LCD 화면 초기의 송수신 대기화면으로 전환된다. 즉, 모든 상황이 끝났다는 것이다.

④ **열차표지에 의한 방호**

- 지장 고정편성열차에 의한 기관사(기장) 또는 열차승무원은 후부운전실의 전조등(전조등은 모두 표지등이다)을 점등시켜야 하며,
- 이 경우에 KTX 열차는 기장이 비상경보버튼을 눌러 열차의 진행방향 적색등을 점등시켜야 한다.
- 이때 KTX차량 전조등 점멸을 확인한 모든 열차의 승무원은 즉시 비상정차하여야 한다.

⑤ **방호스위치에 의한 방호**

- 고속선에서 KTX기장, 열차승무원, 유지보수 직원은 선로변에 설치된 폐색방호스위치(CPT)
- 또는 역구내 방호 스위치(TZEP)를 방호위치로 전환취급하여야 한다. (방호사실이 주변에 두루 알려진다.)

⑥ 역구내 신호기 일괄제어에 의한 방호 (역장도 방호를 실시)

- 역장은 역구내 열차방호를 의뢰 받은 경우 또는 열차방호 상황 발생시 '신호기 일괄 정지'(장내신호기, 출발신호기 등)취급 후 관제 및 관계직원에게 사유를 통보하여야 하며,
- 방호사유가 없어진 경우에는 운전보안장치취급 매뉴얼에 따라 방호를 해제시켜야 한다.

나) 한국철도공사 지하구간에서의 열차방호(전동열차) (지하구간이나 전동열차구간에 오면 관제사가 모든 것을 관리)

① 기관사 또는 전동열차 승무원은 방호사유가 발생한 경우 관제사에게 사유보고 및 무선전화기 방호를 요청하여야 한다(전기동차인 경우에는 관제사보다 인근 열차에게 알렸었다).

② 관제사는 관계열차 기관사에게 무선전화기 방호를 통보(정차지점 및 사유)와 유지보수 소속장에게 신속한 조치를 통보하여야 한다.

③ 관제사와 무선전화기 통신이 불가한 경우에는 전동열차 승무원(전동열차승무원 생략 열차는 기관사)은 정지수신호 방호 또는 궤도회로 단락용 동선을 설치하여 후속 열차를 정지시킨 후 기관사에게 그 사유를 통보하여야 한다(전동열차구간에서는 200m).

④ 무선전화기 방호를 통보 받은 기관사는 현장 정차하여야 하며 관제사의 운행지시를 따라야 한다.

예제 관제사와 무선전화기 통신이 불가한 경우에는 전동열차 승무원은 (   ) 또는 (   )을 설치하여 (   )를 (   )시킨 후 기관사에게 그 (   ) 하여야 한다.

정답 정지수신호 방호, 궤도회로 단락용 동선, 후속 열차, 정지, 사유를 통보

[정지수신호에 의한 방호(KORAIL)]

예제 한국철도공사 ATS구간에서의 열차방호와 가장 거리가 먼 것은?

가. 방호장치에 의한 방호

나. 무선전화기에 의한 방호

다. 정지수신호에 의한 방호

라. 정지표지에 의한 방호

해설 **한국철도공사 ATS구간에서의 열차방호**

정지수신호에 의한 방호, 방호장치에 의한 방호, 무선전화기에 의한 방호, 열차표지에 의한 방호

예제 한국철도공사 ATS구간에서의 열차방호에 관한 설명으로 틀린 것은?

가. 정지수신호에 의한 방호란 정지수신호를 현시하면서 주행하여 400m 이상의 지점에 정지수신호를 현시하여야 한다.

나. 지장열차의 기관사가 관계열차 또는 관계정거장에 열차무선전화기로 지장사유를 통보한다.

다. 무선전화기에 의한 방호사유를 확실히 통보하였을 때 정지수신호에 의한 방호를 생략할 수 있

라. 관제사와 무선전화기 통신이 불가한 경우에는 전동열차 승무원은 정지수신호 방호 또는 궤도회로 차단용 동선을 설치하여 후속 열차를 정지시킨 후 기관사에게 그 사유를 통보하여야 한다.

해설 관제사와 무선전화기 통신이 불가한 경우에는 전동열차 승무원은 정지수신호 방호 또는 궤도회로 단락용 동선을 설치하여 후속 열차를 정지시킨 후 기관사에게 그 사유를 통보하여야 한다.

예제 한국철도공사 ATS구간에서의 열차방호에 관한 설명으로 틀린 것은?

가. 무선전화기 방호를 수신한 모든 열차의 기관사는현재위치에서 정차할 자세로 주의운전한다.

나. KTX차량의 열차표지에 의한 방호를 확인한 기관사는 즉시 비상정차하여야 한다.

다. 지장지점으로부터 정지수신호를 현시하면서 주행하여 400m 이상의 거리에 정지수신호를 현시하는 방호가 있다.

라. 무선전화기에 의한 방호는 지장열차의 기관사가 관제사에게 열차무선전화기로 지장사유를 통보한다.

해설 무선전화기에 의한 방호는 지장열차의 기관사가 관계열차 또는 관계정거장에 열차무선전화기로 지장사유를 통보한다.

예제 한국철도공사 ATS구간에서의 무선방호를 수신한 모든 열차의 기관사는 본인이 승무한 열차가 (   )인지 주의하여 (   )하여야 한다.

정답 관계열차, 경청

예제 한국철도공사 ATS구간에서의 열차방호는 정지수신호를 현시하면서 주행하여 400m 이상의 지점에 정지수신호를 현시하여야 한다.

정답 (O)

예제 한국철도공사 ATC구간에서의 제1종 방호는 뒤 운전실의 점조등을 점등시킨 후 정지수신호를 현시하면서 다려 지장점으로부터 200m 이상의 거리에 정지수신호를 현시한다.

정답 (O)

예제 한국철도공사 ATC구간 및 서울교통공사 운행구간에서의 열차방호에서 전 차량 탈선 등의 경우에는 먼저 단락용 동선으로 궤도회로를 단락 후 1종방호를 시행한다.

정답 (O)

예제 한국철도공사 ATC구간 및 서울교통공사 운행구간에서의 제2종방호는 접근하는 열차가 확인하기 쉬운 지점에 정지수신호를 현시하여야 한다.

정답 (O)

예제 한국철도공사 ATC구간 및 서울교통공사 운행구간 열차방호에서 터널에서는 뒤쪽 운전실 전조등 명멸로 대신할 수 있다.

정답 (O)

예제 한국철도공사 ATC구간 및 서울교통공사 운행구간 무선방호에서 관계열차의 지장사실이 통보된 것을 확인한 경우 제2종 방호는 생략할 수 있다.

정답 (O)

예제 한국철도공사 ATC구간 및 서울교통공사 운행구간 제1종 방호는 '뒤쪽 운전실의 전조등을 점등시킨다.'

정답 (O)

다) 서울교통공사 운행구간에서의 열차방호(관제사가 관리, 3가지 방호(1,2종 방호, 무선방호의 3가지)(KORAIL은 6가지))

① 제1종 방호(제일 우선순위 높은 방호)
- 후부 운전실의 전조등을 점등시킨 후, 열차의 지장개소의 외방 200m 이상의 지점에 정지수신호 현시한다.
- 단, 전 차량 탈선으로 궤도회로를 단락시킬 필요가 있을 때에는 단락용 동선(궤도회로를 단락시키는 것)으로 궤도회로를 단락하여야 한다.

예제 서울교통공사 운행구간에서의 제1종 방호는 (   )을 점등시킨 후, 열차의 지장개소의 (   )의 지점에 정지수신호를 현시한다.

정답 후부 운전실의 전조등, 외방 200m 이상

예제 전 차량이 탈선 등으로 신호 (   )를 단락할 수 없을 경우에는 (   )를 시행하여야 한다.

정답 궤도회로, 제1종방어

[제1종 방호]

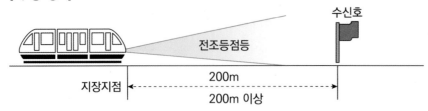

② 제2종 방호

－지장개소로부터 정지수신호를 현시하면서 주행하여 접근하는 열차가 확인하기 쉬운 지점에(열차 간의 거리를 감안하여 약 100m 정도(규정에는 없음) 뛰어가서) 정지수신호를 현시한다.

－다만, 야간방식에 (일몰 후) 의하는 경우 또는 터널 내에서는 후부에 있는 전조등을 깜빡하는 것으로 정지수신호를 대응할 수 있다.

[제2종 방호]

③ 무선방호

－지장열차 승무원은 열차무선전화 등으로 관계정거장 또는 관제사에게 지장사유를 통보하고, 통보받은 관제사가 관계열차(접근하는 열차 또는 후속하는 열차)에 지정 사실을 통보하여야 한다.

－무선방호에 의하여 관계열차에(관제사에 의해) 지장사실이 확실히 통보된 것을 확인한 경우 제2종 방호를 생략할 수 있다(모든 방호를 생략하는 것은 아니다).

예제 무선방호에 의하여 관계열차에 (관제사에 의해)(　　　)이 (　　　　　)된 것을 확인한 경우 (　　　　　)를 생략할 수 있다.

정답 지장사실, 확실히 통보, 제2종 방호

[무선방호 확인 시 제2종 방호가 생략가능하다]

수신호
전조등점등
2층 방호
안 해도 된다
지장지점

예제 다음 중 전 차량이 탈선 등으로 신호 궤도회로를 단락할 수 없을 경우에 시행하여야 할 방호종류로 맞는 것은?

가. 1종 방호

나. 2종 방호

다. 3종 방호

라. 무선방호

해설 전 차량이 탈선 등으로 신호 궤도회로를 단락할 수 없을 경우에 1종방호를 실시하여야 한다.

예제 다음 중 자동폐색 시행하는 구간의 정거장 외에서 반자동신호기의 정지신호에 의하여 열차가 정차한 경우의 방호로 틀린 것은?

가. 차장은 속히 열차의 후방에 제2종 방호를 하여야 한다.

나. 무선방호에 의하여 후속열차에 통보된 경우 방호를 생략할 수 있다.

다. 후방의 신호기가 반자동신호기인 경우에는 방호를 하지 않는다.

라. 열차방호 시 후속열차로부터 정지수신호의 인식거리가 200m 이상 되지 않을 때는 열차후방 100m 이상의 거리에 정지수신호를 현시하여야 한다.

해설 열차방호 시 후속열차로부터 정지수신호의 인식거리가 300m 이상 되지 않을 때는 열차후방 100m 이상의 거리에 정지수신호를 현시하여야 한다.

라) 열차방호의 우선순위

－열차운행 중 열차탈선, 사상사고 발생 등으로 인접선로를 지장하였을 경우, 열차방호의 우선순위는 인접선에 마주오는 열차에 대한 방호를 우선시행한 후

－후속열차에 대한 방호를 실시하여야 한다.

(내 차가 있는 곳에 뒤차가 다가 오려면 3~5분의 운행시격이 있으므로 인접선의 마주오는

열차에 대한 방호를 우선적으로 시행해야 한다.)

예제 열차운행 중 열차탈선, 사상사고 발생 등으로 인접선로를 지장하였을 경우, 열차방호의 우
선순위는 (   )에 (   ) 열차에 대한 방호를 (   )한 후 후속열차에 대한
방호를 실시하여야 한다.

정답 인접선, 마주오는, 우선시행

[열차방호장치(ATP)]

한국철도의 ATP(열차자동방호장치)를 알아보자.
네이버 블로그

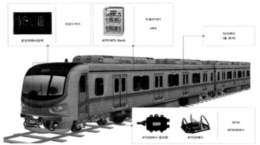

ATP/ATS 차상신호장치 - 씨에스아이엔테크

(4) 열차운행 중 열차방호를 인지한 기관사의 조치

① 열자운행 중 열차방호의 있음을 발견한 기관사는 즉시 열차를 정차하여 사유를 확인하
고 전도운전에 대해서는 관제사의 지시에 따라야 한다.
  -다만, 관제사의 지시를 받을 수 없는 경우에는 차내신호에 의하여 (1,2호선 이외의
  노선에서는 차내폐색신호를 설정하면된다. 그러나 1,2호선은 R1구간에서는 관제사에
  게 통보하고, R0구간에서는 특수스위치를 누르면 된다. 지금 관제사한테 연락이 안되
  므로 R0에 놓고 운전하면 된다) 운전하여야 한다.

예제 열차운행 중 열차방호의 있음을 발견한 기관사는 즉시 열차를 (   )하여 (   )를 확
인하고 (   )에 대해서는 (   )의 지시에 따라야 한다.

정답 정차, 사유, 전도운전, 관제사

② 열차운행 중 열차방호의 정지신호 현시를 인지한(화염신호도 여기에 포함된다) 기관사는 그 현시지점 바깥쪽 50m거리에 정차하고 별도의 지시가 있을 때까지는 운전하여서는 아니된다(구원시 구원열차가 앞 열차 50m 후방에 일단 정지. 그 후 15km/h속도로 다가가서 3m후방에 다시 정차하여 고무마개 등을 제거하고 연결)

　　－다만, 정지신호 현시지점 바깥 쪽에서 정차할 수 없을 때에는 가능한 한 신속히 정차하여야 한다(서울교통공사 운행구간).

예제 열차운행 중 열차방호의 정지신호 현시를 인지한 (화염신호도 여기에 포함) 기관사는 그 현시지점 (　　　　　)에 (　　)하고 별도의 지시가 있을 때까지는 (　　)하여서는 아니된다.

정답 바깥 쪽 50m거리, 정차, 운전

예제 다음 중 열차방호를 인지한 기관사의 조치사항으로 맞는 것은?

가. 열차방호의 있음을 발견한 기관사는 즉시 열차를 정차하고 관제사의 지시를 받을 수 없는 경우에는 차장과 협의하여 운전한다.

나. 열차방호의 있음을 확인한 기관사는 즉시 열차를 정차하고 관제사의 지시를 받 을 수 없는 경우에는 차내신호에 의하여 운전한다.

다. 열차운행 중 열차방호의 정지신호 현시를 인지한 기관사는 그 현시지점의 안쪽 50m거리에 정차한다.

라. 관제사의 지시가 없는 경우에는 절대 운전하여서는 안 된다.

해설 관제사의 지시를 받을 수 없는 경우 차내신호에 의하여 운전한다.
　　　다. 바깥쪽 50m

예제 다음 중 서울교통공사 4호선 운행구간에서 열차방호에 관한 설명으로 틀린 것은?

가. 열차운행 중 열차방호의 정지신호 현시를 인지한 기관사는 그 현시지점의 바깥쪽 50m거리에 정차한다.

나. 무선방호에 의해 관계열차의 지장사실이 통보된 것을 확인하는 경우에는 1종방호를 생략한다.

다. 열차운행 중 열차방호의 있음을 발견한 기관사는 즉시 열차를 정차하여 사유를 확인해야 한다.

라. 저장열차 승무원이 열차부선전화 등으로 관계열차에 지장사유를 통보하는 것을 무선방호라고
　　한다.

해설 무선방호에 의해 관계열차의 지장사실이 통보된 것을 확인하는 경우에는 2종방호를 생략한다.

예제 중 열차방호 시행자가 잘못 짝지어진 것은?

가. 정거장 외에서 사고 기타로 열차 정차한 경우 – 차장
나. 정거장 외에서 차량을 남겨놓은 경우 – 기관사
다. 정거장 외에서 인접선로를 지장한 경우 – 기관사
라. 지도통신식 시행 구간에서 운전허가증 무휴대인 경우 – 기관사

해설 **방호시행자**
　　① 차장
　　　　정거장 외에서 사고기타로 열차 정차한 경우 또는 차량을 남겨 놓은 경우
　　② 기관사 & 차장
　　　　–정거장 외에서 사고 기타로 인접선로를 지장한 경우 또는 인접선 운행열차에 대한 방호
　　　　–지도통신식 또는 전령법 시행하는 폐색구간에서 운전허가증 무휴대인 경우, 정당한 운전허가증이
　　　　　아닌 경우, 전령자가 승차하지 않은 경우

예제 열차방호의 있음을 확인한 기관사는 즉시 열차를 정차하고 (　　　　)의 지시를 받을 수 없
　　는 경우에는 (　　　　　)에 의하여 운전한다.

정답 관제사, 차내신호

예제 다음 중 정거장 외에서 사고 기타로 열차 정차한 경우의 열차방호 시 방호시행자로 맞는
　　것은?

가. 기관사　　　　　　　　　　　　　　　**나. 차장**
다. 기관사 및 차장　　　　　　　　　　　라. 기관사 또는 차장

예제 다음 중 전기동차 열차방호 수신 시 현상 및 승무원의 조치사항으로 틀린 것은?

가. 경보음이 울림

나. 비상제동이 체결됨

다. 방호 수신 즉시 감속하여 15km/h 이하 주의운전하고, 방호상황을 확인하여 적절한 조치

라. 무선전화를 사용하여 인근지역을 운행하고 있는 동력차에 방호상황 전파

해설 비상제동은 체결되지 않음

예제 다음 중 열차방호장치에 관한 설명으로 틀린 것은?

가. 운행 중인 열차에 화재발생 시 취급한다.

나. 상황발생스위치를 취급하면 1~2km 이내 운행 중인 열차에 방호신호를 송출한다.

다. 방호신호를 수신한 전기동차는 경보음이 울리고 비상제동은 체결되지 않는다.

라. 열차방호장치의 해제스위치를 취급하면 방호신호 송출이 해제된다.

해설 상황발생스위치를 취급하면 2~4km 이내 운행 중인 열차에 방호신호를 송출한다.
[열차방호 수신 시 전기동차의 현상]
① 경보음 발생
② 비상제동은 체결되지 않음

(5) 궤도회로 및 단락용 동선 장치

가) 궤도회로(Track Circuit)

– 궤도회로는 레일에 전기회로를 구성하여 그 회로를 차량의 차축에 의하여 레일 전기회로를 단락 또는 개방함에 따라

– 열차의 유무를 검지하도록 구성된 회로를 말한다.

예제 궤도회로는 레일에 (   )를 구성하여 그 회로를 (   )에 의하여 레일 전기회로를 (   ) 또는 (   )함에 따라 (   )를 검지하도록 구성된 회로를 말한다.

정답 전기회로, 차량의 차축, 단락, 개방, 열차의 유무

[궤도회로의 열차유무 검지장치]

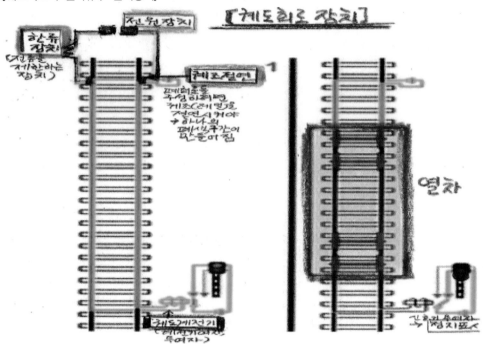

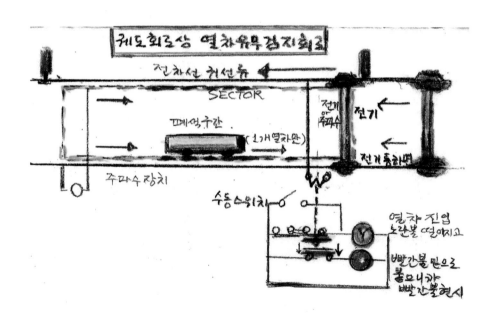

나) 단락용 동선 장치

– 열차운행 중 탈선 등으로 차축에 의해 궤도회로를 단락하지 못할 때
– 다른 열차 또는 차량이 그 구간으로 진입하지 못하도록 해당신호기에 정지신호가 현시되도록
– 양 선로 궤도를 동선으로 이어주어 궤도회로를 끊어주는 역할을 한다(열차 1대만 탈선했을 때는 단락용 동선장치 필요 없다. 왜냐하면 앞의 차가 탈선했으나 뒤차는 단락시키고 있는 상태이므로 전 열차가 모두 탈선 했을 때 이 방법이 유효하다).

예제 열차운행 중 탈선 등으로 차축에 의해 (   )하지 못할 때 다른 열차 또는 차량이 그 구간으로 (   ) 해당신호기에 (   )가 현시되도록 (   )를 동선으로 이어주어 궤도회로를 (   ) 역할을 한다.

정답 궤도회로를 단락, 진입하지 못하도록 정지신호, 양 선로 궤도, 끊어주는

– 자동폐색구간을 운전하는 열차의 기관사는 인접 선로 지장(인접선에서는 전혀 탈선 상황 등을 모르니까) 또는 전 차량 탈선 등으로 궤도회로를 단락하지 않을 염려 있어
– 궤도회로를 단락할 때는 양쪽 레일 머리부분에 단락용 동선을 장치하고 신호기의 정지신호 현시를 확인하여야 한다.
　① 휴대: 전기동차 운전실에 2개 이상 비치
　② 단락용 동선의 설치법

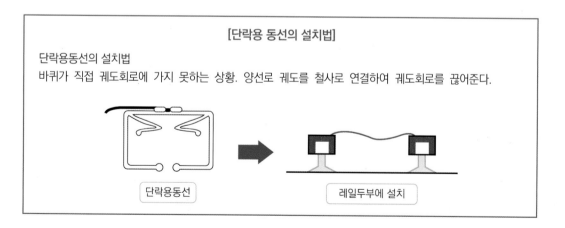

[단락용 동선의 설치법]

단락용동선의 설치법
바퀴가 직접 궤도회로에 가지 못하는 상황. 양선로 궤도를 철사로 연결하여 궤도회로를 끊어준다.

단락용동선　　　　　　　　레일두부에 설치

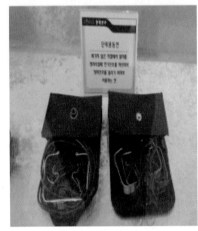

[운전취급규정 열차의 방호]

단락용 동선의 장치 및 휴대

5. 자동폐색식 구간에서 선로 지장이 궤도회로를 단락
   하지 않았을 경우 궤도회로를 단락할 때는 양쪽 레
   일 윗부분에 단락용 동선을 장치하여 궤도회로의 단락
   조치를 하고, 신호기의 정지신호 현시를 확인하여야
   한다.
6. 궤도회로를 단락하고 그 사유가 소멸된 경우에는 단
   락용 동선을 즉시 철거하고 인접 역에 통보하여야
   한다.
7. 열차감시원 빛 철도운행안전관리자 단락용 동선의
   휴대는 2개 이상

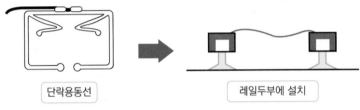

단락용동선 → 레일두부에 설치

예제 다음 중 한국철도공사 ATC구간 및 서울교통공사 운행구간에서의 열차방호에 관한 설명으로 맞는 것은?

가. 제1종 방호는 지장지점으로부터 400m 이상의 거리에 정지수신호 현시

나. 전 차량 탈선 등의 경우에는 먼저 단락용 동선으로 궤도회를 단락 후 1종방호 시행

다. 제2종 방호는 뒤 운전실의 전조등을 점등시킨 후 지장지점에서 정지수신호 현시

라. 기관사는 열차무선전화로 지장사실을 통보 후 제2종 방호 생략할 수 있다.

해설 가. 200m 이상

다. 지장지점으로부터 정지수신호를 현시하면서 접근하는 열차가 확인하기 쉬운 지점에 정지수신호를
현시한다.

라. 지장사실이 확실히 통보된 것을 확인한 후 제2종 방호 생략 가능하다.

(6) 방호시행자

1) 차장
－정거장 외에서 사고 기타로 열차가 정차한 경우 또는 차량을 남겨 놓은 경우의 방호

예제 다음 중 정거장 외에서 사고 기타로 열차가 정차한 경우 또는 차량을 남겨 놓은 경우의 방호시행자로 맞는 것은?

가. 차장
나. 기관사
다. 기관사 및 차장
라. 기관사 또는 차장

2) 기관사 및 차장
① 정거장 외에서 사고 기타로 인접선로를 지장한 경우 또는 인접선 운행열차에 대한 방호 (기관사는 인접열차에 먼저 방호하고, 차장은 후속열차를 방호하고)
② 지도통신식(통신식 중에서 단선만 운영할 때. 즉, '지도'(지도식, 지도통신식은 모두 단선에 해당된다))(복선운행 시에는 통신식이다.)

또는 전령법 (복선, 단선 모두 사용)을 시행하는 폐색구간에서 운전허가증(만약 단선이라면. 단선 경우 전령법에서 운전허가증은 전령자가 승차하는 것. 지도통신식에서 운전허가증은 지도표, 지도권)을 휴대하지 않은 경우, 정당한 운전허가증이 아닌 경우, 전령자가 승차하지 않은 경우에 각각 시행

예제 다음 중 지도통신식을 시행하는 구간에서 운전허가증 무휴대인 경우 방호시행자는?

가. 차장
나. 기관사
다. 기관사 또는 차장
라. 기관사 및 차장

해설 **운전허가증 무휴대인 경우의 조치**
　가) 지도통신식 또는 전령법을 시행하는 폐색구간에서 정당한 운전허가증을 휴대하지 않았거나 또는 전령자가 승차하지 않은 것을 발견한 기관사는 속히 열차를 정차시키고 차장에게 그 사유를 통고하여야 한다.
　나) 제1항에 의하여 정차하였을 때에는 기관사 및 차장은 즉시 전후 양방향에 제1종 방호를 한 후 관제사 또는 최근 정거장 역장에게 사유를 통고하여 그 지시를 받아야 한다.

라. 사고 시의 방호 요령

1) 열차를 방호할 지점이 정거장 구내일 때의 방호

-승무원은 열차방호를 할 지점이 정거장 구내일 때 역장에게 통고하고 그 방향에 대한 방호를 생략할 수 있다.

2) 자동폐색식 또는 차내신호폐색식 시행구간에서 열차가 정지한 경우의 방호

자동폐색식 또는 차내신호폐색식 시행구간의 정거장 외에서 열차사고, 기타 등으로 정차하였을 때 차장은 신속히 다음 각호의 방호수배를 하여야 한다.

(1) 지하철 CTC 구간에서는 후방에 주의하면서 후속열차가 접근하여 위험을 느꼈을 때에는 확인이 용이한 거리에서 제2종 방호를 하여야 한다.

(2) 전 차량이 탈선 등으로 신호 궤도회로를 단락할 수 없을 때에는 즉시 제1방호를 실시하여야 한다.

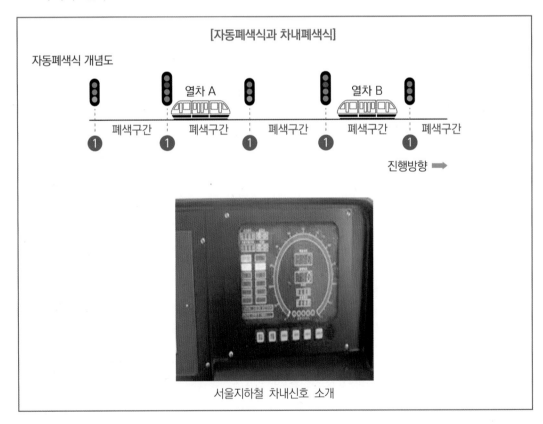

[열차탈선 현장]

탈선한 EuroCity107(2007)

국토매일, 1호선 신길역 탈선의 교훈
"노후차량 교체, 예산 지원 절실"

3) 자동폐색 시행구간에 반자동신호기의 정지신호에 의하여 열차 정차한 경우의 방호

(1) 자동폐색 시행구간의 정거장 외에서 반자동의 신호기 또는 이에 대용하는 수신호의 정
지신호에 의하여 열차가 정차한 경우 차장은 속히 열차의 후방에 제2종 방호를 하여야
한다.

> **예제** 자동폐색 시행구간의 (   )에서 반자동의 신호기 또는 이에 대용하는 수신호의 정지
> 신호에 의하여 (   )한 경우 차장은 속히 열차의 (   )에 (   )를 하여야
> 한다.

> **정답** 정거장 외, 열차가 정차, 후방, 제2종 방호

(2) 제1항의 경우 후속열차로부터 정지수신호의 인식거리가 300m 이상 되지 않을 때에는
열차 후방 100m 이상 거리에 정지수신호를 현시하여야 한다.

> **예제** 후속열차로부터 정지수신호의 인식거리가 (   ) 되지 않을 때에는 (   )
> 거리에 정지수신호를 현시하여야 한다.

> **정답** 300m이상, 열차 후방 100m 이상

(3) 제1항의 경우 그 후방의 신호기가 반자동신호기인 경우에는 방호를 하지 않는다.

(4) 제1항의 경우 전 차량의 탈선 등으로 신호 궤도회로를 단락할 수 없을 때에는 즉시 제1종 방호를 하여야 한다.

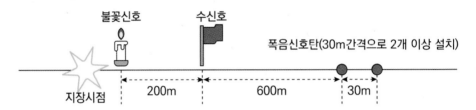

① 제1종 방호(제일 우선순위 높은 방호)
  - 후부 운전실의 전조등을 점등시킨 후, 열차의 지장 개소의 외방 200m 이상의 지점에 정지수신호 현시한다.

불꽃신호   수신호   폭음신호탄(30m간격으로 2개 이상 설치)

지장시점   200m   600m   30m

② 제2종 방호
  - 지장개소로부터 정지수신호를 현시하면서 주행하여 접근하는 열차가 확인하기 쉬운 지점에 정지수신호 현시한다.

4) 대용폐색식 시행구간에서 열차 정차한 경우의 방호

- 대용폐색식(철도차량운전규칙: 지도식, 도시철도차량운전규칙: 지령식)에 의하여 운전하는 열차가 정거장 외에서 사고 기타로 정차하였을 때에는
- 제2종 방호를 해야 한다(예로서 전령식: 차용폐색방식. 상용이나 대용을 쓰지 못할 때 전령법을 쓴다. 그래서 폐색준용법이라고 한다).
- 다만, 지도표(앞 차는 지도권을 가지고 가고, 막차는 지도표를 가지고 간다. 지도식에서도 지도표를 가지고 간다)를 휴대한 경우에는 그 열차의 방호를 생략할 수 있다.

예제 대용폐색식(철도차량운전규칙: (   ), 도시철도차량운전규칙: (   ))에 의하여 운전하는 열차가 (   )에서 사고 기타로 (   )하였을 때에는 (   )를 해야 한다.

정답 지도식, 지령식, 정거장 외, 정차, 제2종 방호

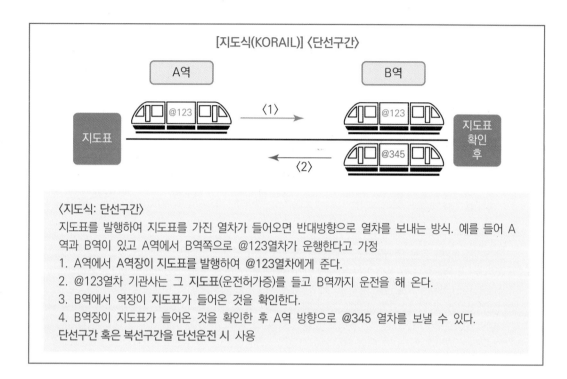

[지도식(KORAIL)] 〈단선구간〉

〈지도식: 단선구간〉
지도표를 발행하여 지도표를 가진 열차가 들어오면 반대방향으로 열차를 보내는 방식. 예를 들어 A역과 B역이 있고 A역에서 B역쪽으로 @123열차가 운행한다고 가정

1. A역에서 A역장이 지도표를 발행하여 @123열차에게 준다.
2. @123열차 기관사는 그 지도표(운전허가증)를 들고 B역까지 운전을 해 온다.
3. B역에서 역장이 지도표가 들어온 것을 확인한다.
4. B역장이 지도표가 들어온 것을 확인한 후 A역 방향으로 @345 열차를 보낼 수 있다.
단선구간 혹은 복선구간을 단선운전 시 사용

[지도표 및 지도권]

[지도통신식(KORAIL, 서울교통공사)]

B역(가좌)   A역(수색)

〈2〉 →

← 〈1〉

지도권   지도권   지도표

〈지도통신식〉
- 한 방향으로 더 많은 열차를 보낼 수 있는 장점이 있다.
- A역에서 B 역으로 123 125 127 열차가 있고 B역에서 A역으로 124 126열차가 있다고 가정하면
1. 123 125 열차는 지도권을 가지고, 127열차는 지도표를 가지고 B역 방향으로 온다.
2. 127 열차를 통해 지도표가 B역에 도착하면 "역장님! 이 차가 마지막차에요. 지도표 여기 있어요. 받으세요" 그러면 B역장은 " 아 이제 모든 열차가 다 왔구나!! 이제 A역 쪽으로 열차를 보내도 좋다"
※ 지도 통신식은 지도식에 비해 많은 열차를 보낼 수 있다.

예제 다음 중 자동폐색 시행구간에 반자동 신호기의 정지신호에 의하여 정차한 경우 열차방호에 관한 설명으로 맞는 것은?

가. 차장은 속히 열차의 후방에 1종 방호를 히여야 힌다.
나. 정지수신호 인식거리가 300미터 이상 되지 않을 때에는 50미터 이상의 거리에 정지 수신호 현시한다.
다. 무선방호에 의하여 후속열차에 그 사실이 통보 된 경우에는 2종 방호를 한다.
라. 그 후방의 신호기가 반자동신호기인 경우에는 방호를 하지 않는다.

해설 가. 2종 방호 나. 100M이상 거리에 정지 수신호 다. 방호생략

5) 구원열차를 요구한 경우 조치사항

[구원운전]

ITX-새마을&전동열차 구원운전 합동훈련

(1) 기관사는 열차운행 중 정거장 외에서 열차사고, 차량고장 등 기타의 사유에 의해 자력 으로 운행이 불가능한 경우 관제사에게 구원을 요구하여야 한다.

(2) 구원열차를 요구 또는 구원열차 운전의 통고가 있을 때에는 제2종 방호를 하여야 한다. 다만, 구원열차가 오지 않음이 확인된 방향은 이를 생략할 수 있다.

(3) 고장열차는 구원을 요구한 후에는 구원열차가 도착할 때까지 그 위치를 이동할 수 없 다. 다만 아래 경우는 예외로 한다.
　-사고증대의 염려가 있을 때
　-응급작업상 필요하다고 인정되었을 때

※ 중대사유에 의해 구원을 요구한 후 열차 또는 차량을 상당거리 이동시켰을 때 기관사와 차장은 관제사 또는 최근 정거장 역장에게 이동사유를 급보하고 그 방향에 대하여 방호 를 이동시키는 동시에 제1종 방호를 시행하여야 한다.

예제　구원을 요구한 후 열차 또는 차량을 (　　　　　　　)시켰을 때 기관사와 차장은 관제사 또는 최근 정거장 역장에게 (　　　)를 (　　)하고 그 방향에 대하여 방호를 이동시키 는 동시에 (　　　　)를 시행하여야 한다.

정답　상당거리 이동, 이동사유, 급보, 제1종 방호

(4) 구원열차 도착 전에 사고복구 또는 조치완료 등으로 열차의 운전을 계속할 수 있게 되었을 때, 기관사 또는 차장은 관제사 또는 최근정거장 역장의 지시를 받지 않고서 열차 또는 차량을 이동하여서는 안 된다.

예제 구원열차 (　　) 에 사고복구 또는 조치완료 등으로 (　　　　)을 계속할 수 있게 되었을 때, (　　) 또는 (　　)은 (　　) 또는 (　　　　)의 지시를 받지 않고서 열차 또는 차량을 (　　　　　　).

정답 도착 전, 열차의 운전. 기관사, 차장, 관제사, 최근 정거장 역장, 이동하여서는 안 된다

(5) 열차방호의 해제
– 열차방호에 의하여 다른 열차를 정차시켰을 때에는 방호자는 그 열차의 기관사와 협의한 다음 열차방호를 해제하고 담당열차에 복귀하여야 한다.

[4호선 구원운전 방식]

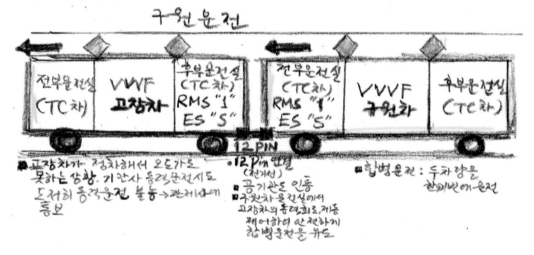

[구원차와 고장차 구원운전훈련]

안산뉴스 / 안산인터넷운전

서울메트로 창동차량기지에서 있었던 코레일 +
서울메트로 합동구원연결 훈련!
- 철도차량(도시,광역)- Rail+ 철도 동호회

예제 다음 중 구원열차를 요구한 경우 기관사의 조치사항으로 틀린 것은?

가. 자력으로 운행이 불가능할 경우 관제사에게 구원을 요구한다.

나. 구원열차 운전의 통고가 있을 때에는 1종 방호를 하여야 한다.

다. 구원열차가 오지 않음이 확실한 방향을 열차방호를 생략할 수 있다.

라. 관제사 또는 최근 정거장 역장의 지시를 받지 않고서 열차 또는 차량을 이동하여서는 안된다.

해설 구원열차 운전의 통고가 있을 때에는 2종 방호를 하여야 한다.

예제 다음 중 정거장 외에서 차량고장으로 구원열차를 요구하였을 때 취하여야 할 방호로 적절한 것은?

가. 제1종 방호   **나. 제2종 방호**

다. 무선 방호   라. 정지수신호에 의한 방호

해설 구원열차를 요구 또는 구원열차 운전의 통고가 있을 시 제2종 방호를 하여야 한다.

예제 다음 중 구원열차를 요구한 경우 기관사의 조치사항으로 틀린 것은?

가. 구원을 요구한 후 상당거리를 이동했을 경우 그 방향에 대하여 2종 방호를 시행하여야 한다.

나. 구원을 요구한 후 이동 가능한 경우는 사고 증대의 염려가 있을 때이다.

다. 구원을 요구한 후 이동 가능한 경우는 응급작업상 필요하다고 인정하였을 때이다.

라. 구원열차 도착 전에 사고복구되어 자력으로 운행 가능 시 관제사의 지시 없이 운전하여서는 안 된다.

해설 가. '1종 방호'가 정답이다.

예제 다음 중 구원열차를 요구한 경우 승무원의 조치사항으로 틀린 것은?

가. 구원열차를 요구한 경우 차장은 속히 열차의 후방에 제2종 방호를 시행하여야 한다.

나. 구원열차가 오지 않음이 확실한 방향은 방호를 생략할 수 있다.

다. 고장열차는 구원을 요구한 후에는 그 위치를 이동해서는 안 된다.

라. 구원열차 도착 전에 고장조치 완료로 자력으로 움직일 수 있을 때는 최근 정거장까지 주의운전한다.

해설 구원열차 도착 전에 사고복구되어 자력으로 운행 가능 시에 관제사의 지시 없이 운전하여서는 안 된다.

예제 구원열차 도착 전에 (   )되어 (   )으로 운행 가능 시에 (   )의 지시 없이 운전하여서는 안 된다.

정답 사고복구, 자력, 관제사

예제 다은 중 철도사고 복구 시의 우선순위로 가장 빠른 것은?

가. 인명의 구조 및 안전조치   나. 본선의 개통

다. 민간의 재산보호   라. 철도제산의보호

해설 가장 빠르게 해야 하는 것은 '인명의 구조 및 안전조치'이다.
  – 두 번째로 빠르게 해야 하는 것은 '본선의 개통'이다.

예제 다음 열차 중 열차사고의 종류가 아닌 것은?

가. 열차 충돌사고

나. 열차 추돌사고

다. 열차 탈선사고

라. 열차 화재사고

해설 추돌: 뒤에서 가서 부딪히는 것. 철도안전법에서는 추돌사고라는 용어 자체가 없다.

예제 다음 중 열차사고 발생시 즉시 시행하여야 하는 방호조치는?

가. 열차방호장치 방호(적색, 노랑색 버튼)

나. 열차표지 방호

다. 정지수신호 방호

라. 무선전화기 방호

해설 열차사고 발생시 즉시 시행하여야 하는 방호조치는 열차방호장치 방호(적색, 노랑색 버튼)이다.

예제 다음 중 무선전화기 방호 시행 후 생략할 수 있는 방호는?

가. 역구내 신호기 제어방호

나. 열차방호장치 방호

다. 선로변의 폐색 방호스위치 방호

라. 정지수신호 및 열차 표지 방호

해설 무선전화기 방호 시행 후 생략할 수 있는 방호는 정지수신호 및 열차 표지 방호이다.

예제 다음 중 방호의 시행조건이 아닌 것은?

가. 정거장 외에서 열차가 정차 시

나. 통신식 또는 전령법 시행 중 도중 정차 시(대용폐색방법 시 2종방호 실시하는 것)

다. 구원열차 요구 흐 이동하였을 때(1종 방어)

라. 운전허가증 무 휴대 시(1종 방어)

해설 정거장 외에서 정차한다고 시행하는 건 아니다. 정거장 외에서는 서로 연락해서 서행운전을 한다. 옆 차에 지장을 주지 아니하므로 방호를 시행하지 않아도 된다.

[예제] 다음 중 전기동차의 운전실에 비치하는 단락용 동선은 몇 개인가?

가. 1개 이상

나. 전 후부 각 2개 이상

다. 전부 운전실에 2개

라. 후부 각 2개 이상

[해설] 전동차 전부 운전실에 2개 이상 비치해야 한다.

[예제] 다음 중 열차방호를 인지한 기관사의 조치사항으로 틀린 것은?

가. 즉시 열차를 정지시켜 사유를 확인하고 관계자의 지시를 받는다.

나. 지시를 받을 수 없을 때는 기적을 취명하고 15km/h 이하의 속도로 운행한다.

다. 현시지점 50m 거리에 정차하고 별도의 지시가 있을 때 까지 운전하여서는 아니된다.

라. 정지신호 바깥 쪽에 정차할 수 없을 때는 가능한 신속히 정차한다.

[해설] 정답 가, 나 2개

가: 관계자(x) 아니고 관제사의 지시를 받는다.

나: 차내신호에 의한다. 15km/h 이하의 속도는 아니다.

[예제] 다음 중 정지 수신호(녹색과 적색을 머리 위에서 수신호)에 의한 방호에 관한 설명으로 맞는 것은?

가. 수도권 외에서는 지장지점으로부터 정지 수신호를 현시하면서 주행하여 400m 이상의 지점에 정지수신호를 현시하여야 한다. (코레일)

나. 수도권 전동열차 구간의 경우에는 200m 이상 지점에 정지수신호를 현시하여야 한다.(코레일)

다. 제1종 방호는 후부 운전실의 전조등을 점등 시킨 후, 열차의 지장개소의 외방 400m 이상의 지점에 정지수신호를 현시한다. (서울 교통공사)

라. 제2종 방호는 지장개소로부터 정지수신호를 현시하면서 주행하여 접근하는 열차가 확인하기 쉬운 200m 이상 지점에 정지수신호를 현시한다.

다만, 야간방식에 의하는 경우 또는 터널 내에서는 후부에 있는 전조등을 깜빡임하는 것으로 정지수신호를 대응할 수 있다. (확인하기 좋은 지점)

[해설] 정답 가, 나 2개

가. 수도권 외에서는 지장지점으로부터 정지 수신호를 현시하면서 주행하여 400m 이상의 지점에 정지수신호를 현시하여야 한다. (코레일)

나. 수도권 전동열차 구간의 경우에는 200m 이상 지점에 정지수신호를 현시하여야 한다. (코레일)
   (교통공사 1종: 200m 이상 지점, 교통공사 2종: 접근하는 차량이 확인하기 좋은 지점)
다. 서울교통공사는 400m가 아니고 200m이다.
라. 200m 이상 지점이 아니라 뒤에서 접근하기 쉬운 장소이다.

마. 열차사고 시의 조치

1) 보고 및 통보 대상자

- 기관사는 열차 운행 중 철도사고 및 차량고장 등 이례적인 상황이 발생하였을 때에는 즉시 관제사 또는 인접역장에게 보고하고, 차장에게 통보하여야 한다.
- 필요 시 후속열차 및 인접선 운행열차 승무원에게도 통보하여야 한다.

예제 기관사는 열차 운행 중 철도사고 및 차량고장 등 (   )이 발생하였을 때에는 즉시 (   ) 또는 (   )에게 보고하고, 차장에게 통보하여야 한다.

정답 이례적인 상황, 관제사, 인접역장

[열차사고현장]

무궁화호 탈선 사고
"선로 바꾸는 과정에서 과속"/YTN

KTX열차 탈선사고 직전 코레일 직원들
선로서 작업 -헤드라인제주

2) 급보 책임자

(1) 급보 책임자

발생장소	급보 책임자	비고
정거장 내	역장	
정거장 외	기관사 또는 차장	
기타 장소	사고현장의 장, 발견자	

[풍금치는 득량역장]

추억을 찾아 떠나는 득량역 - 이트레블뉴스

풍금치는 역장 7080 향수 가득한 '보성 득량역' - 중앙일보

[철도관제사의 일하는 모습]

이강선 인천도시철도 관제사 - 인천일보

예제 다음 중 급보 지점에 따른 급보책임자로 틀린 것은?

가. 정거장 내 – 역장
나. 정거장 외 – 기관사
다. 기타 장소 – 사고현장의 장
라. 기타 장소 – 발견자

해설 정거장 외 – 기관사 또는 차장

예제 다음 중 정거장 내에서 사고 발생 시 급보 책임자는?

가. 역장
나. 기관사
다. 차장
라. 발견자

예제 정거장 내에서 사고 발생 시 급보 책임자는 (   )이다.

정답 역장

예제 정거장 외에서 사고 발생 시 급보 책임자는 (   ), (   )이다.

정답 기관사 또는 차장

예제 기타 장소에서 사고 발생 시 급보 책임자는 (   ), (   )이다.

정답 사고현장의 장, 발견자

(2) 급보방법

가. 전화(선로변 전화(선로변 연선전화기), 휴대폰 등), 무선전화, FAX 등 통신수단 활용
나. 육하원칙에 맞게 사고개황을 정확히 보고
다. 중대한 철도사고 보고 시 최초, 중간, 복구진행상황, 최종보고 순으로 보고
(즉시보고: 3명 이상 사상자 및 5천만원 이상 재산피해 등 구두보고)(철도안전법)
(조사보고: 초기보고, 중간보고, 종결보고)

예제 다음 중 열차 사고발생 시 보고 및 급보방법으로 틀린 것은?

가. 필요시에는 인접선 운행열차 승무원에게도 통보한다.

나. 정거장외서의 급보책임자는 기관사 또는 차장이다.

다. 중대한 철도사고 보고 시에는 최초 → 복구진행상황 → 중간 → 최종보고 순으로 보고한다.

라. 휴대폰으로도 보고할 수 있다.

해설 중대한 철도사고 보고 시 최초 → 중간 → 복구진행상황 → 최종보고 순으로 보고한다.

예제 중대한 철도사고 보고 시 (   ) → (   ) → (   ) → (   ) 순으로 보고한다.

정답 최초, 중간, 복구진행상황, 최종보고

3) 사고 발생 시 주요 사고보고 내용

[사고 발생 시 주요 사고보고 내용(공통사항)]

수보사항	세부내용
1. 언제	00년 00월 00일 00시 00분경
2. 어디서	00선 00역−00역간 00km지점 00부근에서
3. 누가	00열차가 시속 00km로 운행 중
4. 왜	00(원인)으로 00사고가 발생하여
5. 어떻게	00상태이니 (사고 및 조치 상태 등)
6. 무엇을	00조치를 요구함
7. 추가보고시기	00을 확인하여 00분 후 추가보고 하겠음

4) 보고 및 통보요령

－승무원은 차량고장 등 기타의 사유로 열차가 정거장 간의 도중에 정차하였을 때에는

－그 사실을 관제사 또는 인접 역장에게 다음 각호에 의해 급보하여야 한다.

(1) 열차무선에 의한다. 열차무선의 고장인 경우에는 연선전화에 의한다.

(2) 차장 또는 적임자를 인접정거장에 파견하여 통보한다.

(3) 인접선로(복선: 맞은 편, 복복선: 인접)를 운전하는 열차가 있을 때에는 그 열차를 정차
시켜 통보 의뢰한다(정지시키는 방법은 수신호나 단락용 동선설치).

예제 다음 중 서울교통공사 4호선 운행구간에서 열차 운행 중 사고발생 시 승무원의 사고통보 요령으로 틀린 것은?

가. 부득이 한 경우에는 연선전화로도 관제실에 상황을 보고할 수 있다.

나. 운행 중인 인접열차가 있을 때 운행 중인 기관사에게 통보 의뢰한다.

다. 차장 및 적임자를 인접정거장에 파견하여 통보한다.

라. 사상사고 발생 시 관제사에게 사고발생 통보 및 관계처 연락을 부탁한다.

해설 운행 중인 인접열차가 있을 때 정차시켜 통보 의뢰한다.

예제 지도통신식을 시행하는 구간에서 운전허가증 (　　)인 경우 방호시행자는 (　　) 및 (　　)이다.

정답 무휴대, 기관사, 차장

5) 되돌이(퇴행)운전의 금지

(1) 열차 도는 선로의 고장으로 정거장 간 도중에서 되돌이(퇴행)운전할 필요가 있을 때에는 관계승무원은 관제사 또는 후방 역장의 승인을 받지 아니하고는 되돌이 운전을 할 수 없다. 다만, 되돌이 운전을 예정하고 있는 열차는 그러하지 아니하다.

예제 열차 도는 선로의 고장으로 정거장 간 도중에서 (　　　　)할 필요가 있을 때에는 관계승무원은 (　　) 또는 (　　　)의 승인을 (　　　) 되돌이 운전을 할 수 없다.

정답 되돌이(퇴행)운전, 관제사, 후방 역장, 받지 아니하고는

(2) 되돌이운전 열차가 정거장에 진입할 때에는 장내신호기(돌아오는 역에는 장내신호기가 정지로 되어있다.) 외방에 일단 정차한 후 관제사 또는 역장의 승인에 의한 신호현시 또는 차량 입환전호(선을 바꾸어서 움직이는 것. 6번선의 차량을 8번선으로 옮기는 것) 에 의하여 정거장 내에 진입할 수 있다. (조성: 차량을 때었다가 붙였다 하는 것)

예제 다음 중 열차 운행 중 되돌이(퇴행)운전에 관한 설명으로 틀린 것은?

가. 정거장 간 도중에서 선로고장 시 되돌이 운전할 수 있다.

나. 후방 역장의 승인 없이는 되돌이운전을 할 수 없다.

다. 되돌이운전을 예정하고 있는 열차는 관제사 또는 역장의 승인 없이 되돌이운전 가능하다.

라. 되돌이운전 열차가 정거장에 진입 시 역장에게 장내신호기 내방으로의 진입가부를 확인해야 한다.

해설 되돌이운전 열차가 정거장에 진입 시 장내신호기 외방에 일단 정차하여야 한다.

예제 다음 중 되돌이운전이 가능한 경우가 아닌 것은?

가. 열차 고장으로 관제사 승인을 받은 경우

나. 열차 고장으로 후방역장 승인을 받은 경우

다. 열차 고장으로 전방역장 승인을 받은 경우

라. 되돌이운전을 예정하고 있는 열차

해설 되돌이운전 시 전방역장의 승인은 필요로 하지 않는다.

예제 다음 중 되돌이운전 취급 방법에 관한 설명으로 틀린 것은?

가. 열차고장으로 되돌이운전할 필요가 있을 때에는 관제사의 승인을 받는다.

나. 되돌이운전 열차가 정거장에 진입할 때에는 장내신호기 외방에 일단 정차한 후 역장의 승인에 의한 차량 입환전호로 정거장 내로 진입한다.

다. 되돌이운전을 예정하고 있는 열차는 관제사의 승인을 받은 후 정거장 내 진입 가능하다.

라. 되돌이운전을 예정하고 있는 열차는 관제사나 역장의 승인 없이 정거장내로 진입이 가능하다.

해설 되돌이운전을 예정하고 있는 열차는 관제사의 승인 없이 정거장 내 진입 가능하다.

예제 다음 중 되돌이(퇴행)운전 취급에 관한 설명으로 틀린 것은?

가. 되돌이운전 열차는 관제사 또는 후방역장의 승인을 받아야 한다.

나. 되돌이운전 열차가 정거장 진입 시 장내신호기 외방에 일단 정차하여야 한다.

다. 되돌이운전 열차는 입환신호 전호에 의하여 정거장 내에 진입할 수 있다.

라. 되돌이운전은 15km/h 이하로 운전하여야 한다.

해설 되돌이운전은 25km/h 이하로 운전하여야 한다.

예제 되돌이운전은 (   )로 운전하여야 한다.

정답 25km/h 이하

예제 되돌이운전을 (   )하고 있는 열차는 관제사의 (   ) 정거장 내 (   )가능하다.

정답 예정, 승인 없이, 진입

예제 되돌이운전 열차는 (   ) 또는 (   )의 승인을 받아야 한다.

정답 관제사, 후방역장

6) 열차가 정지 위치를 지나서 정차하였을 경우의 취급 (흔히 발생)

가. 서울교통공사 운행구간

※ 신호기를 점유했는지 안 했는지가 중요

(1) 열차의 전 차량이 출발 신호를 통과하여 정차하였을 때(출발신호기를 점유한 것)(차내 운전인 경우 출발신호가 없기때문에 폐색을 점유했는지 안 했는지를 판단한다.)
   ① 차장에게 즉시 비상부저 전호를 하여 출입문을 열지 않도록 통보
   ② 관제사 보고 후 지시를 받을 것
   ※ 후속열차 영향 등으로 되돌이 운전 불가로 판단되면 객실 안내방송 시행 후 전도운 행 계속한다.
(2) 열차의 일부가 출발신호기를 지나서 정차하였을 때
   ① 차장에게 즉시 비상 부저 전호를 하여 출입문을 열지 않도록 통보
   ② 관제사에게 보고 하여 퇴행 승인을 받고 차장과 협의 후 차장의 유도전호에 의해 퇴 행, 정차 위치 합치한 후 출입문 취급할 것

(3) 열차의 일부가 신호기 영향을 주지 않고 지나서 정차하였을 경우
  ① 차장과 협의 후 차장의 유도전호에 위해 정차위치를 수정(60cm, 1m, 2m정도 지나
     가서 정차하는 것까지)
  ② 합치 정차 후 출입문 취급할 것

예제 열차의 전 차량이 출발 신호를 (   )하여 (   )하였을 때 차장에게 즉시 (   )
를 하여 (   )하고 관제사 보고 후 지시를 받을 것

정답 통과, 징차, 비상부저 전호, 출입문을 열시 않도록 통보

예제 열차의 일부가 출발신호기를 지나서 정차하였을 때 (   )에게 즉시 (   )를
하여 (   ) 통보하고, (   )에게 보고하여 (   )을 받고 차장과
협의 후 (   )에 의해 퇴행, 정차 위치 합치한 후 출입문 취급할 것

정답 차장, 비상 부저 전호, 출입문을 열지 않도록, 관제사, 퇴행 승인, 차장의 유도전호

예제 열차의 일부가 지나서 (   )하였을 경우 차장과 협의 후 차장의 (   )에 위해 정차
위치를 수정한다.

정답 정차, 유도전호

예제 다음 중 서울교통공사 운행구간에서 열차의 전 차량이 출발신호기를 통과하여 정차하였을
때 운전 취급방법으로 틀린 것은?

가. 차장에게 즉시 비상부저를 사용하여 출입문을 열지 않도록 통보한다.

나. 관제사에게 보고 후 지시를 받아야 한다.

다. 관제사의 퇴행운전 승인 시 퇴행할 수 있다.

라. 후속열차 영향 등 기타의 사유로 퇴행운전 불가능 한 경우 관제사의 지시에 따른다.

해설 차장에게 즉시 비상부저 전호를 하여 출입문을 열지 않도록 통보한다.

예제 다음 중 서울교통공사 운행구간에서 열차의 전 차량이 출발신호기를 통과하여 정차하였을 때 기관사의 조치사항으로 틀린 것은?

가. 차장에게 즉시 비상부저 전호를 하여 출입문을 열지 않도록 통보한다.

나. 퇴행운전이 불가능한 경우 최근정거장까지 전도운전한다.

다. 관제사 퇴행운전 승인 시 기관사와 차장의 상호통화에 의해 정차위치 합치한다.

라. 열차의 전 차량이 승강장을 완전히 벗어난 상태를 말한다.

해설 관제사 퇴행운전 승인 시 차장의 유도전호에 의해 정차위치 합치한다.

예제 다음 중 서울교통공사 운행구간에서 열차가 정지위치를 지나서 정차하였을 경우 운전취급 방법으로 틀린 것은?

가. 열차의 전 차량이 출발신호기를 통과하여 정차한 경우 차장에게 즉시 비상부저 전호를 하여 출입문을 열지 않도록 통보한다.

나. 일부라도 출발신호기를 통과하여 정차한 경우 관제사의 승인을 받아 퇴행한다.

다. 열차의 일부가 신호기 영향을 주지 않고 정지위치를 지나서 정차한 경우 차장 의 유도전호에 의해 퇴행한다.

라. 열차의 전 차량이 출발신호기를 통과하여 정차한 경우 후속열차의 영향으로 되돌이운전이 불가능하다고 판단되면 객실 안내방송 시행 후 주의운행을 계속한다.

해설 열차의 전 차량이 출발신호기를 통과하여 정차한 경우 후속열차의 영향으로 되돌이운전이 불가능하다고 판단되면 객실 안내방송 시행 후 전도운행을 계속한다.

예제 열차의 전 차량이 출발신호기를 통과하여 정차한 경우 (   )의 영향으로 되돌이운전이 (   )하다고 판단되면 (   ) 시행 후 (   )운행을 계속한다.

정답 후속열차, 불가능, 객실 안내방송, 전도

예제 다음 중 서울교통공사 운행구간에서 전동열차가 정지위치를 지나서 정차한 경우 승무원의 조치사항으로 틀린 것은?

가. 전 차량이 출발신호기를 지나서 정차한 경우 관제사 보고 후에 지시를 받아야 한다.

나. 일부차량이 출발신호기를 지나서 정차한 경우에는 관제사의 퇴행승인을 받는다.

다. 비상부저 전호를 사용하여 출입문을 열지 않도록 통보한다.

라. 차장은 전방과 후방감시를 행한 후에 열차를 유도하여야 한다.

【해설】 차장은 후방감시를 행한 후에 열차를 유도하여야 한다.

【예제】 다음 중 서울교통공사 4호선 운행구간에서 열차방호에 관한 설명으로 틀린 것은?

가. 열차운행 중 열차방호의 있음을 발견한 기관사는 즉시 열차를 정차하여 사유를 확인해야 한다.

나. 열차운행 중 열차방호의 있음을 발견한 기관사는 정지신호 현시지점 바깥쪽에서 정차할 수 없을 때에는 가능한 한 신속히 정차하여야 한다.

다. 지장열차 승무원이 열차무선전화 등으로 관계열차에 지장사유를 통보하는 것을 무선방호라 한다.

라. 무선방호에 의하여 관계열차에 지장사실이 통보된 것을 확인한 경우에는 제1종 방호를 생략한다.

【해설】 무선방호에 의하여 관계열차에 지장사실이 통보된 것을 확인한 경우에는 제2종 방호를 생략한다.

【예제】 무선방호에 의하여 관계열차에 (   )이 통보된 것을 확인한 경우에는 (   )를 생략한다.

【정답】 지장사실, 제2종 방호

나. KORAIL ATC 자동폐색구간

(1) 열차의 전 차량이 승강장을 벗어나지 않았으나 출발경계표지를 지나 정차하였을 경우 (서울메트로에서 처럼 출발신호기를 지난 것과 똑같은 경우에 해당된다) (출발신호기가 없는 경우 표지판으로 경계구역을 표시)
  ① 차장에게 즉시 비상부저 전호를 하여 출입문을 열지 않도록 통보
  ② 관제사의 퇴행승인에 의하여 운전취급

(2) 열차의 전 차량이 승강장을 벗어나지 않고 출발경계표지전방에 정차하였을 경우(신호기에 영향을 주지 않은 상태)
  ① 차장에게 즉시 비상부저 전호를 하여 출입문을 열지 않도록 통보
  ② 차장과 협의하여 퇴행운전 후 관제사에게 사후 통보(정차위치 수정)

예제 열차의 전 차량이 승강장을 벗어나지 않았으나 출발경계표지를 지나 정차하였을 경우

- ( )에게 즉시 ( )를 하여 출입문을 ( ) 통보
- 관제사의 ( )에 의하여 운전취급

정답 차장, 비상부저 전호, 열지 않도록, 퇴행승인

예제 열차의 전 차량이 승강장을 벗어나지 않고 출발경계표지전방에 정차하였을 경우

- ( )에게 즉시 ( )를 하여 출입문을 열지 않도록 통보
- 차장과 협의하여 ( ) 후 ( )에게 사후 통보(정차위치 수정)

정답 차장, 비상부저 전호, 퇴행운전, 관제사,

다. KORAIL ATS 자동폐색구간(ATS구간이므로 지상신호기)

1) 열차의 전 차량이 승강장을 벗어나지 않았으나 출발신호기를 지나 정차하였을 경우
   ① 차장에게 즉시 비상부저 전호를 하여 출입문을 열지 않도록 통보
   ② 관제사의 퇴행승인에 의하여 운전취급

2) 열차의 전 차량이 승강장을 벗어나지 않고 출발신호기 전방에 정차하였을 경우
   ① 차장에게 즉시 비상부저 전호를 하여 출입문을 열지 않도록 통보
   ② 차장과 협의하여 퇴행운전 후 관제사에게 사후 통보
   단, 퇴행운전으로 후방신호기 신호현시에 변화를 주는 경우에는 관제사의 사전승인을 받아야 한다.

예제 열차의 전 차량이 승강장을 벗어나지 않았으나 출발신호기를 지나 정차하였을 경우

- 차장에게 즉시 ( )를 하여 출입문을 ( ) 통보
- 관제사의 ( )에 의하여 운전취급

정답 비상부저 전호, 열지 않도록, 퇴행승인

3) 열차의 전 차량이 승강장을 벗어나지 않고 출발신호기 전방에 정차하였을 경우
    ① 차장에게 즉시 비상부저 전호를 하여 출입문을 열지 않도록 통보
    ② 차장과 협의하여 퇴행운전 후 관제사에게 사후 통보

예제 다음 중 한국철도공사 ATS 구간에서의 열차방호와 가장 거리가 먼 것은?

가. 정지수신호에 의한 방호　　　　　　나. 무선전화기에 의한 방호
다. 방호장치에 의한 방호　　　　　　**라. 후부차 전조등 전멸에 의한 방호**

해설 **한국철도공사 ATS 구간에서의 열차방호**
　　정지수신호에 의한 방호, 무선전화기에 의한 방호, 방호장치에 의한 방호, 열차표지에 의한 방호

예제 다음 중 한국철도공사 ATS 구간에서의 열차방호 종류가 아닌 것은?

가. 정지수신호에 의한 방호　　　　　　나. 열차표지에 의한 방호
다. 방호장치에 의한 방호　　　　　　**라. 제2종 방호**

해설 한국철도공사 ATS 구간에서는 정지수신호, 무선전화기, 방호장치, 열차표지에 의한 방호를 시행할 수
　　있다.

예제 다음 중 한국철도공사 ATS구간에서의 열차방호에 관한 설명으로 틀린 것은?

가. 정지수신호에 의한 방호란 지장지점으로부터 정지수신호를 현시하면서 주행하여 400m 이상의
　　지점에 정지수신호 현시하는 것을 말한다.
나. 지장열차의 기관사가 관제사에게 지장사유를 보고하고, 관제사는 관계열차에 통보한다.
다. 무선전화기에 의한 방호 사유를 확실히 통보하였을 때 정지수신호에 의한 방호를 생략할 수
　　있다.
라. 무선방호 시에 기관사는 통보받은 자의 직, 성명을 기록, 유지한다.

해설 지장열차의 기관사가 관계열차 또는 관계정거장에 열차무선전화기로 지장사유를 통보한다.

예제 다음 중 한국철도공사 ATS 구간에서의 무선전화기에 의한 방호에 관한 설명으로 맞는 것은?

가. 무선방호를 수신한 모든 열차의 기관사는 현재의 위치에서 즉시 정차하여야 한다.

나. 무선방호를 수신한 모든 열차의 기관사는 본인이 승무한 열차가 관계열차인지 주의하여 경청하여야 한다.

다. 모든 열차의 기관사는 현재의 위치에서 즉시 정차하고 방호열차의 위치를 확인 후 주의운전해야 한다.

라. 지장열차의 기관사는 관제사에게 지장사유를 보고하고, 관제사는 관계열차에 통보한다.

해설 가. 무선방호를 수신한 모든 열차의 기관사는 현재의 위치에 정차할 자세로 주의운전한다.
다. 관계열차의 기관사는 현재의 위치에서 즉시 정차하고 방호열차의 위치 확인 후 주의 운전한다.
라. 지장열차의 기관사가 관계열차 또는 관계정거장에 열차무선전화기로 지장사유를 통보한다.

예제 다음 중 열차의 사고 발생 시의 조치사항으로 틀린 것은?

가. 즉시 관계자, 인접역장, 차장에게 보고 및 통보한다.

나. 정거장 내에서는 역장, 기타 장소에서는 사고현장의 장 또는 발견자가 보고한다.

다. 정거장 간에서 정차했을 때에는 열차무선, 휴대용부선전화기, 연선전화기에 의한다.

라. 정거장 간에서 정차 시는 차장 또는 전령자를 인접정거장에 파견한다.

해설 − 전령자는 전령법에 의해 구원열차에 항상 승차하고 있어야 한다.
− 전령자가 아니라 적임자가 맞다.

예제 다음 중 한국철도공사 ATC구간 및 서울교통공사 운행구간에서의 열차방호에 관한 설명으로 틀린 것은?

가. 제1종 방호는 앞 운전실의 전조등을 점등시킨 후 정지 수신호를 현시하면서 달려 지장지점으로부터 200m 이상의 거리에 정지수신호 현시하여야 한다.

나. 제2종 방호는 접근하는 열차가 확인하기 쉬운 지점에 정지수신호를 현시하여야 한다.

다. 터널에서는 뒤 운전실 전조등 명멸로 대신할 수 있다.

라. 무선방호에 의하여 관계열차에 지장사실이 통보된 것을 확인한 경우 제2종 방호는 생략할 수 있다.

해설 제1종 방호는 뒤 운전실의 전조등을 점등시킨다.

예제 다음 중 열차방호에 관한 설명으로 틀린 것은?

가. 한국철도공사 ATS 구간에서는 지장지점으로부터 정지수신호를 현시하면서 주행하여 400m 이상의 지점에 정지수신호 현시

나. 한국철도공사 ATC구간에서 제1종 방호는 뒤 운전실의 전조등을 점등시킨 후 정 지수신호를 현시하면서 달려 지장지점으로부터 200m 이상의 거리에 정지수신호 현시

다. 한국철도공사 ATC구간에서는 지하구간일 경우 전부 운전실 전조등 명멸로 대신 할 수 있다.

라. 무선방호에 의하여 관계열차에 지장사실이 통보된 것을 확인한 경우 제2종 방호가 생략가능하다.

해설 야간 또는 터널 내, 지하구간일 경우에는 후부운전실 전조등 명멸로 대신할 수 있다.

예제 다음 중 열차방호에 관한 설명으로 맞는 것은?

가. 한국철도공사 ATS 구간에서는 지장지점으로부터 정지수신호를 현시하면서 주행하여 200m 이상의 지점에 정지수신호 현시

나. 한국철도공사 ATC 구간 제1종 방호는 뒤 운전실의 전조등을 점등시킨 후 정지 수신호를 현시하면서 달려 지장지점으로부터 400m 이상의 거리에 정지수신호 현시

다. 서울교통공사 운행구간에서 열차운행 중 열차방호의 정지신호 현시를 인지한 기관사는 즉시 정차한다.

라. 정지신호의 현시지점 바깥쪽에서 정차할 수 있을 때에는 가능한 신속히 정차한다. (서울교통공사 운행구간)

해설 가. ATS 구간에서는 400m 이상
나. ATC 구간 제1종 방호는 지장지점으로부터 200m 이상 거리에 정지수신호 현시한다.
다. 정지신호 현시지점의 바깥쪽 50m 거리에 정차

예제 다음 중 열차를 운전하는 승무원이 운전상 위험하다고 인정되는 운전보안장치의 고장을 감지하였을 때 조치사항으로 틀린 것은?

가. 차내신호 폐색식 시행구간에서는 필요 시에 궤도회로를 단락한다.

나. 최근역장에게 요지를 통보한다.

다. 즉시 정차한다.

라. 즉시 제2종 방호를 시행한다.

해설 즉시 제1종방호를 시행한다.

7) 기관사가 운전실 이석 시의 조치사항

- 기관사는 응급조치를 위해 운전실을 떠날 경우에는
- 역장 또는 관계자에게 (차장에게도) 사유를 보고해야 하며
- 차량의 구름방지(자동체결, 수제동기 또는 주차제동을 체결, 구배 정도에 따라 수용바퀴 구름막이 설치) 후,
- 주간제어기 Key를 휴대하여야 한다. (BC핸들까지는 휴대하지 않더라도)

※ 수용바퀴구름막이(Portable Wheel Stopper): 유치된 차량의 구름을 막기 위해 레일과 유치차량의 차륜 사이에 설치하는 나무토막기구

예제 열차 운행 중 철도사고, 차량고장 등 기타의 사유로 정차하여 기관사가 (   ) 에는 (   ) 또는 (   )을 체결하고, 전동차가 굴러가지 않도록 (   )를 한 후 (   )를 휴대하여야 한다.

정답 운전실을 떠날 때, 수제동기, 주차제동, 구름방지 조치, 주간제어기 key

예제 다음 중 열차운행 중 철도사고 등으로 운전실을 떠날 때 기관사의 조치사항으로 틀린 것은?
가. 주차제동   나. PanDS 취급
다. MC Key를 취거   라. 제동제어기 핸들을 취거한다.

해설 열차 운행 중 철도사고, 차량고장 등 기타의 사유로 정차하여 기관사가 운전실을 떠날 때에는 수제동기 또는 주차제동을 체결하고, 전동차가 굴러가지 않도록 구름방지조치를 한 후 주간제어기 Key취거 휴대 및 제동핸들을 취거하여야 한다.

8) 전동차의 전부 운전실이 고장인 경우의 조치

(1) 전동차의 전부 운전실에 고장발생으로 전부 운전실에서 운전할 수 없을 경우 후부 운전실에서 열차를 25km/h 이하의 속도로 최근정거장까지 운전할 수 있다(추진운전, 밀기운전).

※ 25km/h 이하의 속도로 운전해야 하는 경우: 차량고장, 전령법, 선로전환기 통과, 후진, 밀기운전

예제 25km/h 이하의 속도로 운전해야 하는 경우는 (　　　), (　　　), (　　　　　), (　　), (　　　　)할 때이다.

정답 차량고장, 전령법, 선로전환기 통과, 후진, 밀기운전

예제 전동차의 전부 운전실에 고장발생으로 전부 운전실에서 운전할 수 없을 경우 (　　　　　)에서 열차를 (　　　　　　　)로 (　　　　)까지 운전할 수 있다.

정답 후부 운전실, 25km/h 이하의 속도, 최근 정거장

(2) 관제사는 그 열차의 전방 진로에 진행을 지시하는 신호를 현시하는 등 가급적 열차운행에 지장이 없도록 하여야 한다.(기관사는 전방을 제대로 볼 수 없으므로)

(3) 차장은 최전부 운전실에 승차하여 전방의 신호 및 진로를 확인하여 기관사에게 통보하고 위급시에는 열차를 비상정차시켜야 한다.
다만, 차장의 승무를 생략한 전동열차의 경우에는 예외로 하며, 이 경우 기관사는 관제사에 보고하고 합병운전 등의 조치를 취하여야 한다.

(4) 기관사는 수시로 차장과 운전정보를 교환하여야 한다. 앞, 뒤 운전실의 전호는 방송에 의함을 원칙으로 하되 방송전호가 곤란한 경우에는 부저전호에 의한다.

예제 다음 중 전동차의 전부운전실이 고장인 경우의 조치에 관한 설명으로 틀린 것은?

가. 후부운전실에서 25km/h 이하로 최근정거장까지 운전할 수 있다.

나. 관제사는 그 열차의 전방 진로에 진행을 지시하는 신호를 현시하여 운행에 지장이 없도록 하여야 한다.

다. 차장은 최전부운전실에 승차하여 전방의 신호 및 진로를 확인하여 부저전호로 관제사에게 통보하고, 위급 시에는 열차를 비상정차 시켜야 한다.

라. 차장의 승무를 생략한 전동열차는 관제사에 보고하고 합병운전 등의 조치에 의하여야 한다.

해설 차장은 최전부 운전실에 승차하여 전방의 신호 및 진로를 확인하여 기관사에게 통보하고 위급시에는 열차를 비상정차시켜야 한다.

예제 다음 중 열차사고 등으로 정차하여 기관사가 운전실을 이석할 경우 조치사항으로 틀린 것은?

가. 수제동기를 체결한다.

나. 제동제어기(BC) 핸들을 취거한다.

다. MC Key를 취거 후 휴대한다.

라. 전동차가 굴러가지 않도록 주차제동을 체결한다.

해설 운전실을 이석할 경우 수제동기 또는 주차제동을 체결하고, 전동차가 굴러가지 않도록 구름방지조치를 한 후 주간제어기 key 및 제동핸들을 취거한다.

예제 다음 중 전동차의 전부운전실이 고장인 경우 조치사항으로 틀린 것은?

가. 후부 운전실에서 25km/h 이하의 속도로 최근정거장까지 운전할 수 있다.

나. 관제사는 그 열차의 전방 진로에 진행을 지시하는 신호를 현시하는 등 가급적 열차운행에 지장이 없도록 하여야 한다.

다. 차장은 후부 운전실에 승차하여 기관사와 전방의 신호 및 진로를 유도한다.

라. 승무원 간 전호는 방송에 의함을 원칙으로 하되 방송전호가 곤란한 경우 부저전호에 의한다.

해설 차장은 최전부 운전실에 승차하여 전방의 신호 및 진로를 확인한다.

예제 다음 중 전동차의 전부운전실이 고장인 경우 관계자의 조치사항으로 틀린 것은?

가. 후부운전실에서 열차를 25km/h 이하의 속도로 최근정거장까지 주의운전할 수 있다.

나. 관제사는 가급적 추진하는 열차의 전방진로에 지장이 없도록 하여야 한다.

다. 차장은 최전부 운전실에 승차하여 신호 및 진로를 확인하여 기관사에게 통보하여야 한다.

라. 승무원 간 소통은 전호로 하는 것을 원칙으로 한다.

해설 승무원 간 전호는 방송으로 하는 것을 원칙으로 한다. 다만 방송전호가 곤란한 경우 부저전호에 의한다.

9) 승무원에 대한 폐색방식 변경 통보

– 관제사 또는 역장은 운전할 구간의 폐색방식을 변경할 사유가 발생하였을 때는(상용폐색 → 대용폐색으로 변경, 대용폐색 → 상용으로 다시 변경할 때)

– 대용폐색방식 또는 폐색준용법을 시행하는 구간을 운전할 열차의

– 기관사 및 차장에게 시행구간(어느 역에서 어느 역까지), 시행방식(대용폐색 중 통신 또는 지령식을 사용한다 등), 시행사유 등을 통고하여야 한다.

– 대용폐색방식 또는 폐색준용법 시행을 폐지하였을 때는 통고를 받은 기관사 및 차장에게 폐지구간 통고하여야 한다.

[도시철도차량운전규칙(서울교통공사)]

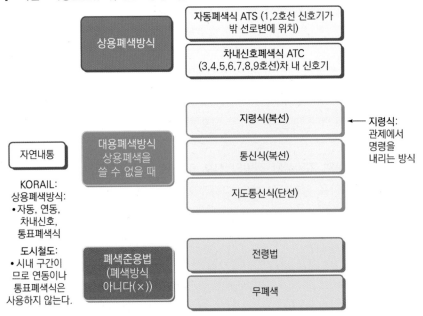

[철도차량운전규칙(KORAIL)]

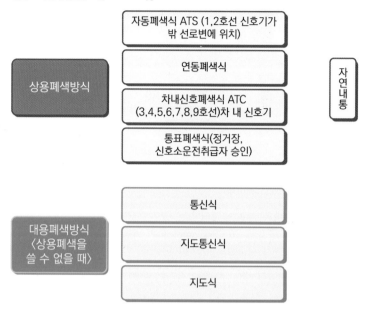

10) 폐색신호기 정지신호일 경우의 운전 취급(정지신호 2개: R1, R0)

1. 신호기 바깥 쪽에 일단 정차한다.

2. 폐색신호기 R1을 넘어서 운전할 경우 15km/h 이하로 운전한다. 다만, 관제사의 승인이
   있을 경우 특수스위치(특수스위치, ASOS)를 취급 후 45km/h(그렇지만 최초 열차는
   25km/h(퇴행운전, 되돌이 운전 등에 해당하는 속도)로 온다) 이하로 운전한다. (15KS
   스위치 취급: "띵동!띵동!"경보음이 계속나온다)

예제 폐색신호기 R1 을 넘어서 운전할 경우 (   )로 운전한다. 다만, 관제사의 승인
이 있을 경우 (   )를 취급 후 (   )로 운전한다.

정답 15km/h 이하, 특수스위치(특수스위치, ASOS), 45km/h 이하

3. 폐색신호기 R0를 넘어서 운전할 경우(앞에 차가 있을 지 모르는 상황)
   관제사의 승인에 따라 특수스위치를 취급한 후 45km/h(최초 열차 25km/h)로 운전한
   다. (특수스위치, ASOS: 경보음이 나지 않는다)

[허용정지(R1)와 절대정지(R0)]

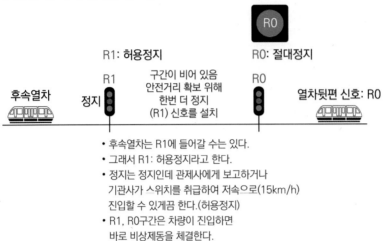

R1: 허용정지 R0: 절대정지

후속열차 정지 R1 구간이 비어 있음 안전거리 확보 위해 한번 더 정지 (R1) 신호를 설치 R0 열차뒷편 신호: R0

- 후속열차는 R1에 들어갈 수는 있다.
- 그래서 R1: 허용정지라고 한다.
- 정지는 정지인데 관제사에게 보고하거나 기관사가 스위치를 취급하여 저속으로(15km/h) 진입할 수 있게끔 한다.(허용정지)
- R1, R0구간은 차량이 진입하면 바로 비상제동을 체결한다.

[ATS신호와 속도곡선]

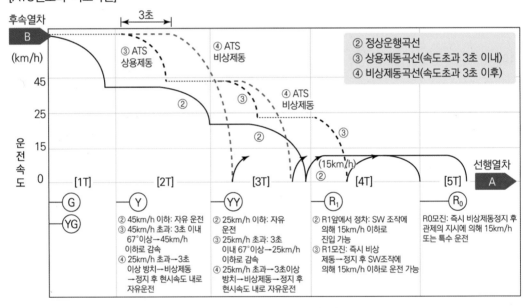

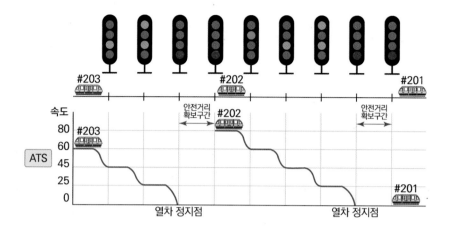

예제 다음 중 열차를 운전 중인 승무원이 운전상 위험하다고 인정되는 운전보안장치의 고장을 감지하였을 때 조치사항으로 틀린 것은?

가. 즉시 정차한다.

나. 신속히 제2종 방호를 시행한다.

다. 최근역장에게 요지를 통보한다.

라. 차내신호 폐색식을 시행구간에서는 필요시에 궤도회로를 단락한다.

해설 제1종 방호

예제 다음 중 신호기 고장 등으로 폐색방식을 변경할 때 기관사에게 통보해야 할 사항이 아닌 것은?

가. 시행구간   나. 시행방식

다. 시행사유   **라. 시행기간**

해설 관제사 또는 역장은 운전할 구간의 폐색방식을 변경할 사유가 발생하였을 때에는 대용폐색방식 또는 폐색준용법을 시행하는 구간을 운전할 열차의 기관사 및 차장에게 시행구간, 시행방식, 시행사유 등을 통고하여야 한다.

대용폐색방식 또는 폐색준용법 시행을 폐지하였을 때는 통고를 받은 기관사 및 차장에게 폐지구간을 통고하여야 한다.

바. 차량 및 선로의 고장

(1) 차량고장인 경우의 조치

가) 열차운전 중 정거장 외에서 고장 등으로 인해 응급조치를 하였음에도 불구하고 운전을 계속함이 곤란하다고 인정하였을 때에는 관제사에게 통보하고 구원열차를 요구하여야 (구원열차 요청 시는 2종방호를 한다) 한다.

나) 응급조치를 한에 있어 무동력 또는 기타 등으로 굴러갈 우려가 있을 때에는 수제동기 또는 주차제동 체결 및 수용바퀴구름막이(바퀴굄목)등에 의하여 차량의 구름을 방지하여야 한다.

(2) 선로장애 우려 개소의 운전

– 기관사 및 차장은 선로장애 우려가 있는 개소를 운전할 때는 특히 선로 및 열차의 상태에 주의하여 운전하여야 한다.

(3) 선로 기타의 고장을 발견하였을 경우 승무원 등의 조치

– 열차를 운전 중인 기관사 또는 차장이 선로 또는 운전보안장치의 고장을 감지하였거나 인접선로에 고장을 발견하였을 때는 다음 각호에 의하여 조치하여야 한다.

가) 운전상 위험하다고 인정할 때에는 즉시 열차를 정지시키고, 제1종 방호를 한 후 최근 역장 또는 관제사에게 그 요지를 통보하여야 한다. (조급 덜 위험하다면 2종 방호) 자동폐색식 또는 차내신호폐색식을 시행하는 구간으로서 궤도회로를 단락할 필요가 있을 때에는 궤도회로를 단락하여야 한다. (단락용 동선으로)

나) 이외의 경우에는 열차무선으로 관제사 또는 최근역장에게 그 요지를 통보하여야 한다. 다만, 통보를 받은 기관사는 신속히 조치할 수 있도록 즉시 관제처에 통보하여야 한다.

사. 폐색의 사고

(1) 운전허가증 무휴대인 경우의 조치

가) 지도통신식 (단선운전 시) 또는 전령법을 시행하는 폐색구간에서 정당한 운전허가증을 휴대하지 않았거나 또는 전령자가 승차하지 않은 것을 발견한 기관사는 즉시 열차를 정차시키고 차장에게 그 사유를 통고하여야 한다. (위험한 상황이므로 1종 방호)

나) 제 1항에 의하여 정차하였을 때는 기관사 및 차장은 즉시 전후 양방향에 제1종 방호를

한 후 관제사 또는 최근정거장 역장에게 사유를 통고하여 그 지시를 받아야 한다.

다) 무선전화기 고장 등으로 제2항의 지시를 받을 수 없을 경우 기관사는 기적을 여러 번 울리면서 15km/h 이하의 속도로 운전할 수 있다.

예제 폐색구간에서 정당한 운전허가증을 (   ) 또는 전령자가 승차하지 않은 것을 발견한 기관사는 즉시 (   )시키고 기관사 및 차장은 즉시 (   )에 (   )를 실시한다.

정답 휴대하지 않았거나, 열차를 정차, 전후 양방향, 제1종 방호

예제 무선전화기 고장 등으로 지시(제 1종 방호를 한 후 관제사 또는 최근 정거장 역장에게 사유를 통고)를 받을 수 없을 경우 기관사는 (   )을 여러 번 울리면서 (   )의 속도로 운전할 수 있다.

정답 기적, 15km/h 이하

[도시철도차량운전규칙(서울교통공사)]

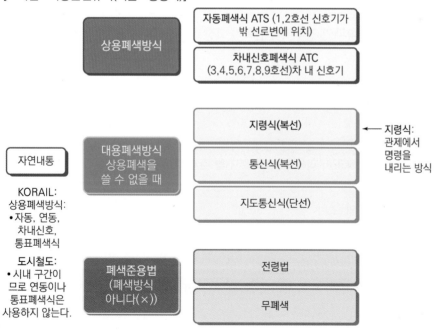

예제 다음 중 운전허가증 무휴대인 경우 기관사의 조치사항으로 맞는 것은?

가. 속히 정차하고 후방역장에게 사유를 통고하여야 한다.

나. 즉시 전후 양방향에 제2종 방호를 시행한다.

다. 무선전화기 고장 등으로 지시를 받을 수 없을 경우 기관사는 짧은 기적을 여러 번 울리면서 15km 이하의 속도로 운전할 수 있다.

라. 무선전화기 고장 등으로 지시를 받을 수 없을 경우 기관사는 짧은 기적을 여러 번 울리면서 25km 이하의 속도로 운전할 수 있다.

해설 가. 최근 정거장 역장 나. 제1종 방호 라. 15km 이하

예제 다음 중 운전허가증 무휴대인 경우 기관사 및 차장이 해야 할 열차방호로 맞는 것은?

가. 1종 방호   나. 2종 방호

다. 3종 방호   라. 무선방호

해설 무휴대인 경우 즉시 정차하여 차장에게 사유를 통고하고 기관사 및 차장은 전후 양방향에 제1종 방호를 한 후 관제사 및 최근 정거장 역장에게 사유를 통고하여 지시를 받는다.

예제 다음 중 운전허가증 무휴대인 경우 무선전화기 고장으로 지시를 받을 수 없는 경우 운전속도는?

가. 5km/h   **나. 15km/h**

다. 25km/h   라. 45km/h

해설 무선전화기 고장 등으로 관제사 또는 최근 정거장 역장의 지시를 받을 수 없을 경우 기관사는 짧은 기적을 여러 번 울리면서 15km/h 이하의 속도로 운전할 수 있다.

(2) 운전허가증을 분실한 경우의 조치

가) 정당한 지도표 또는 지도권을 정거장 외에서 분실하였을 때에는 자음 각호에 의하여야 한다.

　① 지도표의 경우에는 열차를 정차시키고 이를 수색할 것.

　　다만, 발견이 용이하지 않을 때는 그대로 운전할 것

② 지도권의 경우에는 그대로 운전할 것(지도권: 지도표를 근간으로 해서 51번부터 번호를 부여해서 발행하는 것)(같은 방향으로 여러 대의 열차가 갈 때 앞에 있는 열차가 가져가는 것은 지도권(하얀색), 맨 마지막 차가 가지고 가는 것이 지도표(빨간색))

나) 전항의 경우 기관사는 전방 최근정거장 역장 또는 관제사에게 그 사유와 분실지점을 통보하여야 한다.

[지도표 및 지도권]

예제 다음 중 폐색신호기 정지일 경우의 운전취급으로 틀린 것은?

가. 신호기 바깥 쪽에 일단 정차한다.

나. 폐색신호기 R1을 넘어서 운전할 경우 15m/h 이하의 속도로 운전하여야 한다.

다. 폐색신호기 R0을 넘어서 운전할 경우 25m/h 이하의 속도로 운전하여야 한다(최초열차)

라. R1구간이나 R0구간을 운전하려면 관제사의 승인이 있어야 한다.

해설 － R1구간은 통보만 해주면 된다.

　　　　－ R1구간은 관제사의 승인이 필요 없다.

[허용정지(R1)와 절대정지(R0)]

R0: 절대정지

R1: 허용정지

후속열차 정지 R1 구간이 비어 있음 안전거리 확보 위해 한번 더 정지 (R1) 신호를 설치 R0 열차뒷편 신호: R0

- 후속열차는 R1에 들어갈 수는 있다.
- 그래서 R1: 허용정지라고 한다.
- 정지는 정지인데 관제사에게 보고하거나 기관사가 스위치를 취급하여 저속으로(15km/h) 진입할 수 있게끔 한다.(허용정지)
- R1, R0구간은 차량이 진입하면 바로 비상제동을 체결한다.

예제 다음 중 폐색의 사고에 관한 설명으로 틀린 것은? (폐색사고: 분실 또는 휴대하지 않았거나 하는 경우)

가. 운전허가증을 무휴대하거나 분실한 경우를 말한다.

나. 운전허가증 휴대 무휴대의 경우는 열차 후부에 1종 방어를 한다.

다. 열차무선전화기 고장 등으로 관제사 지시를 받을 수 없을 때는 짧은 기적을 여러 번 울리면서 15km/h 이하의 속도로 운전할 수 있다.

라. 지도권을 분실했을 때는 그대로 운전한다.

해설 열차 전부에 해야한다. 지도통신식이나 전령법은 단선구간이므로 맞은 편에서 올 수도 있으므로 전후 양방향에 1종 방어를 한다.
라. 지도권을 분실했을 때는 그대로 운전한다. 참고로 지도표의 경우에는 열차를 정차시키고 이를 수색할 것. 다만, 지도표 발견이 용이하지 않을 때는 그대로 운전할 것

예제 다음 중 정거장 외에서 운전허가증을 분실하였을 경우 승무원의 조치사항으로 틀린 것은?

가. 지도권을 분실한 경우 정차 후 수색한다.

나. 지도표를 분실한 경우 정차 후 수색한다.

다. 지도표를 분실한 경우에는 관제사에게 분실 사유 및 지점을 통보하여야 한다.

라. 지도권을 무휴대하거나 분실한 경우 전후 양방향에 1종 방어를 한다.

해설 '지도권을 분실한 경우 그대로 운전할 것'이 맞다.

예제 다음 중 서울교통공사 4호선 운행구간에서 전령법 시행 시 전령자가 승차하지 않은 것을 발견한 승무원의 조치사항으로 틀린 것은?

가. 즉시 정차하고 전후 양방향에 제1종 방호를 한다.

나. 차장에게 사유를 통고하여야 한다.

다. 열차방호를 한 후에 관제사 또는 인근역장에게 사유를 통고하여 지시를 받는다.

라. 무선전화기 고장 등으로 지시를 받을 수 없는 경우 짧은 기적을 여러 번 울리면서 25km/h 이하의 속도로 운전할 수 있다.

해설 무선전화기 고장 등으로 지시를 받을 수 없는 경우 짧은 기적을 여러 번 울리면서 15km/h 이하의 속도로 운전할 수 있다.

제3장

철도사고의 구분

가. 철도사고의 특성

열차는 중량있는 차량과 속도와의 함수관계에 의하여 제동거리 변화가 심하고 복잡하여 도로교통 사고와는 다른 특이한 성질을 가지고 있다.

① 신속한 정지가 곤란하다. 즉 제동거리가 길다.

② 운전 중 연결된 차량 간에 복잡한 운동으로 분리될 우려가 있다.

③ 사고의 규모와 피해가 크다.

④ 병발사고의 위험이 크다.

⑤ 사고발생시 관련되는 사람이 많다.

⑥ 관계되는 열차에 대한 영향이 크다.

예제 철도사고의 특성은 다음과 같다.

　　1. 제동거리가 (　　　　　).
　　2. 운전 중 연결된 차량 간에 분리될 (　　　　).
　　3. 사고의 규모와 피해가 (　　　　).
　　4. 병발사고의 위험이 (　　　　).
　　5. 사고발생시 관련되는 사람이 (　　　　).
　　6. 관계되는 열차에 대한 영향이 (　　　　).

예제 다음 중 철도사고의 특성에 관한 설명으로 틀린 것은?

가. 열차는 중량 있는 차량과 속도간의 함수관계에 의하여 제동거리의 변화가 심하다.

나. 신속한 정지가 곤란하여 제동거리가 길다.

다. 차량안전루프로 인해 운전 중 연결된 차량 간에 분리될 우려는 적다.

라. 사고 발생 시 관련되는 사람이 많다.

해설 운전 중 연결된 차량 간에 분리될 우려가 있다.

예제 다음 중 철도사고의 특성으로 맞는 것은?

가. 신속한 정지로 제동거리가 짧다.

나. 사고의 규모와 피해가 적은 편이다.

다. 병발사고의 위험이 적다.

라. 사고발생 시 관련되는 사람이 많다.

해설 제동거리가 길고, 사고의 규모가 크며 병발사고 위험이 크다.

예제 다음 중 철도사고의 특성으로 틀린 것은?

가. 신속한 정지가 곤란하여 제동거리가 길다.

나. 사고의 규모와 피해가 크다.

다. 병발사고의 위험이 적다.

라. 사고발생 시 관련되는 사람이 많다.

해설 병발사고의 위험이 크다.

나. 철도사고 등의 보고에 관한 지침 제정 목적

열차운용 및 철도작업 현장에서 각종 사고(재해) 발생 시 신속하게 수습처리할 수 있도록 필요한 사항을 정하여 열차정상운행을 기하는 데 목적을 둔다.

[철도교통사고와 철도안전사고의 종류]

철도교통사고	철도안전사고
1. 열차사고 　① 열차충돌사고 　② 열차탈선사고 　③ 열차화재사고 　④ 기타열차사고 2. 건널목 사고 3. 철도교통 사상사고 　① 여객교통사상사고 　② 공중교통사상사고 　③ 직원교통사상사고	1. 철도화재사고 2. 철도시설파손사고 3. 철도안전사상사고 　① 여객안전사상사고 　② 공중안전사상사고 　③ 직원안전사상사고 4. 기타 철도안전사고

다. 용어의 정의

1. "철도사고"라 함은 철도운영 또는 철도시설관리와 관련하여 사람이 죽거나 다치거나 물건이 파손되는 사고를 말하며 철도교통사고 및 철도안전사고로 구분된다.

　예제 "철도사고"라 함은 철도운영 또는 철도시설관리와 관련하여 사람이 (　　　　　　　　)
　　　 물건이 (　　　　) 사고를 말하며 (　　　　　　) 및 (　　　　　　)로 구분된다.

　정답 죽거나 다치거나, 파손되는, 철도교통사고, 철도안전사고

2. "수습"이라함은 철도사고 발생시 신속한 보고와 복구, 대내,외 협조체계를 구축하여 열차운행을 정상화시키기 위하여 취해지는 조직적인 조치과정을 말한다.

　예제 "수습"이라함은 철도사고 발생시 신속한 (　　　　　　　), (　　　　　　　　)를 구축하여
　　　 열차운행을 (　　　　　)시키기 위하여 취해지는 조직적인 조치과정을 말한다.

　정답 보고와 복구, 대내,외 협조체계, 정상화

3. "철도교통사고"라 함은 열차 또는 철도차량의 운행으로 발생된 사고로서 열차사고, 건널목 사고, 철도교통 사상사고로 구분한다.

예제 "철도교통사고"라 함은 열차 또는 철도차량의 운행으로 발생된 사고로서 (   ), (   ), (   )로 구분한다.

정답 열차사고, 건널목 사고, 철도교통 사상사고

4. "철도안전사고"라 함은 열차 또는 철도차량의 운행과 관련없이 철도운영 및 철도시설관리와 관련하여 사고로서 사람이 죽거나 다치거나 물건이 파손되는 사고를 말하며 다음과 같이 분류된다.

예제 "철도안전사고"라 함은 열차 또는 철도차량의 (   ) (   ) 및 (   )와 관련하여 사고로서 사람이 죽거나 다치거나 물건이 파손되는 사고를 말하며 다음과 같이 분류된다.

정답 운행과 관련없이, 철도운영, 철도시설관리

(1) 철도화재사고

철도역사, 기계실 등 철도시설 또는 철도차량에서 화재가 발생하여 물적 또는 인적 피해가 발생된 사고를 말한다.

[철도화재사고]

서울메트로 '2호선 화재사고' – 서울일보

지하철 7호선 방화 사건 중부일보

(2) 철도시설 파손사고

철도교량, 터널, 선로 또는 신호 및 전기설비 들 철도시설이 손괴되어 물적 또는 인적 피해가 발생된 경우를 말한다.

(3) 철도안전사상사고

철도화재, 철도시설파손사고를 동반하지 않고 대합실, 승강장, 선로, 작어버장 등 철도시설에서 추락, 감전, 충격 등으로 여객, 공중, 직원의 사상이 발생한 사고를 말한다.

(4) 기타 철도안전사고

위 각목에 해당하지 않은 사고

5. "운행장애"라 함은 철도차량의 운행에 지장을 초래하는 것으로서 철도사고에 해당되지 않는 것을 말하며 위험사건 및 지연운행으로 구분한다.

> **예제** "운행장애"라 함은 철도차량의 운행에 (   )하는 것으로서 철도(   )에 해당되지 (   )을 말하며 (   ) 및 (   )으로 구분한다.

> **정답** 지장을 초래, 사고, 않는 것, 위험사건, 지연운행

6. '관리장애'라 함은 운행장애의 범주에 해당되지 않는 것으로 안전확보를 위해 관리가 필요한 장애를 말한다.

> **예제** '관리장애'라 함은 (   )의 범주에 (   )으로 안전확보를 위해 관리가 필요한 장애를 말한다.

> **정답** 운행장애, 해당되지 않는 것

7. "재난"이라 함은 폭풍, 폭우, 호우, 폭설, 홍수, 지진, 낙뢰 등 자연현상 또는 대규모 화재, 폭발 등으로 철도시설 또는 철도차량에 피해가 발생한 경우를 말한다.

예제 "재난"이라 함은 폭풍, 폭우, 호우, 폭설, 홍수, 지진, 낙뢰 등 (   ) 또는 (   ), (   ) 등으로 (   ) 또는 (   )에 (   )가 발생한 경우를 말한다.

정답 자연현상, 대규모 화재, 폭발, 철도시설, 철도차량, 피해

8. "사망자"라 함는 현장사망자 및 부상 후 그 부상에 기인하여 30일 이내에 사망한 자를 말한다.

예제 "사망자"라 함는 현장사망자 및 부상 후 그 (   )에 기인하여 (   )자를 말한다.

정답 부상, 30일 이내에 사망한

9. "부상자"라 함는 24시간 치료를 요하는 상해를 입은 자를 말하며. 이때 부상자 중 "중상자"라 함은 3주일 이상의 입원치료를 요하는 상해를 입은 자와 신체활동 부분을 상실하거나 혹은 그 기능을 영구적으로 상실한 자이다.

예제 "부상자"라 함는 (   )를 요하는 상해를 입은 자를 말하며. 이때 부상자 중 "(   )"라 함은 (   )의 입원치료를 요하는 상해를 입은 자와 신체활동 부분을 상실하거나 혹은 그 기능을 영구적으로 상실한 자이다.

정답 24시간 치료, 중상자, 3주일 이상

10. "작업원"이라 함은 공사의 운영 및 철도시설관리와 관련하여 공사와 계약에 의해 업무를 수행하는 업체 직원을 말한다.

예제 "작업원"이라 함은 공사의 (   ) 및 (   )와 관련하여 (   )와 (   )에 의해 업무를 수행하는 (   )을 말한다.

정답 운영, 철도시설관리, 공사, 계약, 업체 직원

11. "가해자"란 철도사고 등을 유발한 사람 또는 기관 중 공사직원이 아닌 경우를 말한다.

예제 "가해자"란 철도사고 등을 (   ) 또는 기관 중 (   )이 (   ) 경우를 말한다.

정답 유발한 사람, 공사직원, 아닌

12. "철도사고 등"이란 철도운영 또는 철도시설 관리와 관련하여 사람이 죽거나 다치거나 물건이 파손되는 사고를 말하는 '철도사고'와 철도차량의 운행에 지장을 초래한 것으로서 철도사고에 해당되지 않는 '운행장애'를 말한다.

예제 "철도사고 등"이란 철도운영 또는 철도시설 관리와 관련하여 사람이 죽거나 다치거나 물건이 파손되는 사고를 말하는 '(   )'와 철도차량의 운행에 (   ) 철도사고에 (   ) '(   )'를 말한다.

정답 철도사고, 지장을 초래한 것으로써, 해당되지 않는, 운행장애

예제 다음 중 용어의 정의로 틀린 것은?
가. "작업원"이라 함은 공사의 운영 및 철도시설관리와 관련하여 공사와 계약에 의해 업무를 수행하는 업체 직원을 말한다.
나. "가해자"란 철도사고 등을 유발한 사람 (공사직원 포함) 또는 기관을 말한다.
다. "사망자"라 함은 사고로 즉시 사망하거나 30일 이내에 사망한 사람을 말한다.
라. "부상자"라 함은 24시간 이상 입원치료를 한 사람을 말한다.

해설 나. 공사직원은 가해자에 포함되지 않는다.

예제 다음 중 철도사고 용어에 관한 설명으로 틀린 것은?
가. 철도사고는 철도교통사고 및 철도안전사고가 있다.
나. 철도교통사고는 열차사고, 철도교통 사상사고로 구분한다.
다. "철도안전사고"는 열차 또는 철도차량의 운행과 관련 없이 철도운영 및 철도시설관리와 관련하여 인명의 사상이나 물건의 손괴가 발생된 사고를 말한다.

라. 운행장애는 철도사고에 해당하지 않은 것으로 철도사고로 발전될 잠재적 가능성이 높고 열차 운행이 지연된 경우를 말한다.

해설 철도교통사고는 열차사고, 건널목사고, 철도교통 사상사고로 구분한다.

예제 다음 중 철도사고 용어의 정의로 틀린 것은?

가. "운행장애"라 함은 철도사고에 해당되지 않은 것으로 철도사고로 발전될 잠재적 가능성의 높고 열차운행이 지연된 경우를 말한다.

나. "관리장애"라 함은 운행장애의 범주에 해당되지 않은 것으로 안전 확보를 위해 관리가 필요한 장애를 말한다.

다. "재난"이라 함은 폭풍, 폭우, 호우, 폭설, 홍수, 지진, 낙뢰 등 자연현상 또는 대규모 화재·폭발 등으로 철도시설 또는 철도차량에 피해가 발생한 경우를 말한다.

라. "사망자"라 함은 현장사망자 및 부상 후 그 부상에 기인하여 72시간 이내 사망한 자를

해설 "사망자"라 함은 사고로 즉시 사망하거나 30일 이내에 사망한 사람을 말한다.

예제 다음 중 철도사고 용어의 정의로 틀린 것은?

가. 운행장애는 철도사고에 해당하지 않은 것으로 철도사고로 발전될 잠재적 가능성이 높고 열차 운행이 지연된 경우를 말한다.

나. "재난"이라 함은 폭풍, 폭우, 호우, 폭설, 홍수, 지진, 낙뢰 등 자연현상 또는 대규모 화재·폭발 등으로 철도시설 또는 철도차량에 피해가 발생한 경우를 말한다.

다. "사망자"라 함은 사고로 즉시 사망하거나 30일 이내에 사망한 사람을 말한다.

라. "관리장애"라 함은 운행장애의 범주에 해당되는 것으로 안전 확보를 위해 관리가 필요한 장애를 말한다.

해설 "관리장애"라 함은 운행장애의 범주에 해당되지 않은 것으로 안전 확보를 위해 관리가 필요한 장애를 말한다.

라. 철도교통사고의 종류(열차사고, 건널목사고, 철도교통사상사고) (열건철)

["철도교통사고"의 분류] (열건철)

① 열차사고: 열차충돌사고, 열차탈선사고, 열차화재사고, 기타 열차사고(충선화)
② 건널목사고
③ 철도교통사상사고: 여객교통사상사고, 공중교통사상사고, 직원교통사상사고(여공직)

예제 철도교통사고의 종류에는 (   ), (   ), (   )가 있다.

정답 열차사고, 건널목사고, 철도교통사상사고

1) 열차사고(열차충돌, 탈선, 화재)(충선화)

예제 열차사고에는 (   ),(   ),(   ),(   )가 있다.

정답 열차충돌사고, 열차탈선사고, 열차화재사고, 기타열차사고

(1) **열차충돌사고**: 열차가 다른 열차(철도차량) 또는 장애물과 충돌하거나 접촉한 사고

[열차충돌사고]

경의중앙선 원덕~양평역서 열차 충돌
1명 사망, 6명 부상 – 조선일보

부산역 KTX 열차 충돌사고
국토일보(http://www.ikld.kr)

(2) **열차탈선사고**: 열차를 구성하는 철도차량의 차륜이 궤도를 이탈하여 탈선한 사고

[KTX 강릉선 열차탈선사고]

KTX열차 탈선사고 직전 코레일 직원들 선로서
작업 - 헤드라인제주

엉뚱한 케이블 꽂혀 있었다. 'KTX 강릉선 탈선'
이번에도 허망한 인재 - 동아닷컴

(3) **열차화재사고**: 열차에서 화재가 발생하여 사상자가 발생하거나 열차의 운행을 중지한 사고 (그냥 화재만 발생? 열차사고 아님)

예제 다음 중 철도사고에 관한 설명으로 틀린 것은?

가. "사망자"라 함은 사고로 인하여 30시간 이내 사망한 자를 말한다.
나. "열차충돌사고"라 함은 열차가 장애물과 접촉한 사고를 포함한다.
다. "부상자"라 함은 24시간 이상 입원치료를 한 사람을 말한다.
라. "열차화재사고"라 함은 운행 중인 열차에서 화재가 발생한 경우를 말한다.

해설 열차화재사고는 열차에서 화재가 발생하여 사상자가 발생하거나 열차의 운행을 중지한 사고이다.

(4) **기타 열차사고**: 열차에서 위해물품이 누출되거나 폭발하는 등으로 사상자 또는 재산피해가 발생한 사고

[열차화재사고]

잠실새내역 사고로 낡은 지하철 한계 노출, 해법은?
공감언론 뉴시스통신사

부신 대티역쾅'소리 후 연기 자욱
지하 50M 필사의 탈출 – 국제신문

예제 다음 중 철도교통사고로 분류되지 않는 사고는?

가. 열차탈선사고 　　　　　　　　　나. 여객교통사상사고

다. 건널목사고 　　　　　　　　　　**라. 철도화재사고**

해설 열차화재사고는 철도교통사고에 해당되나 철도화재사고는 철도안전사고의 종류에 해당된다.
　　　["철도교통사고"의 분류] (열건철)
　　　　① 열차사고: 열차충돌사고, 열차탈선사고, 열차화재사고, 기타 열차사고(충선화)
　　　　② 건널목사고
　　　　③ 철도교통사상사고: 여객교통사상사고, 공중교통사상사고, 직원교통사상사고(여공직)

예제 다음 중 열차사고의 종류에 해당하지 않는 것은?

가. 열차충돌사고 　　　　　　　　　나. 열차탈선사고

다. 열차화재사고 　　　　　　　　　**라. 열차직원사상사고**

해설 ["철도교통사고"의 분류] (열건철)
　　　　① 열차사고: 열차충돌사고, 열차탈선사고, 열차화재사고, 기타 열차사고(충선화)
　　　　② 건널목사고
　　　　③ 철도교통사상사고: 여객교통사상사고, 공중교통사상사고, 직원교통사상사고(여공직)

예제 다음 중 열차사고의 종류에 관한 설명으로 틀린 것은?

가. 열차충돌사고: 열차가 다른 열차 또는 장애물과 충돌하거나 접촉한 사고

나. 열차탈선사고: 열차를 구성하는 철도차량의 차륜이 궤도를 이탈하여 탈선한 사고

다. 열차화재사고: 열차에서 화재가 발생하여 사상자가 발생한 사고

라. 기타 열차사고: 열차 또는 차량에서 화약류 등 위험물이 누출된 사고

해설 기타 열차사고: 열차에서 위험물 또는 위해물품이 누출되거나 폭발하는 등으로 사상자 또는 재산피해가 발생한 사고

예제 다음 중 철도교통사고에 관한 설명으로 맞는 것은?

가. 열차화재사고: 열차 또는 철도차량에서 화재가 발생한 경우

나. 건널목사고: 건널목을 건너던 사람을 열차가 치어 사망하게 한 경우

다. 열차충돌사고: 철도차량이 충돌 또는 접촉으로 파손되었을 때

라. 열차탈선사고: 열차를 구성하는 철도차량의 바퀴가 궤도를 이탈하여 탈선한 사고

해설 열차탈선사고: 열차를 구성하는 철도차량의 바퀴가 궤도를 이탈하여 탈선한 사고

예제 다음 중 철도교통사고로 분류되지 않는 사고는?

가. 열차탈선사고 　　　　　　　　　　 **나. 철도화재사고**

다. 건널목사고 　　　　　　　　　　　 라. 철도교통사상사고

해설 "철도교통사고"의 분류
　① 열차사고: 열차충돌사고, 열차탈선사고, 열차화재사고, 기타열차사고
　② 건널목사고
　③ 철도교통사상사고: 여객교통사상사고, 공중교통사상사고, 직원교통사상사고

2) 건널목 사고

건널목개량촉진법 제2조에 의한 건널목에서 열차 또는 철도차량과 도로를 통행하는 자동차와 충돌하거나 접촉한 사고

[KTX 강릉선 열차탈선사고]

건널목 지나다 열차와 충돌   SBS뉴스   철도 긴널목의 종류 – 네이버 블로그

3) 철도교통 사상 사고(운행과 관련하여 발생한 사상 사고) (여공직)

열차 또는 철도차량의 운전으로 사상자가 발생한 다음 각목의 사고를 말한다.

예제 철도교통 사상 사고에는 (　　　　　　), (　　　　　　), (　　　　　　)가 있다.

정답 여객교통사상사고, 공중교통사망사고, 직원교통사상사고(여공직)

(1) **여객교통사상사고**: 여객이 열차운행과 관련하여 사상자가 발생한 사고를 말한다.
(2) **공중교통사망사고**: 일반 공중이 열차 또는 철도차량의 운행과 관련하여 사상자(건널목에서 자전거, 손수레, 우마차가 열차 및 철도차량에 접촉, 사상자 발생 시 표함)가 발생하였거나 또는 선로에 사상자 있는 것을 인지하고 정차하였을 때를 말한다(오토바이, 자동차: 건널목 사고).
(3) **직원교통사상사고**: 철도운영 및 철도시설관리와 관련하여 근무시간 내에 업무와 관련된 일을 수행하던 중 사상자가 발생한 사고를 말하며, 공사직원 및 임직원으로 구분한다.

예제 다음 중 철도교통사고 중 열차사고에 해당하지 않는 사고는?

가. 열차충돌사고   **나. 여객교통사상사고**
다. 철도화재사고   라. 건널목사고

열차사고에는 열차충돌사고, 열차탈선사고, 열차화재사고, 기타 열차사고가 있다. (충선화)

다음 중 철도사고의 종류에 관한 설명으로 틀린 것은?

가. 열차에서 화재가 발생하여 사상자가 발생하거나 열차의 운행을 중지한 사고는 '열차화재사고'
   에 해당된다.

나. 건널목을 횡단하는 행인이 열차에 접촉되어 사상자가 발생한 경우 '건널목사고'로 분류된다.

다. 공사와 계약에 의해 업무를 수행하는 업체 직원이 열차운행과 관련하여 사상자가 발생한 경우
   '직원교통사상사고'로 분류된다.

라. "부상자"라 함은 24시간 이상 입원치료를 한 사람을 말한다.

건널목사고

건널목개량촉진법 제2조의 규정에 의한 건널목에서 열차 또는 철도차량과 도로를 통행하는 자동차(동력을 가진 모든 차량을 말한다)와 충돌하거나 접촉한 사고

다음 중 외부 철도공사 협력업체에서 레일 공사 시 사상사고가 발생하였을 경우 사고 종류
   로 맞는 것은?

가. 공중교통사상사고   나. **직원교통사상사고**

다. 철도안전사고   라. 작업원안전사고

마. 철도안전사고의 종류 (화시사)

1) 철도화재사고

– 역사, 기계실 등 철도시설 또는 철도차량에서 발생한 화재사고

철도화재사고는 역사, 기계실 등 (   ) 또는 (   )에서 발생한 화재사고이다.

철도시설, 철도차량

2) 철도시설 파손사고

－교량, 터널, 선로 또는 신호, 전기, 및 통신설비 등 철도시설이 손괴된 사고

[철도시설 파손사고]

KTX 열차 탈선 직후 선로 절단.
"열차 속도로 인해 선로 파손" – 송정석닷컴

위험한 철도1 선로전환기, 터널 방재시설
곳곳에 구멍난 안전 – Chosunbiz

3) 철도안전 사상사고

－위 제 1호 및 2호의 사고를 동반하지 않고 대합실 승강장, 선로 등 철도시설에서 추락, 감전, 충격 등으로 여객, 공중, 공사직원(작업원 포함)이 사망하거나 부상을 당한 사고

예제 철도안전 사상사고는 대합실 승강장, 선로 등 (   )에서 (   ), (   ), (   ) 등으로 여객, 공중, 공사직원(작업원 포함)이 (   )하거나 (   )을 당한 사고를 말한다.

정답 철도시설, 추락, 감전, 충격, 사망, 부상

4) 기타 철도안전사고

－위 각 호의 사고에 해당되자 않는 사고

예제 다음 중 철도안전사고의 분류에 포함되지 않는 사고는?

가. 철도안전사상사고   나. 철도화재사고
다. 철도시설파손사고   **라. 열차탈선사고**

해설 철도안전사고: 철도화재사고, 철도시설파손사고, 철도안전사상사고, 기타 철도안전사고(화시사) 따라서 열차탈선사고는 열차사고의 종류에 해당된다.

예제 다음 중 대합실 승강장, 선로 등 철도시설에서 추락, 감전, 충격 등으로 여객, 공중, 공사 직원(작업원 포함)이 사망하거나 부상을 당한 사고는?

가. 철도안전사상사고   나. 철도시설파손사고

다. 철도교통사고   라. 철도안전사고

해설 라. "철도안전사고"라 함은 열차 또는 철도차량의 운행과 관련 없이 철도 운영 및 철도시설관리와 관련하여 인명의 사상이나 물건의 손괴가 발생된 사고를 말한다.

바. 운전장애의 종류

– 철도안전법에서는 운행장애 중에서 지연운행 중점. 비상시 조치에서는 위험사건, 관리장애도 함께 논한다.

1) 위험사건

철도사고로 발전될 잠재적 가능성이 높은 장애(철도사고 바로 직전)

(1) **무허가 운행**: 운행허가를 받지 않은 구간을 운행할 목적으로 열차가 주행한 경우

(2) **진행신호 잘못 현시**: 열차가 운행하고자 하는 진로에 지장이 있음에도 불구하고 그 열차에 진행을 지시하는 신호가 현시된 경우

(3) **정지신호 위반운전**: 열차가 정지신호를 지나쳐 다른 열차 또는 철도차량의 진로를 지장한 경우

(4) **정거장 밖으로 차량구름**: 열차 또는 철도차량이 역과 역 사이로 굴러간 경우

(5) **작업구간 열차운행**: 열차운행을 중지하고 공사 또는 보수작업을 시행하는 구간으로 열차가 주행한 경우

(6) **본선지장 차량탈선**: 철도차량이 본선에서 탈선하였거나 측선에서 탈선한 차량이 본선을 지장하는 경우

(7) **안전지장 시설고장**: 열차의 안전운행에 지장을 초래하는 선로, 신호장치 등 철도시설의 고장, 파손 등이 발생한 경우

(8) **안전지장 차량고장**: 열차의 안전운행에 지장을 초래하는 선로, 신호장치 등 철도시설의 고장, 파손 등이 발생한 경우

(9) **안전지장 차량고장**: 열차의 안전운행에 지장을 미치는 주행장치, 제동장치 등 찰도차량의 고장, 파손 등이 발생한 경우

(10) **위험물 누출**: 열차 또는 철도차량에서 화학류 등 위험물이 누출된 사태

(11) **기타 위험 사건**: 위 각 호에 준하는 경우

예제 다음 중 운행장애에 관한 설명으로 틀린 것은?

가. 무허가 운행: 운행허가를 받지 않은 구간을 운행할 목적으로 열차가 주행한 경우

나. 진행신호 잘못 현시: 열차가 운행하고자 하는 진로에 지장이 있음에도 불구하고 그 열차에 진행을 지시하는 신호가 현시된 경우

다. 정지신호 위반운전: 열차가 정지신호를 지나쳐 다른 열차 또는 철도차량의 진로를 지장한 경우

라. 정거장 밖으로 차량구름: 열차 또는 철도차량이 역과 역 내로 굴러간 경우

해설 정거장 밖으로 차량구름: 열차 또는 철도차량이 역과 역 사이로 굴러간 경우

예제 다음 중 운행장애의 위험사건에 해당하지 않는 것은?

가. 무허가 운행
나. 위험물 누출
다. 이선진입
라. 정지신호 위반운전

해설 **운행장애의 위험사건**
무허가 운행, 진행신호 잘못 현시, 정지신호 위반운전, 정거장 밖으로 차량구름, 작업구간 열차운행, 본선지장 차량탈선, 안전지장 시설고장, 위험물 누출, 기타 위험 사건

예제 다음 중 운행장애에 관한 설명으로 틀린 것은?

가. 차량파손이란 철도차량이 충돌하여 파손된 경우를 말한다.

나. 열차분리란 열차 운행 중 열차의 조성작업과 관계없이 열차를 구성하는 철도차량 간의 연결이 분리되었을 때를 말한다.

다. 차량고장이란 철도차량의 고장으로 열차운행에 지장이 초래되었을 때를 말한다.

라. 본선지장 탈선이란 철도차량이 본선에서 탈선하였거나 본선에서 탈선한 철도차량이 측선을 지

장하는 경우이다.

본선지장 탈선이란 철도차량이 본선에서 탈선하였거나 측선에서 탈선한 철도차량이 본선을 지장하는 경우이다.

2) 지연운행

– 지연운행은 고속열차 및 전동열차는 10분, 일반여객 열차는 20분, 화물열차 및 기타 열차는 40분 이상 지연하여 운행(지연운행이라고 한다)한 경우를 말한다.

예제 지연운행은 고속열차 및 전동열차는 (   ), 일반여객 열차는 (   ), 화물열차 및 기타 열차는 (   ) 이상 지연하여 운행한 경우를 말한다.

정답 10분, 20분, 40분

– 다만 관제업무종사자가 철도사고 및 운행장애가 발생한 열차의 운전정리로 지장받은 열차의 지연시간은 제외한다.

- 출발역 및 도착역에서 계획시간표보다 지연된 경우
- 역과 역 사이에서 운행기격보다 지연된 경우

예제 다음 중 고속열차의 지연운행시간은?

가. 5분　　　　　　　　　　　　나. 10분
다. 20분　　　　　　　　　　　　라. 40분

해설 지연운행: 고속열차 및 전동열차는 10분, 일반여객 열차는 20분, 화물열차 및 기타 열차는 40분 이상이다.
(1) 차량탈선: 철도차량의 바퀴가 궤도를 이탈하여 탈선하였을 때
(2) 차량파손: 철도차량이 충돌 또는 접촉으로 파손되었을 때
(3) 차량화재: 열차 또는 철도차량에서 화재가 발생하였을 때
(4) 열차분리: 열차 운행 중 열차의 조성작업과 관계없이 열차를 구성하는 철도차량 간의 연결이 분리되었을 때
(5) 차량구름: 열차 또7는 철도차량이 주정차하는 정거장(신호장, 신호소,간이역,차량기지 포함)에서 열차 또는 철도차량이 정거장 밖으로 구른 경우
(6) 규정위반: 신호폐색취급위반, 이선진입, 정지위치 어김 등 규정을 위반하여 열차운행에 지장이 초래

되었을 때

(7) 선로장애: 선로시설의 고장, 파손 및 변형 등의 결함이나 선로상의 장애물로 인하여 열차운행에 지장이 초래되었을 때

(8) 급전장애: 전기설비의 고장, 파손 및 변형 등의 결함이나 외부충격 및 이물질 접촉 등으로 정전 또는 전압강하 등의 급전지장이 발생되어 열차운행에 지장이 초래되었을 때

(9) 신호장애: 신호보안장치의 고장, 파손 및 변형 등의 결함으로 열차운행에 지장이 초래되었을 때

(10) 차량고장: 철도차량의 고장으로 열차운행에 지장이 초래되었을 때

(11) 열차방해: 선로점거 등 고의적으로 열차운행을 방해하여 열차운행에 자장이 초래되었을 때

(12) 기타장애: 위 각호에 해당되지 않는 장애

예제 다음 중 지연운행에 해당하는 깃은?

가. 급전장애로 인천행 전동열차가 8분 지연된 경우

나. 13시 10분 도착 예정인 KTX열차가 13시 19분 도착한 경우

다. 15시 정각 출발 예정인 ITX열차가 15시 25분 출발한 경우

라. 탱크를 수송 중인 군전용 열차가 차량고장으로 20분 지연된 경우

해설 지연운행이란 고속열차 및 전동철차 10분, 일반여객열차 20분, 화물열차 및 기타열차 40분 이상 지연하여 운행하는 것을 말한다.

예제 다음 중 지연운행에 해당하지 않는 것은?

가. 차량파손　　　　　　　　　　　　**나. 건널목장애**

다. 열차분리　　　　　　　　　　　　라. 차량화재

해설 지연운행이란 차량탈선, 차량파손, 차량화재, 열차분리, 차량구름, 규정위반, 선로장애, 급전장애, 신호장애, 차량고장, 열차방해, 기타 방해 등의 장애로 고속열차 및 전동열차는 10분, 일반여객열차는 20분, 화물열차 및 기타열차는 40분 이상 지연하여 운행하는 것을 말한다.

예제 다음 중 운행장애에 관한 설명으로 틀린 것은?

가. 열차 운행 중 열차의 조성작업과 관계없이 열차를 구성하는 철도차량 간의 연결이 분리되었을 때를 열차분리라고 한다.

나. 열차가 운행하고자 하는 진로에 지장이 있음에도 불구하고 그 열차에 진행을 지시하는 신호가 현시된 경우 진행신호 잘못 현시이다.

다. 선로시설의 고장, 파손, 및 변형 등의 결함이나 선로상의 장애물로 인하여 열차운행에 지장이 초래될 때 철도시설장애라고 한다.

라. 철도차량이 본선에서 탈선하였거나 측선에서 탈선한 차량이 본선을 지장하는 경우 본선지장 차량탈선이다.

해설 선로시설의 고장, 파손, 및 변형 등의 결함이나 선로상의 장애물로 인하여 열차운행에 지장이 초래될 때 선로장애라고 한다.

예제 다음 중 운행장애에 관한 설명으로 틀린 것은?

가. 규정위반이란 신호폐색취급위반, 이선진입, 정지위치 어김 등 규정을 위반하여 열차운행에 지장이 초래되었을 때이다.

나. 차량탈선이란 철도차량의 바퀴가 궤도를 이탈하여 탈선한 경우이다.

다. 열차분리란 열차의 조성작업과 관련하여 열차를 구성하는 철도차량 간의 연결이 분리되었을 때이다.

라. 선로장애란 선로시설의 고장, 파손 및 변형 등의 결함이나 선로상의 장애물로 인하여 열차운행에 지장이 초래되었을 때이다.

해설 열차분리란 열차의 조성작업과 관계없이 열차를 구성하는 철도차량 간의 연결이 분리되었을 때이다.

3) 관리장애(지연 운행에 해당되지 않는 장애)

－관리장애의 종류는 다음과 같다.

－다만 2호의 품질결함은 운행장애의 기준에 해당하더라도 관리장애로 분류하여 별도로 관리한다.

(1) 지연운행 장애에서 1－5목까지: 장애 중 지연운행 기준에 해당되지 않는 장애

(2) 품질결함: 공사 이외의 자가 관리하는 사업구간에서의 자재결함, 시공불량, 책임감리 소홀 등으로 열차운행선로(노반, 쉐도, 건축, 전차선, 신호, 통신 등)의 장애가 발생하여 열차운행에 지장을 가져온 경우 및 피해가 발생한 경우

(3) 기타 장애: 위 각 호에 해당하지 않은 장애

[철도사고 분류]

사고	철도사고	철도교통사고	열차사고	열차충돌사고
				열차탈선사고
				열차화재사고
				기타열차사고
			건널목사고	
			철도교통사상사고	여객교통사상사고
				공중교통사상사고
				직원교통사상사고
	철도안전사고		철도화재사고	
			철도시설파손사고	
			철도안전사상사고	여객안전사상사고
				공중안전사상사고
				직원안전사상사고
			기타철도안전사고	
	철도장애	운행장애	위험사건(중대장애)	
			지연운행(단순장애)	
		관리장애		
재난			재해+재난	

예제 다음 중 건널목 사고에 관한 설명으로 맞는 것은?

가. 건널목에서 열차 또는 철도차량과 도로를 통행하는 차마(동력을 가진 모든 차량을 말한다)와 충돌하거나 접촉한 사고

나. 건널목에서 열차 또는 철도차량 및 자동차(동력을 가진 모든 차량을 말한다) 등과 발생하는 모든 사고

다. 건널목에서 자전거, 손수레, 우마차가 열차 및 철도차량에 접촉하여 사상자가 발생하였을 때의 사고

라. 철도안전법에서 정한 건널목에서 일어나는 모든 사고

해설 건널목 사고는 '충돌과 접촉한 사고'이므로 '가'가 정답이다.
　　　 - 자전거, 손수레, 우마차가 열차 및 철도차량에 접촉하여 사상자가 발생하는 사고는 '공중교통사상 사고'이다.

예제 다음 중 건널목에서 자전거, 손수레, 우마차가 열차 및 철도차량에 접촉하여 사상자가 발생하였을 때 철도교통사고 분류로 맞는 것은?

가. 열차사고

나. 건널목 사고

다. 건널목 교통사상사고

라. 공중교통사고

해설 공중교통사고와 건널목 사고를 구분할 줄 알아야 한다.
건널목사고: 건널목에서 열차 또는 철도차량과 도로를 통행하는 차마, 사람 또는 기타 이동수단으로 사용하는 기계기구와 충돌하거나 접촉한 사고

예제 다음 중 지연운행에 관한 설명으로 틀린 것은?

가. 출발역 및 도착역에서 계획시간보다 지연된 경우를 말한다.

나. 역과 역 사이에서 운행시간보다 지연된 경우를 말한다.

다. 지연기준은 고속열차 및 전동열차는10분, 일반여객열차는 20분, 화물 및 기타 열차는 40분 이상 지연하려 운행하는 것을 말한다.

라. 관제업무 종사자가 철도사고 및 운행장애가 발생한 열차의 운전정리로 지장받는 열차의 지장시간은 제외한다(운행시격에서 제외한다는 의미이다).

해설 역과 역 사이에서는 운행시간이 아니라 운행시격이다.

2. 철도사고 보고

"철도사고보고"는 철도안전법과 비상시 조치 모두에서 출제빈도가 높다.
즉시보고는 3인 이상 5천만원, 조사보고는 2인 이상 3천만원

가. 철도안전법에 의한 사고보고

(1) 즉시보고

– 철도운영자 등은 사상자가 많은 사고 등 대통령령이 정하는 철도사고 등이 발생한 때에는 국토교통부장관이 정하는 바에 의하여 즉시 국토교통부장관에게 보고하여야 한다.

예제 철도운영자 등은 (　　　)가 많은 사고 등 (　　　　)이 정하는 철도사고 등이 발생한 때에는 (　　　　　　)이 정하는 바에 의하여 즉시 (　　　　　　　)에게 보고하여야 한다.

정답 사상자, 대통령령, 국토교통부장관, 국토교통부장관

(2) 조사보고

－철도운영자 등은 제1항의 규정에 의한 철도사고 등이 발생한 때에는 사고내용을 조사하여 그 결과를 국토교통부장관에게 보고하여야 한다.

예제 철도운영자 등은 (　　　　) 등이 발생한 때에는 사고내용을 (　　　)하여 그 (　　　)를 (　　　　　　)에게 보고하여야 한다.

정답 철도사고, 조사, 결과, 국토교통부장관

1) 국토교통부장관에게 즉시 보고하여야 하는 철도사고 (반드시 외울 것)

(1) 열차의 충돌, 탈선사고

(2) 철도차량 또는 열차에서 화재가 발생하여 운행을 중지하는 사고

(3) 철도차량 또는 열차의 운행과 관련하여 3인 이상의 사상자가 발생한 사고(사망: 30일 내 사망, 부상: 24시간 입원)

(4) 철도차량 또는 열차의 운행과 관련하여 5천만원 이상의 재산피해가 발생한 사고(재산피해는 직접피해를 말한다.)

[국토교통부장관에게 즉시 보고하여야 하는 철도사고]

① 열차의 충돌·탈선사고

② 철도차량 또는 열차에서 화재가 발생하여 운행을 중지시킨 사고

③ 철도차량 또는 열차의 운행과 관련하여 3인 이상의 사상자가 발생한 사고

④ 철도차량 또는 열차의 운행과 관련하여 5천만원 이상의 재산피해가 발생한 사고

예제 [국토교통부장관에게 즉시 보고하여야 하는 철도사고]

① 열차의 충돌·(   )사고
② 철도차량 또는 열차에서 (   )가 발생하여 운행을 (   )시킨 사고
③ 철도차량 또는 열차의 운행과 관련하여 (   )의 사상자가 발생한 사고
④ 철도차량 또는 열차의 운행과 관련하여 (   )의 재산피해가 발생한 사고

정답 탈선, 화재, 중지, 3인 이상, 5천만원 이상

예제 국토교통부장관에게 즉시 보고하여야 하는 철도사고는?

• 철도차량 또는 열차의 운행과 관련하여 (   )의 (   )가 발생한 사고
• 철도차량 또는 열차의 운행과 관련하여 (   )의 (   )가 발생한 사고

정답 3인 이상, 사상자, 5천만원 이상, 재산피해

예제 다음 중 국토교통부장관에게 즉시 보고하여야 할 철도사고로 맞는 것은?

A. 열차의 탈선사고
B. 사상자가 발생한 건널목사고
C. 열차의 운행과 관련하여 3인 이상 사상자가 발생한 경우
D. 승무원이 사망한 경우

가. A   나. A, B
다. A,C   라. A, B, C, D

해설 **국토교통부장관에게 즉시 보고하여야 하는 철도사고**
① 열차의 충돌·탈선사고
② 철도차량 또는 열차에서 화재가 발생하여 운행을 중지시킨 사고
③ 철도차량 또는 열차의 운행과 관련하여 3인 이상의 사상자가 발생한 사고
④ 철도차량 또는 열차의 운행과 관련하여 5천만원 이상의 재산피해가 발생한 사고(재산피해는 직접 피해를 말한다)

다음 중 국토교통부장관에게 즉시 보고하여야 하는 철도사고가 아닌 것은?

가. 열차의 탈선사고

나. 철도차량 또는 열차의 운행과 관련하여 2인 이상의 사상자가 발생한 사고

다. 철도차량 또는 열차에서 화재가 발생하여 운행을 중지시킨 사고

라. 철도차량 또는 열차의 운행과 관련하여 5천만원 이상의 재산피해가 발생한 사고

해설 **국토교통부장관에게 즉시 보고하여야 하는 철도사고 등**

① 열차의 충돌 · 탈선사고

② 철도차량 또는 열차에서 화재가 발생하여 운행을 중지시킨 사고

③ 철도차량 또는 열차의 운행과 관련하여 3인 이상의 사상자가 발생한 사고

④ 철도차량 또는 열차의 운행과 관련하여 5천만원 이상의 재산피해가 발생한 사고(재산피해는 직접 피해를 말한다)

2) 철도운영자등이 사고내용을 조사하여 그 결과를 보고하여야 할 철도사고 및 운행장애

(1) 즉시 보고해야 할 철도사고 등을 제외한 열차사고 및 사망자가 발생된 건널목 사고

(2) 여객 및 승무원이 사망한 사고

(3) 열차 또는 철도차량의 운행과 관련하여 2인 이상 사상자가 발생하거나 3천만원 이상의 재산피해가 발생한 사건

(4) 철도안전사고 및 재난이 발생되어 사상자가 발생하거나 5천만원 이상의 재산피해가 발생한 사고

(5) 운행장애의 위험사건 - 철도사고로 발전될 잠재적 가능성이 높은 사례

(6) 운행장애의 지연운행으로 열차운행이 고속열차 및 전동열차는 1시간 이상, 일반여객열차는 2시간 이상 지연된 사건

(7) 사회적 물의가 큰 이례적인 사항으로 국토교통부장관이 사고조사보고서를 지시한 사고

예제 다음 중 철도운영자가 사고내용을 조사하여 그 결과를 보고하여야 할 철도사고 및 운행장애에 해당하지 않는 사고는?

가. 사상자가 발생된 건널목 사고

나. 여객 또는 승무원이 사망한 사고

다. 운행장애의 위험 사건

라. 운행장애의 지연운행으로 전동열차 운행이 1시간 이상 지연된 경우

철도운영자가 사고내용을 조사하여 그 결과를 보고하여야 할 철도사고 및 운행장애는 '즉시 보고해야 할 철도사고 등을 제외한 열차사고 및 사망자가 발생된 건널목사고' 이므로 단순히 '사상자가 발생된 건널목 사고'는 해당되지 않는다.

나. 철도사고 등의 보고내용

(1) 즉시보고

철도운영자 등은 철도안전법 제61조 제1항의 규정에 의한 철도사고 등(사상자가 많은 사고 등 대통령령이 정하는 철도사고 등)이 발생한 때에는 다음 각 호의 사항을 국토교통부장관에게 보고하여야 한다.

[즉시보고 내용]
1. 사고발생 일시 및 장소
2. 사상자 등 피해상황
3. 사고발생 경위
4. 사고수습 및 복구계획

철도사고 발생 시 국토교통부장관에게 즉시 보고하여야 할 내용은?

1. 사고발생 (   ) 및 (   )
2. 사상자 등 (   )
3. 사고발생 (   )
4. 사고수습 및 (   )

일시, 장소, 피해상황, 경위, 복구계획

다음 중 철도사고가 발생하여 철도운영자등이 국토교통부장관에게 즉시 보고할 때 보고내용에 포함하지 않아도 되는 것은?

가. 사고자 인적사항　　　　　　　　　나. 사고 일시 및 장소
다. 사고원인　　　　　　　　　　　　　라. 복구 계획

즉시보고 내용

① 사고발생 일시 및 장소 ② 사상자 등 피해사항
③ 사고발생 경위 ④ 사고수습 및 복구 계획 등

(2) 조사보고

철도운영자 등은 철도안전법 제61조 제2항의 규정에 의한 철도사고 등이 발생한 때에는 다음 각 호의 구분에 따라 국토교통부장관에게 이를 보고하여야 한다(사고내용을 조사하여 그 결과를 국토교통부장관에게 보고).

1. 사고발생 현황 등 초기보고
2. 사고수습, 복구상황 등 중간보고
3. 사고수습, 복구결과 등 종결보고

다. 철도사고 등의 보고방법

1) 철도사고 등의 즉시보고

(1) 철도운영자 등 즉시보고를 할 때에는 전화 등 가능한 통신수단을 이용하여 구두로 보고하여야 한다.

① 일과시간: 국토교통부(관련팀) 및 항공철도사고조사위원회
② 일과시간 이외: 국토교통부 및 항공철도사고조사위원회의 당직실

예제 즉시보고를 할 때에는 전화 등 가능한 (   )을 이용하여 (   )로 보고하여야 한다.

(1) 일과시간: 국토교통부(   ) 및 (   )
(2) 일과시간 이외: 국토교통부 및 (   )

정답 통신수단, 구두, 관련팀, 항공철도사고조사위원회, 항공철도사고조사위원회의 당직실

(2) 즉시보고는 사고발생 후 30분 이내에 보고하여야 한다. (구두보고)

`예제` 즉시보고는 사고발생 후 (   )에 보고하여야 한다.

`정답` 30분 이내

(3) 철도운영자 등은 즉시보고 후 철도사고 등의 보고에 관한 지침 제5조4항 제2,3호에 따라 중간보고 및 결과보고를 국토교통부장관에게 서면으로 보고해야 한다. (서면보고)

`예제` 철도운영자 등은 즉시보고 후 철도사고 등의 보고에 관한 지침에 따라 (   ) 및 (   )를 (   )에게 (   )으로 보고해야 한다.

`정답` 중간보고, 결과보고, 국토교통부장관, 서면

`예제` 다음 중 철도사고 등의 즉시보고 방법으로 틀린 것은?

가. 사고 발생 후 1시간 이내 구두 보고한다.

나. 철도운영자등이 즉시보고를 할 때에는 전화 등 가능한 통신수단을 이용하여 구두로 보고하여야 한다.

다. 일과시간 이외: 국토교통부 및 항공·철도사고조사위원회의 당직실

라. 일과시간에는 국토교통부 및 항공·철도사고조사위원회로 보고한다.

`해설` 즉시보고 요령

① 철도운영자등이 즉시보고를 할 때에는 전화 등 가능한 통신수단을 이용하여 구두로 보고하여야 한다.
    ㉮ 일과시간: 국토교통부(관련팀) 및 항공·철도사고조사위원회
    ㉯ 일과시간이외: 국토교통부 및 항공·철도사고조사위원회의 당직실
② 즉시보고는 사고발생 후 30분 이내에 보고하여야 한다.

2) 철도사고 등의 조사보고(초기- 중간 - 종결보고(재난))

(1) 초기보고

－즉시보고사고 등을 제외한 철도사고 등이 발생한 후 또는 사고발생신고(여객 또는 공중이 신고를 하여야 알 수 있는 열차와 승강장 사이의 발빠짐, 승하차 시 넘어짐, 대합실에서의 추락, 넘어짐 등의 사고)를

- 접수한 1시간 이내에 사고발생 현황을 보고계통에 따라 전화 등 가능한 통신수단을 이용하여 국토교통부(관련과)에 보고하여야 한다. (즉시보고: 30분 이내)

예제 즉시보고사고 등을 제외한 철도사고 등이 발생한 후 또는 (　　　)를 접수한 (　　　)에 (　　　)을 보고계통에 따라 전화 등 가능한 통신수단을 이용하여 (　　　)에 보고하여야 한다.

정답 사고발생신고, 1시간 이내, 사고발생 현황, 국토교통부(관련과)

(2) 중간보고
- 사고가 발생한 후 철도사고 보고서에 사고수습 및 복구사항 등을
- 사고수습 복구기간 중에 1일 2회 또는 수습상황 변동 시 수시로 보고하여야 한다.

예제 중간보고 단계에서는 철도사고 보고서에 (　　　) 및 (　　　) 등을 사고수습 복구기간 중에 (　　　) 또는 수습상황 변동 시 (　　　)로 보고하여야 한다.

정답 사고수습, 복구사항, 1일 2회, 수시

(3) 종결보고
- 발생한 철도사고 등의 수습, 복구 (임시복구 포함)가 끝나 열차가 정상 운행하는 경우에 다음 각목의 사항이 포함된 조사결과 보고서와 사고현장상황 및 사고발생원인 조사표를 작성하여 보고하여야 한다.
  - 철도사고 등의 조사경위
  - 철도사고 등과 관련하여 확인된 사실
  - 철도사고 등의 원인 분석
  - 철도사고 등에 대한 대책

예제 발생한 철도사고 등의 수습, 복구가 끝나 열차가 (   )하는 경우에 다음 각목의 사항이 포함된 (   )와 (   ) 및 (   )를 작성하여 보고하여야 한다.

- 철도사고 등의 (   )
- 철도사고 등과 관련하여 (   )
- 철도사고 등의 (   )
- 철도사고 등에 대한 (   )

정답 정상 운행, 조사결과 보고서, 사고현장상황, 사고발생원인 조사표
- 조사경위
- 확인된 사실
- 원인 분석
- 대책

(4) 재난 발생 시

－재난이 발생한 경우에는 응급복구 후 10일 이내에 발생일시 장소, 재난개황, 피해상황, 발생 후 대응 등을 기재한 '재난 및 위기관리기본법 시행규칙' 서식의 "재난상황서"를 작성하여 보고하여야 한다.

예제 재난이 발생한 경우에는 응급복구 후 (   )에 (   ), (   ), (   ) 발생 후 대응 등을 기재한 '재난 및 위기관리기본법 시행규칙' 서식의 "(   )"를 작성하여 보고하여야 한다.

정답 10일 이내, 발생일시 장소, 재난개황, 피해상황, 재난상황서

예제 다음 중 철도사고 등의 조사보고 방법으로 틀린 것은?

가. 초기보고는 1시간 이내에 가능한 통신수단에 의해 국토교통부에 보고한다.

나. 중간보고는 사고수습 및 복구상황 등을 1일 2회 또는 수습상황 변동 시 수시로 보고한다.

다. 종결보고는 조사결과보고서와 사고현장 및 사고발생원인분석표를 작성하여 보고한다.

라. 재난이 발생한 경우에는 응급복구 후 10일 이내에 재난상황서를 작성하여 보고하여야 한다.

해설 종결보고는 조사결과보고서와 사고현장상황 및 사고발생원인조사표를 작성하여 보고한다.

예제 다음 중 철도사고 등의 조사보고 방법으로 틀린 것은?

가. 초기보고는 1시간 이내에 가능한 통신수단에 의해 국토교통부에 보고한다.

나. 중간보고는 사고수습 및 복구상황 등을 1일 2회 또는 수습상황 변동 시 수시로 보고한다.

다. 종결보고는 조사결과보고서와 사고현장상황 및 사고발생원인조사표를 작성하여 보고한다.

라. 재난이 발생한 경우에는 응급복구 후 7일 이내에 재난상황서를 작성하여 보고하여야 한다.

해설 재난이 발생한 경우에는 응급복구 후 10일 이내에 재난상황서를 작성하여 보고하여야 한다.

[철도사고 등의 조사보고 방법]

1. 사고발생 현황 등 초기보고: 1시간 이내에 통신수단 등
2. 사고수습, 복구 상황 등 중간보고: 기간 중에 1일 2회 또는 수습상황 변동 시 수시로 '철도사고보고서'로 보고
3. 사고수습, 복구결과 등 종결보고: 복구 후 열차가 정상 운행하는 경우 조사결과 보고서와 사고현장 상황 및 사고발생원인 조사표를 보고(종결보고에 임시복구도 포함된다. '시험문제' "임시복구는 제외된다."라고 출제된다.)
4. 재난이 발생한 경우: 복구 후 10일 이내 '재난상황서' 보고

라. 둘 이상의 기관과 관련된 철도사고의 처리(KORAIL과 서울교통, 서울교통과 인천교통 등)

- 둘 이상의 철도운영자 등이 관련된 철도사고 등이 발생한 경우
- 해당 철도 운영자 등은 공동으로 조사를 시행할 수 있으며, 다음 각호의 구분에 따라 보고하여야 한다.
  1) '철도사고 등의 보고에 따른 지침'(국토교통부 장관 지침: KORAIL, 서울교통공사 등은 이 지침을 따라야 한다.) 제4조 및 5조에 따른 최초보고: 사고 발생 구간을 관리하는 철도운영자 등(4호선 차량이 KORAIL구간에서 사고가 발생되면 KORAIL운영자가 최초보고)
  2) 최초 보고 이후 조사보고: 철도차량 관련사고 등은 해당 철도차량운영자, 철도시설 관련 사고 등은 철도시설관리자.
- 다만 공동조사 후 사고원인이 명백한 경우에는 사고를 제공한 철도운영자 등이 보고한다.

[철도사고조사 보고서]

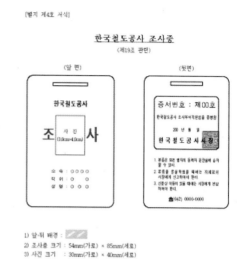

예제 다음 중 철도사고 발생 시 '즉시보고'하여야 하는 사항이 아닌 것은?

가. 철도차량 또는 열차의 충돌, 탈선사고

나. 철도차량 또는 열차에서 화재가 발생하여 운행을 중단시킨 사고

다. 철도차량 또는 열차의 운행과 관련하여 3인 이상의 사상자가 발생한 사고

라. 철도차량 또는 열차의 운행과 관련하여 5천만원 이상의 재산피해가 발생한 사고 - 재산피해는
직접피해를 말한다.

해설 철도차량 또는 열차의 충돌, 탈선사고는 즉시 보고사항이 아니다

예제 다음 중 철도사고 발생 시 '조사보고'하여야 하는 사항이 아닌 것은?

가. 사망자가 발생한 건널목 사고 및 여객 또는 승무원이 사망한 사고

나. 운행 장애의 위험사건

다. 운행 장애의 지연운행으로 열차운행이 고속 및 전동열차는 1시간 이상, 일반여객열차는 2시간
이상 지연된 사건

라. 철도차량 또는 열차의 운행과 관련하여 2인 이상의 사상자가 발생하거나 2천만원 이상의 재산
피해가 발생한 사고

해설 라. 2명 이상 2천만원이 아니라 3천만원이고. 3명 이상은 5천만원의 재산피해가 발생한 사고이다
-가.나.다. → 조사보고 하여야 한다.

예제 다음 중 철도사고 발생 시 '조사보고'방법 및 보고 기일이 틀린 것은?

가. 초기보고: 1시간 이내에 통신수단 등으로

나. 중간보고: 기간 중에 1일 2회 또는 수습상황 변동 시 수시로

다. 종결보고: 복구 후 열차가 정상 운행하는 경우

라. 재난이 발생한 경우: 15일 이내

해설 재난이 끝나고 난 후 10일 이내

제4장

열차화재 발생 시 조치요령

1. 열차화재 발생 시 일반적인 조치사항

(1) 열차에 화재가 발생한 경우에는 조속히

① 소화조치를 하고

② 여객을 대피시키거나

③ 화재가 발생한 차량을 다른 차량에서 격리시키고

④ 열차방호 등의 필요한 조치를 하여야 한다.

예제 열차에 화재가 발생한 경우에는 조속히

- (　　　　)를 하고
- 여객을 (　　　)시키거나
- 화재가 발생한 (　　　)을 다른 차량에서 (　　　)시키고
- (　　　　) 등의 필요한 조치를 하여야 한다.

정답
- 소화조치
- 대피
- 차량
- 격리
- 열차방호

(2) 관제사에게 화재발생 즉시 상황보고 및 화재종별, 장소, 화재상태 및 여객에 미치는 영향 등 화재상황을 파악하여 신속, 정확하게 통보하여야 한다.

(3) 최근정거장까지 운전 불가능하여 도중에 정차하였을 경우 객실 내 승객에게 위험의 염려가 없다고 인정될 때에는 안내방송으로 승객이 차량 밖으로 나오지 않도록 조치하여야 한다.

(4) 정거장 외에서 객실 내 승객에게 위험이 있거나 위험하다고 인정되어 승객을 차외로 유도하는 경우에는 사전에 차외의 상태를 확인 후 안전한 장소로 안내하여 대피시켜야 한다.

(5) 정거장 도착 후 즉시 출입문을 개방하여 신속히 여객을 안전한 장소로 유도하여야 하며, 또한 출입문 개방상태가 유지되도록 제동제어기(BC)핸들 또는 MC Key를 삽입하여 놓아야 한다.

예제 정거장 도착 후 즉시 출입문을 (　　　)하여 신속히 여객을 (　　　　　)로 유도하여야 하며, 또한 출입문 (　　　　)가 유지되도록 (　　　　　　　　) 또는 (　　　　　)를 삽입하여 놓아야 한다.

정답 개방, 안전한 장소, 개방상태, 제동제어기(BC)핸들, MC Key

(6) 화재발생 및 발생우려가 있을 때 지체없이 관계열차 또는 차량을 정차 조치 및 상황에 따라 팬터그래프를 하강시켜야 한다.

예제 다음 중 열차화재 발생 시 일반적인 조치사항으로 틀린 것은?

가. 화재 발생차량은 다른 차량에서 격리 조치하여야 한다.

나. 정거장 외에서 객실 내 승객에게 위험이 있거나 위험하다고 인정되는 경우 승객을 차외로 유도하며 사전에 차외의 상태를 확인 후 안전한 장소로 안내하여 대피시킨다.

다. 승객을 차외로 유도하는 경우에는 사전에 차 바깥의 상태를 확인하여야 한다.

라. 화재발생 우려가 있을 때에는 상황에 따라 일부 차량의 팬터그래프를 하강시켜야 한다.

해설 화재발생 우려가 있을 때에는 상황에 따라 팬터그래프를 하강시켜야 한다.

예제 다음 중 열차화재 발생하여 정류장 간 도중 정차하여 차내승객을 차외로 대피시키는 경우 승무원의 조치사항으로 틀린 것은?

가. 인접선 운행열차에 대한 열차방호

나. 관제사 및 인접역장에게 보고

다. 후속열차에 대한 열차방호 시행

라. 열차방호 시행 후 밖의 상태를 확인하면서 대피

해설 승객을 차외로 유도하는 경우 차 밖의 상태를 미리 확인하여 안전한 장소로 안내하여 대피시켜야 한다.

2. 운행 중 열차화재 발생 시 승무원 조치

1) 운전취급

① 정거장 구내를 운행 시에는 즉시 정차하여 조치할 것

② 지상구간의 정거장 간 운행 시에는 즉시 정차하여 조치하고 (선로 변에 가장 대피하기 좋은 장소), 교량 또는 터널 내 운전 중일 때에는 그 밖까지 운전하고 정차하여 조치할 것

예제 화재발생 시 지상구간의 정거장 간 운행 시에는 즉시 (   )하여 조치하고 (   ) 또는 (   ) 운전 중일 때에는 (   ) 운전하고 (   )하여 조치할 것.

정답 정차, 교량, 터널 내, 그 밖까지, 정차

③ 지하구간 또는 서울교통공사 운행구간은 최근 역까지 운전하여 조치하는 것을 원칙으로 한다.

예제 화재빌셍 시 (   ) 또는 서울교통공사 운행구간은 (   )까지 운전하여 조치한다.

정답 지하구간, 최근 역

예제 다음 중 열차화재 발생 시 승무원 조치요령으로 틀린 것은?

가. 정거장 구내 운행 시에는 즉시 정차한다.

나. 승객들이 출입문을 수동으로 취급하지 않도록 안내방송은 반복적으로 시행한다.

다. 정거장 도착 후 출입문 개문하여 승객대피 후 BC핸 또는 MC키를 삽입하여 놓는다.

라. 지상구간 터널 내에서는 즉시 정차하여 조치한다.

해설 지상구강 운행 시에는 가급적 교량 및 터널 구간을 빠져나와 정차하여야 한다.

예제 다음 중 화재발생으로 최근역까지 운행할 수 있을 때 승무원의 조치사항으로 틀린 것은?

가. 차장은 즉시 안내방송을 실시하여 여객의 동요가 발생하지 않도록 조치한다.

나. 정거장 도착 즉시 승객을 승강장 밖으로 대피시킨다.

다. 정거장 도착 후 출입문 개문하여 승객대피 후 BC핸 또는 MC Key를 취거하여 차량을 정지시킨다.

라. 정거장 구내 운행 시에는 즉시 정차한다.

해설 정거장 도착 후 출입문 개문하여 승객대피 후 BC핸 또는 MC키를 삽입하여 놓는다.

예제 다음 중 서울교통공사 4호선 구간 운행 중 경미한 화재로 최근 역까지 운행할 수 있을 때 승무원의 조치사항으로 틀린 것은?

가. 차장은 최근역 도착 즉시 출입문 개방한다.

나. 기관사는 관제사에 급보한다.

다. 기관사는 최근역까지 운전한다.

라. 차장은 즉시 소화작업을 실시한다.

해설 차장은 즉시 안내방송을 실시하여 여객의 동요가 발생하지 않도록 조치한다.

2) 관제사 또는 인접 역장에게 화재발생 및 상황 급보

① 화재종별, 장소, 상태 및 여객에 미치는 영향 등 화재 상황 파악, 신속정확하게 통보해야 한다.

② 화재의 상황을 정확히 파악 후 급보함으로써 화재확산, 병발사고 및 열차운행의 혼란을

방지하여야 한다.

③ 급보 시 사고정도에 따라 구원이 필요하다고 인정할 때 구원요구를 하여야 한다.

[열차화재]

지하철 2호선 화재 – 머니투데이 뉴스

매봉역 지하철 방화 참사 막은 역무원
"시민 도움 컸다" – 경향신문 AMP

3) 차장에게 통보하여 승객동요방지를 위한 안내방송 반복시행 지시

4) 열차정차 후 승무원은 신속한 소화조치 및 여객의 대피 유도

또는 화재차량의 격리조치, 구름방지, 열차방호 등 그 상황을 판단하여 안전한 조치를 취함과 동시에 관제사 또는 인접 역장에게 급보하여야 한다.(4명이 정보 공유(기관사, 관제사, 역장, 차장))

"화재 발생 시 최근정거장까지 운행이 가능하여 정거장 도착 시에는 즉시 출입문을 개방하여 신속히 승객을 안내유도하고, 출입문 개방상태가 유지되도록 제동제어기(BC)핸들 또는 MC Key를 삽입하여 놓아야 한다."

예제 화재 발생 시 최근정거장까지 운행이 가능하여 (   )에는 즉시 (   )을 (   )하여 신속히 승객을 (   )하고, 출입문 개방상태가 유지되도록 (   ) 또는 (   )를 (   )하여 놓아야 한다.

정답 정거장 도착 시, 출입문, 개방, 안내유도, 제동제어기(BC)핸들, MC Key, 삽입

[정거장 도착 시]

(1) 열차방호 및 구름방지 조치 (역장이 시행)

① 관계열차 정차를 위한 열차방호(무선방호 포함)
② 필요 시 궤도회로 단락
③ 차량구름방지 조치

(2) 병발사고 방지조치

① 병발사고 발생우려가 있을 때 승무원은 지체없이 관계열차 통제요구 및 정차조치, 상황에 따라 Pan하강 조치와 전차선 단전을 요구하여야 한다.
② 승객들이 임의로 출입문을 수동으로 취급하지 않도록 안내방송을 반복적으로 시행하여야 한다. (인접선 운행열차에 대한 위험방송 포함) (출발 시 출발 못하게 된다.)

> **예제** 병발사고 발생우려가 있을 때 승무원은 지체없이 관계열차 (　　　) 및 (　　　), 상황에 따라 (　　　) 조치와 (　　　　　)을 요구하여야 한다.

> **정답** 통제요구, 정차조치, Pan하강, 전차선 단전

(3) 소화작업

① 화재현장으로 이동하여 객실에 비치된 소화기로 화재를 진압한다.
② 승객에게 소화협조를 부탁한다.
③ 화재진압 가능여부 신속히 판단하여 화재진압 불가능 시 관제사 또는 인접역장에 재차 통보한다(화재규모, 성격, 화재차량의 위치 등)

(4) 승객 대피 유도

- 정거장 간 도중 정차 시 긴급 부득이한 경우 외 승객을 차외로 유도하여서는 안 되며, 승객을 차 밖으로 유도하는 경우 차 밖의 상태를 미리 확인, 안전한 장소로 유도하여야 한다.

5) 최근 정거장까지 운전 불가능하여 도중에 정차하였을 때

① 소화 후 운전가능 시 차장과 협의 후, 출발전호 확인 후 최근역까지 운전 후 관제사의 지시를 받는다.

② 소화가 불가능하고 전도운전이 불가능할 때에는 관제사 또는 인접역장에게 통보 후 구원요구 및 승객을 안전한 장소로 대피 유도 안내를 하여야 한다.

예제 소화가 불가능하고 (   )이 불가능할 때에는 (   ) 또는 (   )에게 통보 후
(   ) 및 승객을 안전한 장소로 (   ) 안내를 하여야 한다.

정답 전도운전, 관제사, 인접역장, 구원요구, 대피 유도

[최근 정거장까지 운전 불가능하여 도중에 정차하였을 때]

(1) 객실 내 승객에게 위험의 염려가 없다고 인정될 때
객실 내 화재로 인한 승객들이 당황하거나 출입문을 임의로 취급하여 차량 밖으로 나가지 않도록 안내방송 반복시행(인접선 운행 열차에 대한 위험 안내 방송 포함)

(2) 차내 승객에게 위험이 있거나 위험이 있다고 인정되어 승객을 차외로 유도하는 경우에는(4인이 공동협력)
1. 관제사 및 역장에게 통보
2. 직접 육안으로 차 외의 상태를 미리 확인
3. 후속열차 및 인접선로에 대한 열차방호 시행
4. 안전한 장소로 안내 유도대피

예제 다음 중 열차의 운행 중 열차화재 발생으로 정거장 간 도중 정차하여 차내 승객을 차외로 대피시키는 경우 승무원의 조치사항으로 틀린 것은?

가. 관제사 및 인접역장에게 보고

나. 승객을 차외로 유도한다.

다. 후속열차에 대한 열차방호 시행

라. 열차방호 시행 후 밖의 상태를 확인하면서 대피

해설 정거장 간 도중 정차 시 긴급 부득이한 경우 외 승객을 차외로 유도하여서는 안되며, 승객을 차 밖으로 유도하는 경우 차 밖의 상태를 미리 확인하여 안전한 장소로 안내하여 대피시켜야 한다.

예제 다음 중 열차의 운행 중 열차화재 발생으로 최근 정거장까지 운전 불가능하여 정거장 간 도중에 정차하여 차내 승객을 안전한 장소로 유도대피 시 지상구간에서의 승무원의 조치사항으로 틀린 것은?

가. 인접선이 없는 쪽으로 출입문을 열고 차내방송 등에 의하여 승객을 유도

나. 하차하는 쪽이 인접선인 경우에는 인접열차에 대해 열차방호조치

다. 격리가 가능한 화재차량은 조속히 격리조치

라. 하차 후에는 지형, 풍향 등에 유의하여 선로에서 가까운 안전한 장소로 유도

해설 하차 후에는 지형, 풍향 등에 유의하여 선로 외의 안전한 장소로 유도

[정류장 간 도중에 정차]

− 승객을 열차 밖으로 대피

− 운전실 비상문 또는 객실 출입문 개방(인접선 열차 정차요구)

− 터널 통해 가까운 역으로 유도

[차내 승객을 안전한 장소로 안내 유도 대피]

1. 지상구간
   ① 하차시킬 필요가 있는 경우에는 인접선이 없는 쪽으로 안전을 확인한 후 출입문을 열고 차내방송 등에 의하여 여객을 유도
   ② 부득이 하차하는 쪽이 인접선인 경우에는 인접열차에 대해 안전사고 예방을 위해 열차방호 조치

2. 지하구간 및 서울교통공사 운행구간
   여객을 차량 밖으로 대피시킬 때는 운전실 비상 출입문(비상 사다리)을 이용하여 여객을 선로 내로 안전하게 대피 유도한다.

   > 승객이 과다 또는 기타 사유로 인하여, 전, 후 운전실 비상출입문으로 유도할 수 없는 상황에서 긴급대피 시
   > ① 관제사에 상황통보 및 후속열차, 인접선 운행열차 정차 조치요구(정차요구 받아들여지지 아니하면 본인 차가 방호해야 한다. 1종, 2종, 무선방호)
   > ② 후속열차 및 인접선로 운행열차 정차 확인
   > ③ 출입문 개방
   > ④ 안내방송 시행

   사고조치는 신속하게 함과 동시 인명·화물 및 철도재산의 피해가 최소한도 그치도록 할 것

---

3. 운전 중 화재발생으로 최근 역까지 운행하는 경우

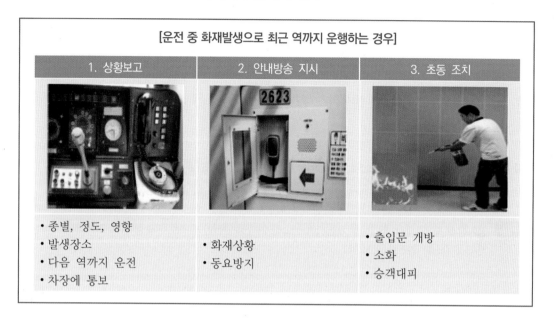

[운전 중 화재발생으로 최근 역까지 운행하는 경우]

1. 상황보고	2. 안내방송 지시	3. 초동 조치
• 종별, 정도, 영향 • 발생장소 • 다음 역까지 운전 • 차장에 통보	• 화재상황 • 동요방지	• 출입문 개방 • 소화 • 승객대피

예제 다음 중 서울교통공사 4호선 구간 운행 중 경미한 화재로 최근역까지 운행할 수 있을 때 승무원의 조치사항으로 틀린 것은?

가. 차장은 즉시 소화에 임한다.

나. 기관사는 최근역까지 운행한다.

다. 기관사는 관제사에 급보한다.

라. 차장은 최근역 도착 즉시 출입문 개방한다.

해설 차장은 즉시 안내방송을 실시하여 여객의 동요가 발생하지 않도록 조치한다.

예제 다음 중 운행 중 화재발생으로 최근 역까지 운행할 수 있을 때 승무원의 조치사항으로 틀린 것은?

가. 차장은 안내방송을 반복적으로 시행한다.

나. 정거장 도착 즉시 승객을 승강장 밖으로 대피시킨다.

다. 차장은 기관사가 관제사에 연락할 수 없을 때에는 연락을 담당한다.

라. 정거장 도착 즉시 Pan하강, MC Key, MC핸들 취거하여 차량기동을 정지한다.

해설 출입문 개방상태가 유지되도록 제동제어기(BC)핸들 또는 MC Key를 삽입하여 놓아야 한다.

예제 다음 중 열차운행 시 화재 발생으로 최근 역까지 운행하는 경우 조치에 관한 설명으로 틀린 것은?

가. 관제사 또는 인근 역장에게 화재의 상황을 급보하고, 다음 역 도착 후에도 수시로 통보하여 지시를 받아야 한다.
나. 차장에게 화재의 상황을 통보하고 여객의 동요가 발생하지 않도록 안내방송 시행을 지시한다.
다. 정거장 도착 즉시 화재개소에 출동하여 승객의 협조로 초기 소화를 시도한다.
라. 출입문 개방상태가 유지되도록 제동핸들 또는 MC. key를 삽입하여 놓아야 한다.

해설 정거장 도착 후 즉시 출입문을 개방하여 신속히 여객을 안전한 장소로 유도한 후 소화기 취급가능한 승객의 초기소화 협조를 요청한다.

4. 운전 중 화재 발생으로 정거장 간 도중에 정차 시

① 지상구간 운행 시에는 가급적 교량 및 터널구간을 빠져나와 정차한 후 즉시 열차방호장치를 동작시키고, 지하구간일 경우 최근 역까지 운전한다.
② 관제사 또는 역장에게 화재상황을 급보하고 차장에게 수시 차내 안내방송 지시한다.
③ 화재개소에 출동하여 승객의 협조하여 초기 소화시도를 한다.
④ 소화 후 운전가능 시 차장과 협의 후 최근역까지 운행, 관제사의 지시를 받는다.
⑤ 소화가 불가능하고 전도운전이 불가능할 때는 관제사 또는 인접역장에게 통보 후 구원을 요구한다.
⑥ 차장과 협력하여 차내 승객을 안전한 장소로 대피유도 안내한다.
⑦ 관제사에 사고처리 상황을 보고하고 이후의 지시를 받는다.

5. 정거장 구내 운전 중 열차 화재가 발생한 때

[화재 발생 시 조치 -출발신호를 벗어나지 않았을 때]
즉시 정차(차장) → 상황보고 → 되돌이 운전 → 초동 조치

1) 기관사의 조치

① 차장 또는 역장으로부터 화재상황을 통보받았거나 화재를 감지하였을 때는 즉시 정차하고 필요 시 열차방호장치에 의한 방호조치를 하여야 한다.

② 관제사 또는 역장에게 화재상황 통보 및 차장에게 안내방송 지시

③ 관제사 또는 관계역장의 지시를 받아 정거장 내로 되돌이운전(출발신호기 점유했으면 관제사 통보)

④ 정거장 도착 후 즉시 화재상황을 파악, 신속히 출입문을 개방하여 승객을 안전하게 대피유도(승객의 안전하차를 확인)하고 역장(역무원)과 협력하여 방연마스크 착용 후 소화작업을 하여야 한다.

⑤ 관제사에 사고처리 상황을 보고하여 이후의 지시를 받는다.

[기관사의 조치]

[즉시 정차] → [관제사 또는 역장에게 화재상황 통보, 차장에게 안내방송 지시] → [정거장 내로 되돌이운전] → [출입문 개방하여 승객대피 유도] → [관제사에 보고]

예제 정거장 구내 운전 중 열차 화재가 발생한 때 기관사의 조치 순서는?

[즉시 정차] → [관제사 또는 (   )에게 화재상황 통보, (   )에게 안내방송 지시] → [정거장 내로 (   )] → [출입문 (   )하여 (   ) 유도] → [관제사에 보고]

정답 역장, 차장, 되돌이 운전, 개방, 승객대피

---

2) 차장의 조치

① 화재 발생을 감지하였거나 확인될 때에는 즉시 비상제동 스위치(차장변)를 취급하고 기관사에게 화재의 상황을 연락한다.

② 안내방송을 반복시행하여 손님을 안전한 차량으로 유도하고 소화기 취급 가능한 승객의 초기소화 협조를 요청한다.

③ 되돌이 운전에 따른 열차 후부를 확인하여 유도하여야 한다.

④ 승강장 도착 즉시 출입문을 열고 신속히 승객을 안전한 장소로 대피 유도한 후 방연 마

스크를 착용하고 소화작업을 실시한다.

> **[차장의 조치]**
>
> [즉시 비상제동 스위치(차장변)를 취급, 기관사에게 화재상황 보고] → [안내방송 반복시행, 승객에게 초기 소화 협조] → [되돌이 운전 시 열차후부 확인] → [출입문 열고, 승객을 안전한 장소로 대피] → [소화작업 실시]

예제 다음 중 정거장 구내 운전 도중 열차에서 화재가 발생한 경우 기관사의 조치사항으로 틀린 것은?

가. 기관사는 즉시 정차한다.

나. 정차 후 즉시 정거장 내로 되돌이운전한다.

다. 차장에게 화재의 상황을 통보하고 여객의 동요가 발생하지 않도록 안내방송을 지시한다.

라. 관제사 또는 역장에게 화재상황 통보한다.

해설 관제사 또는 관계역장의 지시를 받아 정거장 내로 되돌이운전한다.

예제 다음 중 정거장 구내 운전 도중 열차에서 화재가 발생한 경우 승무원의 조치사항으로 틀린 것은?

가. 기관사는 즉시 정차한다.

나. 차장은 즉시 비상제동스위치를 취급한다.

다. 차장은 안내방송을 반복 시행하여 안전한 차량으로 손님을 유도한다.

라. 기관사는 관제사 또는 전방 역장의 지시를 받아 정거장 내로 되돌이운전한다.

해설 기관사는 관제사 또는 관계역장의 지시를 받아 정거장 내로 되돌이운전한다.

예제 다음 중 정거장 구내 운전 중 열차화재 발생 시 기관사의 조치로 틀린 것은?

가. 화재를 감지하였을 때에는 즉시 정차한다.

나. 관제사 또는 인근역장에게 화재의 상황을 통보한 후 안내방송 시행을 한다.

다. 관제사 또는 관계역장의 지시를 받아 정거장 내로 되돌이운전한다.

라. 정거장 도착 후 즉시 화재상황을 파악, 신속히 출입문을 개방하여 승객을 안전하게 대피유도한다.

관제사 또는 인근역장에게 화재의 상황을 통보한 후 차장으로 하여금 안내방송 시행을 지시한다.

다음 중 열차화재 발생으로 정거장 도착 시의 행동으로 틀린 것은?

가. 열차방호 및 구름방지 조치   나. 병발사고 방지 조치
다. 소화작업   **라. 승객동요방지**

승객동요 방지까지는 안 해도 된다.
　　　- 정거장 간 도중 정차 시 긴급 부득이한 경우 외 승객을 차외로 유도하여서는 안 되며,
　　　- 승객을 차 밖으로 유도하는 경우 차 밖의 상태를 미리 확인, 안전한 장소로 유도하여야 한다.

사상사고 발생 시 조치요령

1. 사상사고 발생 또는 사상자 발견 시 조치

1) 사상사고 발생 또는 사상자 발견 시 조치사항

(1) 승무원은 열차운전 중 사상사고 발생 또는 선로상에 사상자가 있는 것을 발견할 때에는 즉시 비상정차하고 다음의 취급을 하여야 한다.

① 관제사 또는 인근역장에게 즉시 통보하고 그 지시를 받는다.

② 사망이 명백한 경우를 제외하고는 즉시 응급처리를 취함과 동시에 적절한 조치를 하여야 한다. 즉, 부상자는 즉시 응급조치 및 객실(운전실이 아니고)에 승차하여 최근 역에 후송조치하고 사망자는 열차운행에 지장이 없는 선로변(옆)에 안치해야 한다.

> **예제** 부상자는 즉시 (　　　) 및 (　　　)에 승차하여 (　　　)에 후송조치하고 사망자는 열차운행에 지장이 없는 (　　　)에 안치해야 한다.

> **정답** 응급조치, 객실, 최근 역, 선로변(옆)

(2) 관제사 또는 역장은 승무원으로부터 사상사고 통보를 받았을 때는 관계처에 연락함과 동시에 적절한 조치를 취하여야 한다.

(3) 정거장 구내에서 사상사고 발생시 역장은 즉시 필요한 조치를 하는 한편, 그 상황을 관제사에게 보고하고 지시를 받아야 한다.

예제 다음 중 사상사고 발생 시 조치요령으로 틀린 것은?

가. 관제사 또는 인근역장에게 즉시 통보하고 그 지시를 받는다.

나. 사망이 명백한 경우를 제외하고는 즉시 응급처치를 취한다.

다. 사망이 명백한 경우 승객이 당황하지 않도록 보이지 않는 안전한 곳에 안치한다.

라. 관제사 또는 역장은 승무원으로부터 사상사고 통보를 받았을 때는 관계처에 연락함과 동시에 적절한 조치를 취한다.

해설 열차운행에 지장이 없는 선로변(옆)에 안치해야 한다.

2) 열차운전 중 사상사고 발생 또는 발견 시

① 비상정차 후 현 시각 확인 등 상황을 판단한다.

② 관제사 또는 역장에게 급보 후 지시를 받는다.

[급보책임자]

급보: 기관사 또는 역장 → 관제사

예제 다음 중 열차 운전 도중 사상사고 발생 또는 발견 시 조치 요령으로 맞는 것은?

가. 비상 정차 후 사상자 확인 등 상황을 판단한다.

나. 관제사 또는 역장에게 급보 후 지시를 받는다.

다. 사상자의 피해부위 및 사망여부를 육안으로 확인한다.

라. 사망 시는 선로 옆에 안치하고, 부상 또는 생사 불명 시는 즉시 응급조치 및 객실에 승차하여 최근 역에 후송조치를 한다.

해설 비상 정차 후 현 시각 확인 등 상황을 판단한다.

[급보책임자]

구분	급보책임자	급보방법
정거장 내	역장	사령전화
열차 운전 중(정거장 간)	기관사 또는 차장	열차무선
위 이외의 장소에서 발생한 사고	사고 현장 관할 현업기관의 장 또는 발견자	

③ 차장에게 안내방송을 지시한다.

　기관사 1인 승무원 경우 관제실에 대 승객 안내방송 요청

④ 운전실 이석 시 조치를 취한 후 현장 확인 조치

　－사상자 피해부위 및 사망여부를 육안으로 확인한다.

　－사상자는 선로옆에 안치하고, 부상 또는 생사불명 시는 즉시 응급조치 및 객실에 승차하여 최근역에 후송조치한다.

⑤ 사상자의 소지품을 조사하여 신원을 확인하고 목격자 확보에 노력한다

⑥ 운전실로 돌아와 관제사에 상황보고 후 현장을 발차(발차시각 확인)한다.

[열차운전 중 사상사고발생 또는 발견 시]

성균관대역 사고, 50대 녀女 열차에 뛰어들어 사망　　　4호선 중앙역, 사상사고 '또' 발생
80대 남성 전동차에 치여- 뉴스인사이드

> **[사상사고 등 이례상황 발생 시 사고수습을 위한 인접선 방호조치]**
>
> (1) 사상사고 등 이례상황 발생 시 사고조치를 위하여 인접선 방호할 필요가 있는 경우에는 다음과 같은 조치를 하여야 한다.
>   1. 해당 기관사는 관제사 또는 역장에게 사고개요 급보 시 사고수습 관련하여 인접선 지장여부를 확인하고 지장선로를 통보('인접선 지장주고 있다'통보)
>   2. 관제사는 전 호에 의한 인접선 지장 시 관계 선로로 운행하는 열차에 대한 속도제한(45km/h 이하)을 지시하거나 운행조정 조치
>   3. 인접 지장선로를 운행하는 기관사는 제한속도 준수 및 돌발상황에 대비 주의 운전
> (2) 기관사는 속도제한 사유가 없어진 경우에는 즉시 관제처에 통보하여 열차 정상운행이 이루어지도록 하여야 한다.

예제 중 사상사고 등 이례사항 발생 시 사고수습 의한 인접선 방호조치로 틀린 것은?

가. 해당 기관사는 관제사 또는 역장에게 사고개요 급보 시 사고수습 관련하여 인접선 지장여부를 확인하고 지장선로를 통보한다.

나. 관제사는 사고수습에 의한 인접선 지장 시 관계선로로 운행하는 열차에 대한 속도제한 (25km/h 이하)을 지시하거나 운행조정 조치한다.

다. 인접 지장선로를 운행하는 기관사는 제한속도 준수 및 돌발상황 대비 주의운전을 한다.

라. 기관사는 속도제한 사유가 없어진 경우에는 즉시 관계처에 통보하여 열차 정상 운행이 이루어지도록 하여야 한다.

해설 **사상사고 등 이례사항 발생 시 사고수습을 위한 인접선 방호조치**

① 사상사고 등 이례사항 발생 시 사고조치를 위하여 인접선을 방호할 필요가 있는 경우에는 다음과 같은 조치를 하여야 한다. 다만, 인접선 방호조치가 필요하지 않을 경우에는 그러하지 아니하다.
  1. 해당기관사는 관제사 또는 역장에게 사고개요 급보 시 사고수습 관련하여 인 접선 지장여부를 확인하고 지장선로를 통보
  2. 관제사는 전 호에 의한 인접선 지장 시 관계 선로로 운행하는 열차에 대한 속도제한(45km/h 이하)를 지시하거나 운행조정 조치
  3. 인접 지장선로를 운행하는 기관사는 제한속도 준수 및 돌발상황 대비주의 운전
② 기관사는 속도제한 사유가 없어진 경우에는 즉시 관계처에 통보하여 열차 정상운행이 이루어지도록 하여야 한다.

> 1. 열차 내 위급환자가 발생한 경우
>   ① 여객의 신고로 인지 (객실 비상경보장치)
>   ② 관제사 및 최근역장에게 급보 및 역무원 지원요구

③ 역무원에게 병원이송 및 신분 등 보고사항 조사 의뢰
④ 승객의 신분, 조치사항 등은 귀소 후 전화로 확인 후 보고
2. 열차 운전 중 기관사 신체 이상 사태 발생 시
① 최근역까지 운전 가능 시에는 최근 역까지 운전 후에 관제사의 지시를 받는다.
② 최근역까지 운전 불능 시에는 비상정차 후 관제사 또는 최근역장에게 급보 후 지시를 받는다.

2. 사고관련 법과 규정

가. KORAIL 영업사고 처리지침

제4조 (여객사상사고처리)

역장 및 열차승무원은 여객사상사고가 발생하였을 때 다음 각 호에 따라 처리한다.
1. 신속한 응급처치와 의료기관으로 후송
2. 관계처, 유사기관 및 사상자 가족에게 통보
3. 사상자가 남겨놓은 물건과 보관의 인도
4. 사진, CCTV, 목격자입증서 등 사고원인을 밝히기 위한 증거자료 확보

제9조 (사고급보)

① 역장 및 관련승무소장은 역 구내 및 열차 내에서 여객사상사고가 발생한 경우 지역본부장에게 보고하고, 동시에 여객상황부장(광역상황팀장)에게 다음 사항을 급보하고 사고처리에 대한 지시를 받아야 한다.
  1. 발생일시, 장소, 관계열차
  2. 사고개황(사고인원, 책임관계 등) 및 조치사항
  3. 사상정도, 인원수 등 사상자 현황
  4. 그 밖의 참고사항
② 역장은 소속 내 사고 또는 승무원으로부터 인계 받은 사고를 조사 세칙의 급보서식에 따라 관계처 및 영업배상책임보험 주관보험사에 통보한다.

제10조 (서면급보) (출제된 적이 있다)

(3일 이내 등의 숫자 또는 아래의 3개 짜리는 외울 것)(이례상황 편에서는 주로 규정이므로 3개 이상 짜리는 이해만 할 것. 고장조치 편은 구조와 기능과 연계되어 있으므로

조금 복잡하다. 그러므로 목표를 80점 정도 받을 수 있도록 준비하자.)

① 여객사상사고가 발생하거나 사상자가 발견되었을 경우 다음과 같이 지정한 책임자는 사고발생일로부터 3일 이내에 지역본부장(영업처장)에게 서면보고를 하여야 한다.

예제 여객사상사고가 발생하거나 사상자가 발견되었을 경우 다음과 같이 지정한 책임자는 사고 발생일로부터 (   )에 (   )에게 서면보고를 하여야 한다.

정답 3일 이내, 지역본부장(영업처장)

1. 역 구내: 역장 및 관계자의 사업소장(3호선 2군데)
2. 열차 내에서 발생한 사고: 열차승무원의 사업소장
3. 관계자가 사상자 발견 또는 처리를 역장에게 의뢰하였을 때 역장 및 관련 사업소장
② 제1항의 서면보고서 서식은 조사 세칙의 보고서를 겸용한다.

나. 서울교통공사 사상사고 처리 규정

제4조 (역구내에서의 사고처리)

역 구내에서 사상 사고가 발생되었을 시 역장은 다음 각 호의 처리를 하는 한편 사고의 원인, 상황 등을 명확히 파악하고 증거 또는 참고할 자료를 수집하여야 한다. 원칙적으로 역내에서 사고처리는 역장, 역 구내 이외에서의 사고처리는 승무원이 한다.

[역 구내 및 역 구내 이외에서의 철도사고]

지하철 1호선 신길역 탈선 사고로 시민 불편 10시간 만에 복구 – 동아닷컴

7명 사상 여수 무궁화호 탈선, 부기관사가 운전하다 사고 – 연합뉴스

제 5조 (역 구내 이외에서의 사고처리)

① 승무원은 열차 운전 중 부상자가 발생하였거나 발견되었을 때는 지체없이 열차진행 방향의 최근역까지 이송하여 구호를 의뢰하여야 한다.

② 승무원은 열차 운전 중 사고로 사망자가 발생되었거나 발견되었을 때는
- 운전취급규정에 규정된 기적전호에 의하여 부근을 순찰 중인 철도토목 직원을 소집함을 동시에 관제사에게 보고하여
- 철도토목직원의 파견을 요청하여야 한다(기적 전호: 2초 보통으로 한 번, 여러 번).

③ 상당 시간 경과하여도 철도토목직원이 소집되지 않을 경우
- 승무원은 사고현장이 원상태로 유지되도록 유의하면서 사망자를 열차운행이 지장이 없도록 선로 밖으로 안치한 후 운전을 계속하여 다음 역에 도착 즉시 역장에게 조치를 의뢰하여야 한다.

④ 위 항의 규정에 의하여 사망자에 대한 조치를 의뢰받은 역장은 철도토목 직원이 현장에 도착할 때까지 그 업무를 대행한다.

다. 사상 사고 발생 시 비용부담

1) 응급처리비 부담원칙 (자주 출제)

① 사고가 운영기관의 귀책사유로 발생한 경우에는 운영기관의 부담으로 한다.
② 사고가 사상자의 귀책사유로 발생한 경우에는 사상자측의 부담으로 한다.
③ 사고가 운영기관과 사상자의 귀책이 경합되었을 경우에는 상호 간의 책임비율에 따라 각각 부담한다.
④ 사고의 원인이 제3자에 기인되었을 경우에는 사상자측의 부담(변호사에 도움 요청)으로 한다. (사상자가 제3자에게 손해배상 청구 등)
⑤ 사고가 운영기관과 사상자의 귀책이 경합되었을 경우에는 상호 간의 책임비율에 따라 각각 부담한다.

예제 사고의 원인이 제3자에 기인되었을 경우에는 (   )의 부담으로 한다.

정답 사상자측

예제 사고가 운영기관과 사상자의 귀책이 (   )되었을 경우에는 상호 간의 (   )에 따라 각각 부담한다.

정답 경합, 책임비율

2) 응급처리비 부담

－운영기관의 책임이 없더라도
－여객 또는 고의과실이 없는 사상자에 한하여 의료기관의 응급치료비를 지급할 수 있다. (공중사상사고(건널목 사고 등) 포함)

[응급처리비 부담]

철도공사	100만원 이내 지급
서울교통공사	• 경상의 경우: 1차 진료비 • 중상의 경우: 24시간 이내 발생된 진료비

[철도사상사고]

서울 지하철 1호선 온수역 인근에서 사상 사고가 발생해 일차 운행에 차질이 빚어졌다.

레일뉴스

3) 응급처리비 이외 부대비용 지급

－운영기관 책임여부 및 귀책사유에 불문하고 부상자를 위문하고 사망자에 대해 조의를 표할 수 있다.

제6장

이상기후 발생 시 조치요령

1. 선로침수 시 운전취급요령 (간혹 시험에 출제)

가. 도시철도의 경우에는 대부분의 운행구간이 지하 터널 내로 되어있고 터널의 심도가 깊은 관계로 폭풍 등 바람과 폭설, 안개에 의한 피해보다는 침수에 의한 사고발생 우려가 크다고 할 수 있다. (도시철도는 지하로 많이 다니므로 선로침수가 종종 발생된다.)

나. 터널 내 집수정 배수펌프의 고장 및 환기구 혹은 출입구로 우수가 유입되거나 선로가 침수된 것을 발견한 기관사는 선로침수 시 조치요령(운전취급요령)에 의거한 운전 취급을 하여야 한다.

다. 선로 침수 시의 운전취급

열차운행 중인 기관사 또는 선로를 순회하는 직원은 선로의 침수로 열차운행이 지장이 있다고 판단되는 경우에는 다음과 같이 조치한다.

① 열차운행 중 선로침수를 발견한 기관사는 즉시 열차 정차 후 현장상황을 최근 정거장 역장 또는 관제사에게 통보하여야 한다.

② 선로 침수를 통보받은 역장 또는 관제사는 관계부서에 통보하여 배수조치 의뢰 및 열차운행 일시중지 등을 지시하여야 한다.

③ 기관사는 침수된 선로를 운전하는 경우에 다음 각 호에 따라야 한다.

1. 레일면 (레일의 제일 밑부분)까지 침수된 경우에는
   - 그 전방지점에 일단 정차한 다음, 선로상태를 확인하고
   - 통과 가능하다고 인정될 때에는 15km/h 이하의 속도로 주위운전하여 통과하고, 차장에게 안내방송을 지시한다.

예제 기관사는 열차운행 중 수위가 레일면 이하까지 침수된 때에는 그 전방지점에 일단 정차한 다음, 선로상태를 확인하고 (   )하다고 인정될 때에는 (   )로 주의운전 하여 통과하고, 차장에게 안내방송을 지시한다.

정답 통과 가능, 15km/h 이하의 속도

2. 레일면을 초과(레일위로 물이 올라왔을 때)하여 침수된 경우에는
   - 열차운전을 중지하고 침수지점 전방에 정차하여 관제사에 급보한 다음
   - 관제사의 지시에 따라 조치하고, 차장에게 안내방송을 지시한다.
④ 수위의 한계수치의 측정은 열차 정차 후 레일 면을 기준으로 하여 목측으로 파악(측정)한다. (운전실에 앉아서 본다)

예제 레일면을 초과 (레일위로 물이 올라왔을 때)하여 침수된 경우에는

- 열차운전을 (   )하고 침수지점 (   )하여 관제사에 급보한 다음
- (   )의 지시에 따라 조치하고, 차장에게 (   )을 지시한다.

정답 중지, 전방에 정차, 관제사, 안내방송

[선로침수 시 운전취급요령]

1. 침수개소 전방에 정차
2. 관제통보(목측)
3. 수위가 레일면 이하 - 15km/h 이하로 통과
4. 레일 면 이상 - 열차운행 중지, 관제사 급보

금천구청역 선로 침수 SBS뉴스

남부지방 폭우 지하철과 열차 중단 - 노컷뉴스

예제 다음 중 서울교통공사 및 철도공사 ATC 운행구간에서 선로 침수 시 운전취급 요령으로 틀린 것은?

가. 기관사는 열차운행 중 수위가 레일면 위로 침수된 경우에는 열차운전을 중지한다.
나. 역장은 전방 선로가 침수되었을 경우 관제사의 명령에 의하여 여객을 당해 정거장에 하차시킨 후 전동차를 침수되지 않는 장소로 회송조치를 요청한다.
다. 기관사는 열차운행 중 수위가 레일면 이하까지 침수된 때에는 그 전방지점에 정차한 다음, 선로상태를 확인하고 통과 가능하다고 인정될 때에는 25km/h 이하의 속도로 주의운전한다.
라. 기관사는 관제사 또는 역장에게 통보하고 지시에 따른다.

해설 기관사는 열차운행 중 수위가 레일면 이하까지 침수된 때에는 그 전방지점에 정차한 다음 선로상태를 확인하고 통과 가능하다고 인정될 때에는 15km/h 이하의 속도로 주의운전한다.

예제 다음 중 서울교통공사 4호선 운행구간에서의 열차운행 도중 선로침수 발견 시 승무원의 운전취급 요령으로 틀린 것은?

가. 관제사 또는 역장에게 통보하고 지시에 따른다.
나. 레일면 위로 침수된 경우는 열차운전을 중지하고 침수지점 전방에 정차하여 관제사에 급보한

다음 관제사 지시에 따라 조치하고, 차장에게 안내방송을 지시한다.

다. 수위의 한계치수 측정은 열차운행 중 레일면을 기준으로 목측으로 파악한다.

라. 레일면 이하까지 침수된 때에는 일단 정차, 확인 후 통과 가능하다고 판단 시 15km/h 이하로 주의운전한다.

> **해설** 수위의 한계치수 측정은 열차정차 후 레일면을 기준으로 목측으로 파악한다.

> **예제** 다음 중 선로 침수 시 운전취급법으로 맞는 것은?

가. 선로침수를 발견한 기관사는 우선 현장상황을 관제사에게 통보하고 열차정차시킨다.

나. 레일면을 실측하여 관제사 및 최근 정거장 역장에게 통보한다.

다. 수위가 레일면 이하일 때는 25m/h 이하 속도로 통과한다.

라. 수위의 측정은 열차정차 후 레일 면을 기준으로 하여 목측으로 파악한다.

> **해설** 가. 선로침수를 발견한 기관사는 열차정차 후 현장상황을 관제사에게 통보한다.
> 나. 실측이 아니라 목측해야 한다.
> 다. 수위가 레일면 이하일 때는 15m/h 속도로 운행한다.

2. 지진발생 시 조치요령

가. 서울교통공사 운행구간에서 조치 (경보와 비상경보를 구분하여 해당 속도 암기)

- 진도 3 (예보), 약진: 주의 운전
- 진도 4 (경보), 중진: 상황에 다라 열차운전 일시 중지
- 진도 5이상 (비상경보), 강진, 열진, 격진: 열차운전 중지

> **예제** 진도 3 (   ), 약진: (   )
> 진도 4 (   ), 중진: 상황에 다라 열차운전 (   )
> 진도 5이상 (   ), 강진, 열진, 격진: 열차운전 (   )

> **정답** 예보, 주의 운전, 경보, 일시 중지, 비상경보, 중지

예제 다음 중 지진경보에서 진도에 따른 조치사항이 틀린 것은?

가. 진도3: 주의운전

나. 진도4: 상황에 따라 주의운전

다. 진도4: 경보, 중진

라. 진도5: 비상경보, 강진, 열진, 격진

해설 진도 3(예보), 약진: 주의운전
진도 4(경보), 중진: 상황에 따라 열차운전 일시 중지
진도 5 이상(비상경보), 강진, 열진, 격진: 열차운전 중지

예제 다음 중 지진과 관련된 설명으로 틀린 것은?

가. 진도 3은 약진으로서 경보를 발령하고 열차는 주의운전한다.

나. 진도 6은 열진으로서 비상경보를 발령하고 열차는 운행을 중지한다.

다. 진도 5는 강진으로서 비상경보를 발령하고 열차는 운행을 중지한다.

라. 진도 4는 중진으로서 상황에 따라 열차운전을 일시 중지한다.

해설 진도 3은 약진으로서 예보를 발령하고 열차는 주의운전한다.

1) 지진예보 (진도 3, 4 경우)

－지진예보 또는 경보해제 후 이상유무를 확인할 때까지는 25km/h 이하의 속도로 주의운
전하여야 한다.

예제 (   ) 또는 경보해제 후 이상유무를 확인할 때까지는 (   )로 주의운
전하여야 한다.

정답 지진예보, 25km/h 이하의 속도

2) 지진경보 또는 비상경보

－발령할 때에는 다음 각목에 의한다.

－지진경보 발령 시: 정거장 간을 운행 중인 열차는 25km/h 이하의 속도로 주의운전하여
야 한다.

예제 (   ) 발령 시: 정거장 간을 운행 중인 열차는 (   )로 주의운전하여야 한다.

정답 지진경보, 25km/h 이하의 속도

- 지진비상경보(진도 5) 발령 시 정거장 간을 운행 중인 열차는 15km/h 이하의 속도로 주의운전하여야 한다.

예제 (   ) 발령 시 정거장 간을 운행 중인 열차는 (   )로 주의운전하여야 한다.

정답 지진비상경보, 15km/h 이하의 속도

- 다음 정거장 앞 열차가 정차 중일 때에는 승객을 하차시키기 적당한 구간에 정차할 수 있으며 경보해제할 때까지는 정차한 장소에서 대기한다.
- 일단 정차한 열차가 관제지시에 의하여 다음 정거장에 진입할 때에는 전방에 이상이 없음을 확인하며 즉시 정차할 수 있는 속도로 주의운전하여야 한다.

[지진발생으로 열차서행 및 열차운행 중단 장면]

KTX 도시철도 여진 후 서행하다 정상운행 KBS 뉴스   일본 오사카 지진으로 열차운행 중단, 지연 이데일리

[지진 발생과 지진관측 현장]

지진으로 KTX 일부 구간 서행 운전
통신기지국 50여 개도 파손

부산교통공사, 실시간 지진관측 통합감시시스템 구축
- 중앙일보

나. 한국철도공사(KORAIL) 운행구간에서 조치

1) 지진황색경보 발령 시

(진동가속도 값 40gal - 65gal(기준) 미만) [(gal(갈: 가속도): 1초에 1cm 갈 수 있는 단위. 1초에 40~65cm 움직임. 65gal: 강진) ("KORAIL은 강진: 65gal을 기준으로 한다" → 외우기)]

(1) 관제사

① 지진영향권 내 운행열차 일단정차지시

② 지진 통과했다고 판단 시 30km/h 이하 주의운전 지시

③ 관련시설, 전기사무소장의 긴급점검 출동지시

④ 최초 열차기관사가 열차운행 지장없음을 확인한 경우 정상운행 지시

예제 지진황색경보 발령 시 관제사는 지진 통과했다고 판단 시 (   ) 주의운전 지시한다.

정답 30km/h 이하

(2) 기관사 (서울교통공사의 진도4와 같은 기준)

　　① 지진황색경보 수보 즉시 안전한 장소에 일단정차

　　② 관제사의 지시에 따라 30km/h 이하 주의 운전

　　③ 열차운행 지장 여부를 확인 후 관제사에 통보

예제 다음 중 한국철도공사 운행구간에서 지진황색경보 발령 시 관제사의 역할로 틀린 것은?

가. 지진영향권내 운행열차 5km/h 이하 운행지시

나. 지진 통과했다고 판단 시 30km/h 이하 주의운전지시

다. 관련시설, 전기사무소장의 긴급점검 출동 지시

라. 최초열차기관사가 열차 운행 지장 없음을 확인한 경우 정상운행 지시

해설 관제사는 지진영향권내 운행열차에 일단 정차하도록 지시한다.

예제 다음 중 한국철도공사 운행구간에서 지진황색경보 발령 시 관제사의 지시가 있을 경우 기관사의 운전 가능한 열차속도는?

가. 15km/h 이하　　　　　　　　　　나. 20km/h 이하

다. 30km/h 이하　　　　　　　　　　라. 45km/h 이하

해설 지진황색경보 발령 시: 관제사의 지시에 따라 30km/h 이하 주의운전
지진적색경보 발령 시: 관제사의 지시에 따라 최초열차 30km/h 이하 시계운전 이후, 이상유무를 관제사에게 보고

2) 지진 적색경보 발령 시(진동 가속도 값 65gal 이상)

(1) 관제사

　　① 지진영향권 내 운행열차 즉시 정차 통보

　　② 일단 정차 후 지진 통과했다고 판단 시 최초열차 30km/h 이하 주의운전 지시

　　③ 이상 없을 경우 후속열차 65km/h 이하 운행조치

　　④ 시설, 전기 직원의 열차 첨승 및 검측기기(검측자 포함) 점검 등으로 열차운행 지장 없음을 확인한 경우 정상운행 조치

예제 지진 적색경보 발령 시 관제사는 일단 정차 후 지진 통과했다고 판단 시 (   )
(   ) 주의운전 지시 이상 없을 경우 (   ) (   ) 운행조치

정답 최초열차, 30km/h 이하, 후속열차, 65km/h 이하

2) 기관사

① 지진적색경보 수보 즉시 안전한 장소에 열차정차 후 관제사에게 보고
② 관제사의 지시에 따라 최초열차 30km/h 이하 시계운전 후, 이상유무를 관제사에게 보고
③ 이후 열차운행사항은 관제사의 지시에 따름

예제 지진 적색경보 수보 즉시 기관사는 (   ) 장소에 열차 (   ) 후 관제사에게 보고
관제사의 지시에 따라 (   ) 시계운전 후, (   )를 관제사에게 보고 이후
열차운행사항은 (관제사)의 지시에 따름

정답 안전한, 정차, 최초열차 30km/h 이하, 이상유무

예제 다음 중 철도공사 운행구간에서 지진적색경보 발령 시에 관한 설명으로 틀린 것은?

가. 진동가속도 값이 65gal 이상이다.
나. 지진적색경보 수보 즉시 안전한 장소에 정차한다.
다. 관제사의 지시에 따라 최초열차 15km/h 이하 시계운전 후, 이상유무를 관제사에게 보고
라. 관제사는 지진영향권내 운행열차에 대하여 즉시 정차 통보한다.

해설 관제사의 지시에 따라 최초열차 30km/h 이하 시계운전 후, 이상유무를 관제사에게 보고
[지진적색경보 발령 시(진동 가속도 값 65gal 이상)]
가) 관제사
　　1. 지진영향권내 운행열차 즉시 정차통보
　　2. 일단 정차 후 지진 통과했다고 판단 시 최초열차 30km/h 이하 주의운전 지시
　　3. 이상 없을 경우 후속열차 65km/h 이하 운행조치
　　4. 시설, 전기 직원의 열차 첨승 및 검측기기(검측자 포함) 점검 등으로 열차운행 지장없음을 확인
　　　후 정상운행 조치
나) 기관사
　　1. 지진적색경보 수보 즉시 안전한 장소에 열차정차 후 관제사에게 보고

2. 관제사의 지시에 따라 최초열차 30km/h 이하 시계운전 후, 이상유무를 관제사에게 보고
3. 이후 열차운행사항은 관제사의 지시에 따름

예제 다음 중 한국철도공사 운행구간에서 지진적색경보 발령 시 조치요령으로 틀린 것은?

가. 기관사는 지진적색경보 수보 즉시 안전한 장소에 열차정차 후 관제사에게 보고

나. 관제사는 지진 통과 했다고 판단 시 최초열차 30km/h 이하 주의운전 지시

다. 기관사는 관제사 지시에 따라 최초열차 30km/h 이하 시계운전 후 이상유무를 관제사에게 보고

라. 관제사는 이상 없을 경우 후속열차 30km/h 이하 운행조치

해설 관제사는 이상 없을 경우 후속열차 65km/h 이하 운행조치한다.

예제 다음 중 서울교통공사의 지진발생 시의 조치방법으로 틀린 것은?

가. 진도 2 (예보)는 주의 운전을 하고, 진도 4 (경보)는 상황에 따라 열차운전 일시 중지이다. 진
도 6이상 (비상경보)은 열차운전 중지이다.

나. 지진예보 또는 경보해제 후 이상유무를 확인할 때까지는 25km/h 이하의 속도로 주의운전하여
야 한다.

다. 진도3(예보) 시 정거장 간을 운행 중인 열차는 25km/h 이하의 속도로 주의운전하여야 한다.

라. 지진5(비상경보)발령 시 정거장 간을 운행 중인 열차는 15km/h 이하의 속도로 주의운전하여야 한다.

해설 진도 3 (예보)는 주의 운전을 하고, 진도 4 (경보)는 상황에 따라 열차운전 일시 중지이다. 진도 5이상
(비상경보)은 열차운전 중지이다.

[강한 파도 폭풍우에 의한 철도 피해현장]

강한 파도에 무너진 방조제와 유실된 철도 – 중앙일보

경전철과 홍수, 그리고 폭풍 / 프리미엄 벡터

3. 폭풍우 발생시 조치 (폭풍 수치 암기)

－풍속이 20m/s 이상으로 판단된 시 관제사에 보고
－풍속이 25m/s 이상 시 상황에 따라 열차운행 일시 중지
－풍속이 30m/s 이상 시 열차 운전중지

풍속 유형	조치사항	진도	서울교통공사	KORAIL
풍속이 20m/s 이상 시	주의운전	진도 3(예보)	25km/h	
풍속이 25m/s 이상 시	상황에 따라 열차운전 일시중지	진도 4(경보)	25km/h	황색
풍속이 30m/s 이상 시	열차운전중지	진도 5(비상경보)	15km/h	적색

예제 풍속이 (　　) 이상으로 판단된 시 (　　　)에 보고
　　　 풍속이 (　　) 이상 시 상황에 따라 열차운행 (　　　)
　　　 풍속이 (　　) 이상 시 열차 운전중지

정답 20m/s, 관제사, 25m/s, 일시 중지, 30m/s

예제 다음 중 폭풍우 발생 시 기관사의 조치사항으로 틀린 것은?

가. 풍속이 20m/s 이상 시 주의운전한다.
나. 관제사의 정차지시 및 기관사의 위험판단 시 즉시 정차한다.
다. 풍속이 40m/s 이상 시 열차 운전을 일시 중지한다.
라. 교량이나 곡선구간 운행 시 급제동을 가급적 피한다.

해설 풍속이 30m/s 이상 시 열차 운전을 중지한다.

4. 안개 또는 눈보라 시 기관사 조치

안개 또는 눈보라가 앞이 보이는 범위 내에서 정차시킬 수 있는 속도로 주의운전하여야 한다.(약 15km/h정도)

① 신호기 앞에서 정차할 수 있는 속도로 주의운전해야 한다.
② 출발신호기의 신호현시상태를 확인할 수 없을 경우 역장으로부터 출발신호기에 진행을 지시하는 신호가 현시되었음을 통보받았을 때에는 일단 출발하여 출발신호기의 현시상태를 확인할 때까지 주의운전할 것
③ 신호기의 확인거리가 50m 이하라고 인정되더라도 관제사의 운행중지 명령이 없는 한 15km/h 이하의 속도로 주의 운전하여야 한다. (어떤 경우라도 기관사는 운전을 중지해서는 안 된다.)

예제 신호기의 확인거리가 (   )라고 인정되더라도 관제사의 운행중지 명령이 없는 한
(   )의 속도로 (   )하여야 한다.

정답 50m 이하, 15km/h 이하, 주의 운전

[안개 시 철도사고]

스위스 단체여행 중이던 50대 산악열차에 치여 숨져
'안개 짙었다' 서울경제

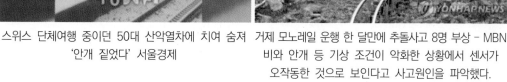

거제 모노레일 운행 한 달만에 추돌사고 8명 부상 - MBN
비와 안개 등 기상 조건이 악화한 상황에서 센서가
오작동한 것으로 보인다고 사고원인을 파악했다.

예제 다음 중 안개 또는 눈보라 시 운전취급에 관한 설명으로 틀린 것은?

가. 신호기 앞에서 정차할 수 있는 속도로 주의운전 해야 한다.

나. 신호기 현시상태를 확인할 수 없을 때에는 일단 정차하여야 한다.

다. 신호 확인 거리가 50m 이하라고 인정되더라도 관제사의 운전중지명령이 없는 한 15km/h 이하의 속도로 주의운전할 수 있다.

라. 출발신호기 신호현시 상태를 확인할 수 없을 때 역장으로부터 통보를 받지 않은 경우에는 출발할 수 있다.

해설 출발신호기의 신호현시 상태를 확인할 수 없을 경우 역장으로부터 출발신호기에 진행을 지시하는 신호가 현시되었음을 통보받았을 때에는 일단 출발하여 출발신호기의 현시상태를 확인할 때까지 주의운전할 것

예제 다음 중 열차운전 도중 안개 또는 눈보라를 만났을 때 기관사의 조치요령으로 틀린 것은?

가. 신호의 확인거리 범위 내에서 정차할 수 있는 속도로 시계운전한다.

나. 신호기의 신호현시 상태를 확인할 수 없을 때에는 일단 정차한다.

다. 관제사에 안개 또는 눈보라의 상황을 보고한다.

라. 출발신호기의 신호현시를 확인할 수 없을 때에는 일단 정차한다.

해설 신호의 확인거리 범위 내에서 정차할 수 있는 속도로 주의운전한다.

예제 다음 중 관제사가 안개 또는 눈보라 시 열차운전 중지명령을 할 수 있는 신호의 확인거리로 맞는 것은?

가. 20m   나. 30m

다. 40m   **라. 50m**

해설 열차운전 중지명령을 할 수 있는 신호의 확인거리는 50m이나 관제사의 운전중지 명령이 없으면 15km/h 이하의 속도로 주의운전한다.

예제 다음 중 안개 또는 눈보라 시 기관사의 대처방법으로 맞는 것은?

가. 열차 또는 차량을 운전하는 기관사는 안개 또는 눈보라 등 기후불량으로 신호현시 상태 확인이 곤란하여 운전에 지장이 있을 경우에는 앞이 보이는 범위 내에서 정차시킬 수 있는 속도로 주의운전하여야 한다.

나. 신호의 확인거리가 50m 이하라고 인정되더라도 관제사의 운전중지 명령이 없는 한 25km/h 이하의 속도로 주의운전한다.

다. 운전도중 안개 또는 눈보라로 신호기의 신호현시를 확인할 수 없을 때에는 일단 정차한다.

라. 출발신호기의 신호현시 상태를 확인할 수 없을 경우 역장으로부터 출발신호기에 진행을 지시하는 신호가 현시되었음을 통보받았을 때에는 일단 출발하여 출발신호기의 현시상태를 확인할 때까지 주의운전할 것.

해설 신호의 확인거리가 50m 이하라고 인정되더라도 관제사의 운전중지 명령이 없는 한 15km/h 이하의 속도로 주의운전한다.

예제 다음 중 이상기후 발생 시 조치에 관한 설명으로 맞는 것은?

가. 풍속이 20m/s 이상으로 판단된 시 관제사에게 보고

나. 풍속이 25m/s 이상 시 상황에 따라 열차운전 완전 중지

다. 안개 또는 눈보라 시 신호의 확인거리가 50m 이하인 경우 관제사의 운전중지 명령이 없는 한 25km/h 이하의 속도로 주의운전

라. 풍속이 40m/s 이상 시 열차운전중지

해설 풍속이 20m/s 이상으로 판단된 시 관제사에게 보고

예제 다음 중 이상기후 발생 시 승무원의 조치요령으로 틀린 것은?

가. 기관사가 폭풍우를 만났을 때 급격한 속도 변화를 주지 않는다.

나. 레일면 위로 침수된 경우 즉시 정차하고 관제사의 지시에 따른다.

다. 폭풍으로 열차운전이 위험하다고 판단 시 열차를 터널 등에 정차시킨다.

라. 풍속이 25m/s 이상 시 열차 운전을 중지시킨다.

해설 풍속이 30m/s 이상 시 열차 운전을 중지한다.

예제 다음 중 열차운전 도중 이례상황 발생 시 주의운전속도가 다른 것은?

가. 안개 또는 눈보라 시 관제사의 운전둥지 명령이 없을 때의 운행속도

나. 선로 침수 시 수위가 레일면 이하까지 침수 시의 운행속도

다. 지진에보 및 경보발령시 운행 속도

라. 풍속이 25m/s 이상 시 운행속도

해설 가. 안개 또는 눈보라가 앞이 보이는 범위 내에서 정차시킬 수 있는 약 15km/h 정도 속도로 주의운전 하여야 한다.

나. 선로침수 시는 15km/h 이하의 속도로 주의운전하여 통과한다.

다. 지진비상경보(진도 5) 발령 시 정거장 간을 운행 중인 열차는 15km/h 이하의 속도로 주의운전하 여야 한다.

라. 풍속이 25m/s 이상 시 25km/h로 운행한다.

예제 안개 또는 눈보라가 앞이 보이는 범위 내에서 정차시킬 수 있는 (   ) 속도로 주의운전 하여야 한다.

정답 15km/h

예제 선로침수 시는 (   ) 이하의 속도로 주위운전하여 통과한다.

정답 15km/h

예제 지진예보 및 경보 발령 시 (   ) 이하의 속도로 주의운전하여야 한다.

정답 15km/h

예제 폭풍우 발생 시 시설물의 불안전 상태 확인 시는 (   )한다.

정답 즉시정차

예제 다음 중 운행속도가 다른 것은?

가. 전부운전실 고장으로 후부운전실에서 운전하는 경우

나. 한국철도공사 ATC운행구간에서 레일면 이하까지 침수된 경우

다. 한국철도공사 구간에서 지진예보 시 전거장 간 운행 중인 열차의 경우

라. 안개 또는 눈보라 시 신호의 확인거리가 50m 이하인 경우 관제사의 운전중지 명령이 없는 경우

해설 가: 25km/h 이하, 나.다.라.: 15km/h 이하

예제 한국철도공사 ATC운행구간에서 레일면 이하까지 침수된 경우 (   )속도로 운전해야 한다.

정답 15km/h

예제 한국철도공사 구간에서 지진예보 시 정거장 간 운행 중인 열차의 경우 (   ) 속도로 운전해야 한다.

정답 15km/h

예제 안개 또는 눈보라 시 신호의 확인거리가 50m 이하인 경우 관제사의 운전중지 명령이 없는 경우 (   ) 속도로 운전해야 한다.

정답 15km/h

예제 전부운전실 고장으로 후부운전실에서는 (   )속도로 운전해야 한다.

정답 25km/h

제7장

기타 이례사항 조치

1. 철도 테러

1) 철도테러경보 발령단계 (독극물, 무장단체 등)

① 1단계(관심단계): 청색경보(Blue) – 테러에 대한 관심이 요구될 때
② 2단계(주의단계): 황색경보(Yellow) – 테러에 대한 주의가 요구될 때
③ 3단계(경계단계): 주황색경보(Orange) – 테러 징후가 높아 경계가 요구될 때
④ 4단계(심각단계): 적색경보(Red) – 국내에서 테러가 발생하였거나 테러가 심하게 우려될 때

예제 1단계(관심단계): (   ) – 테러에 대한 (   )이 요구될 때
　　　　 2단계(주의단계): (   ) – 테러에 대한 (   )가 요구될 때
　　　　 3단계(경계단계): (   ) – 테러 징후가 높아 (   )가 요구될 때
　　　　 4단계(심각단계): (   ) – 국내에서 테러가 (발생)하였거나 테러가 심하게 (   )될 때

정답 1단계(관심단계): 청색경보(Blue), 관심
　　　　 2단계(주의단계): 황색경보(Yellow), 주의
　　　　 3단계(경계단계): 주황색경보(Orange), 경계
　　　　 4단계(심각단계): 적색경보(Red), 우려

예제 다음 중 철도 테러경보 발령단계에 대한 설명으로 맞는 것은?

가. 1단계: 청색경보 – 테러에 대한 관심이 요구될 때

나. 2단계: 황색경보 – 테러에 대한 주의가 요구될 때

다. 3단계: 주황색경보 – 테러 징후가 높아 경계가 요구될 때

라. 4단계: 적색경보 – 국내에서 테러가 발생하였거나 테러가 심하게 우려될 때

해설 1단계(관심단계): 청색경보(Blue) – 테러에 대한 관심이 요구될 때
2단계(주의단계): 황색경보(Yelow) – 테러에 대한 주의가 요구될 때
3단계(경계단계): 주황색경보(Orange) – 테러 징후가 높아 경계가 요구될 때
4단계(심각단계): 적색경보(Red) – 국내에서 테러가 발생하였거나 테러가 심하게 우려될 때

예제 다음 중 철도테러 주의단계에서 발령되는 경보는?

가. 적색경보   나. 황색경보
다. 주황색경보   라. 청색경보

해설 철도테러 경계단계에서 발령되는 경보는 황색경보이다.

2) 대 테러 안전수칙

(1) 의심되는 물건 발견 시

① 함부로 만지거나 개봉하지 말고 열에 노출시키거나 충격을 가하지 말 것
② 분말인 경우 청소하지 말고 쏟아진 물질을 덮을 것
③ 방폭가방 설치, 안전구역 설정 및 접근금지 표시판 설치할 것
④ 즉시 해당 지역을 빠져나올 것
⑤ 유관기관(국정원, 경찰서, 소방서 등)에 신고할 것

예제 다음 중 철도테러 대비 안전수칙에 관한 설명으로 틀린 것은?

가. 분말인 경우 청소하지 말고 쏟아진 물질을 덮을 것
나. 폭발로 화재 발생 시에는 화재가 난 반대방향의 비상계단을 이용해야 한다.
다. 탄저균 발견 시에는 환기장치의 구동을 정지시켜야 한다.
라. 탄저균 발견 시에는 문을 열어 사람을 밖으로 내보내야 한다.

탄저균 발견 시에는 문을 닫아 사람의 출입을 금지시켜야 한다.

(2) 폭발로 화재 발생 시

① 비상구를 이용하여 대피 및 유도 안내할 것
② 이동 시 최대한 자세를 낮추고 젖은 천으로 코와 입을 가릴 것
③ 화재가 난 반대방향의 비상계단을 이용하여 엘리베이터는 절대 이용금지

예제 다음 중 폭발로 화재 발생 시 대 테러 안전수칙 조치로 틀린 것은?

가. 비상구를 이용하여 재빨리 건물을 빠져나갈 것
나. 일차적으로 건물 내의 대피장소로 유도 안내할 것
다. 이동 시 최대한 자세를 낮추고 젖은 천으로 코와 입을 가릴 것
라. 화재가 난 반대방향의 비상계단을 이용하며 엘리베이터는 절대로 이용 금지

해설 건물로 빠져나가 대피 및 유도 안내할 것

(3) 독가스 테러 발견 시

① 당황하지 말고 재빨리 오염지로부터 대피 및 유도 안내할 것
② 손수건, 옷 등으로 코와 입을 가리고 호흡할 것
③ 비누와 물로 손을 깨끗하게 씻을 것
④ 전염성 질병에 감염되었을 경우 의료진의 진찰과 치료를 받을 것

예제 다음 중 대테러 안전수칙 중 독가스 테러 발견 시 조치로 틀린 것은?

가. 당황하지 말고 재빨리 오염지로부터 대피 및 유도 안내할 것
나. 이동시 최대한 자세를 낮추고 천으로 코와 입을 가리고 호흡할 것
다. 비누와 물로 손을 깨끗하게 씻을 것
라. 전염성 질병에 감염되었을 경우 의료진의 진찰과 치료를 받을 것

해설 나: '폭발로 화재 시'의 안전수칙이다.

(4) 탄저균(생물테러) 발견 시

① 당해 장소를 즉시 떠날 것
② 문을 닫거나 다른 사람이 못 들어가게 할 것
③ 환풍기 및 환기장치를 끌 것 (시험문제: "환기장치 가동시킬 것"으로 출제가능)

예제 다음 중 탄저균 발견 시의 조치로 틀린 것은?

가. 당해 장소를 즉시 떠날 것
나. 문을 닫거나 다른 사람이 못 들어가게 할 것
다. **환풍기 및 환기장치를 가동시킬 것**
라. 수상한 자 및 위험품 등 순차리 및 감시

해설 '환풍기 및 환기장치를 끌 것'이 맞다.

[철도테러]

알 카에다가 저지른 마드리드 열차 폭탄 테러
– 보배드림 게시판

1995년 옴진리교 사린가스 테러 사건 요약

예제 다음 중 대테러 안전수칙에서 수상한 자 및 위험품 감시 및 순찰 요령으로 틀린 것은?

가. 이용객의 수상한 휴대품 반입 여부 관찰
나. 대합실 및 승강장 등 접객시설 출입인원 감시
다. **어색하지만 자연스럽게 행동하려고 노력하는 사람 감시**
라. 역 구내 장시간 배회자 및 특이자 동향 감시

2. 철도 테러 발생 시 승무원 조치

1) 운행 중 열차에서 폭발물 테러사고 발생 시

① 관제사 및 인접역장에게 신속히 상황을 보고 후 지시에 따른다.

② 손님 동요 방지 및 행동요령 안내방송을 차장에게 지시한다.

③ 다음역 도착 즉시 출입문 개방 후 역장과 협의하여 사상지 구호활동을 한다.

④ 관제사에 사고처리 사항을 통보 후 이후의 운전지시를 받는다.

예제 다음 중 정거장 간 열차 운행 도중 열차에서 폭발물 테러 발생 시 승무원의 조치사항으로 틀린 것은?

가. 즉시 인접역장에게 상황을 보고 후 지시에 따른다.

나. 관제사에게 사고처리 사항을 보고 후 최근 역까지 주의운전한다.

다. 승객에게 행동요령 안내방송을 하도록 차장에게 지시한다.

라. 다음역 도착 즉시 출입문 개방한다.

해설 현장상황을 관제사에게 수시 보고하고 이후의 운전지시를 받는다.

예제 다음 중 열차의 운행 도중 열차에서 폭발물 테러사고 발생 시 승무원의 조치로 틀린 것은?

가. 관제사 및 인접역장에게 신속히 상황을 보고 후 지시에 따른다.

나. 관제사에 사고처리 사항을 통보 후 최근 역까지 주의운전한다.

다. 다음역 도착 즉시 출입문 개방 후 역장과 협의하여 사상자 구호 활동을 한다.

라. 손님동요 방지 및 행동요령 안내방송을 차장에게 지시한다.

해설 관제사에 사고처리 사항을 통보 후 이후의 운전지시를 받는다.

2) 운행 중 역구내에서 폭발물 테러사고 발생

① 신속하게 정차한다.

② 관제사 및 해당역장에게 상황을 급보한다.

③ 손님 동요방지에 대한 안내방송을 차장에게 지시한다.

④ 관제사의 지시에 따라 승객을 안내한다.

⑤ 현장상황을 관제사에게 수시 보고하고 이후의 운전지시를 받는다.

3) 운행 중 열차 내에서 독가스 테러 발생 시

① 관제사 급보 후 지시에 따른다.

② 피부노출을 최대한 억제하도록 권고한다.

③ 다음 역에 도착하여 출입문을 개방한다.

④ 역장과 협의하여 기인 보호장비(방독면) 착용 후 승객을 대피유도시킨다.

⑤ 관제사에게 사고처치사항을 통보하고 이후의 운전지시를 받는다.

예제 다음 중 열차의 운행 도중 열차 내에서 독가스테러 발생 시 승무원 조치사항으로 틀린 것은?

가. 열차를 정지시키고 관제사에 급보 후 주의운전한다.

나. 손수건, 스카프 등으로 코와 입을 막고 다른 칸으로 대피유도시킨다.

다. 다음 역에 도착하여 출입문을 개방한다.

라. 역장과 협의하여 방독면 착용 후 승객을 대피유도 및 관제사에 통보 후 운전지시를 받는다.

해설 '관제사에 급보 후 지시에 따른다'가 맞다.

4) 역구내 또는 터널(지하구간)에서 독가스테러 발생 시

① 관제사 급보 후 지시에 따른다.

② 창문패쇄 방송을 실시한다.

③ 역장과 협의하여 방독면 착용 후 손님을 안전한 장소로 유도대피시킨다.

④ 관제사에 사고 처치사항을 통보 이후의 운전지시를 받는다.

※ 역구내 또는 터널에서 독가스 또는 생화학 물질이 살포된 경우 상황에 따라 독가스나 생화학 물질이 살포된 역 또는 터널을 그대로 통과한다.

예제 다음 중 역구내 또는 터널 내에서 독가스테러 발생 시 조치사항으로 틀린 것은?

가. 즉시 관제사에게 보고 후 지시에 따른다.

나. 역구내 발생 시 상황에 따라 해당역을 그대로 통과한다.

다. 창문 폐쇄방송을 실시한다.

라. 정거장간 운행 시에는 즉시 정차 후 관제사에 급보한다.

해설 관제사에 급보 후 운전지시에 따른다.

5) 위험물 또는 그에 속하는 물건을 발견했을 때

(1) 열차 출발 전(발차 전)

① 즉시 관제사에게 보고 및 역장에게 관할 경찰서 신고의뢰

② 긴급을 요하는 경우에는 즉시 정차하고, 이외의 경우에는 최근 역에 정차하여 조치한다.

③ 승객을 가능한 먼 차량 칸으로 대피시키고 통로문을 폐쇄한다.

④ 최근 역에 도착 후에는 발차 전(열차출발 전)에 준하는 조치를 취할 것

[철도 테러대비 훈련]

철도역 및 열차 내 보안검색 강화한다
대전인터넷신문

폭발물 테러로 열차화재, 탈선 대비 훈련 /
경북연합일보

예제 다음 중 철도 테러경보 발령 단계별 설명으로 틀린 것은?

가. 1단계(관심단계): 녹색경보(Green), 테러에 대한 관심이 요구될 때

나. 2단계(주의단계): 황색경보(Yellow), 테러에 대한 주의가 요구될 때

다. 3단계(경계단계): 주황색경보(Orange), 테러 징후가 높아 경계가 요구될 때

라. 4단계(심각단계): 적색경보(Red), 국내에서 테러가 발생하였거나 테러가 심하게 우려될 때

해설 녹색경보가 아니라 블루(Blue)경보이다.

3. 전차선 단전사고 발생 시 승무원 조치

1) 열차운행 중 전차선 단전 시 기본적인 운전 취급

① 정거장 구내를 운전 중일 때에는 그 위치에 즉시 정차할 것
② 정거장 운행시는 타력으로 가급적 최근 정거장까지 운행(그렇지 않으면 터널내 정차하게 되므로) (단 전차선 요동 등 이상을 감지 시는 즉시 EPANDS 취급하여 정차 확인)
③ 관제사에게 단전여부, 단전사유, 급전시기 확인
④ 정거장간 도중 정차한 경우에는 제동을 체결하고 구름방지 조치를 취할 것

예제

- 열차운행 중 전차선 단전 시 정거장 구내를 운전 중일 때에는 그 위치에 (   )할 것
- 정거장 운행시는 (   )으로 가급적 (   )까지 운행(단 전차선 요동 등 이상 감지 시는 즉시 (   ) 취급하여 정차 확인)
- 정거장간 도중 정차한 경우에는 (   )을 체결하고 (   ) 조치를 취할 것

정답 즉시 정차, 타력, 최근정거장, EPANDS, 제동, 구름방지

⑤ 안내방송 반복 시행
  - 단전으로 인한 냉방가동 중지 및 객실등 반감상태 안내방송
  - 정차사유 및 급전 예상시간, 질서유지 안내방송
  - 수동으로 출입문 개방 시 인접선 열차 위험 안내방송
⑥ 조치 후 관제사 또는 인접역장에게 조치통보지시를 받을 것
⑦ 관제사의 급전 통보 후 재기동하여 전도운전

[전차선 단전사고 발생]

단전으로 중난뇐 신경주~부산 KTX 중단
3시간 만에 정상화 – 글로벌이코노믹

서울 지하철 7호선 단전 발생
장암~수락산역 운행 중단 – 동아닷컴

2) 열차운행 중 장기간 전차선 단전 시 조치사항

① 관제사에게 단전사유 및 급전시기 확인(장시간 단선인지, 순간단전인지 문의 필요)
② 차장에게 통보하여 안내방송 시행토록 지시(출입문 폐문관계, 냉방가동 중지, 객실등 반
   감관계 등 적시성있는 안내방송시행)
③ 구름방지 조치: 주공기 확보, 주체제동 체결, 수용바퀴구름막이(바퀴굄목) 고임
④ 안내방송 후 ECON(비상시 무전기) ON 취급(일반배전반 내 EON, EORN 확인)
   (KORAIL구간)
   – 객실비상등(방공등) 4개 점등
   – 열차무선전화기 사용가능

[승무원 연락부저 사용불능]

① Pan하강, 역전기핸들 OFF, MC Key 취거, 재동핸들(BC핸들) 취거
② 필요 시 출입문 수동취급 (승객 편의를 위하여 1량당 1개의 출임문 수동개방:정거장에서 대기 시)
③ 축전기 전압 수시확인(74V 이상 확보)
④ 급전시까지 대기
⑤ 전차선 급전 통보 시 관제사에게 전차선 전압을 확인 후 전동차 기동하여 주공기압력 확보 후 구름방지
   해제

예제 열차운행 중 장기간 전차선 단전 시 KORAIL 조치사항은?

- 안내방송 후 (   )(비상시 무전기) ON을 취급(일반배전반 내 EON, EORN 확인)(KORAIL구간).
- 객실비상등(방공등) (   )가 점등된다.
- Pan하강, 역전기 핸들 (   ), MC Key (   ), 재동핸들(BC핸들)(   )
- 전차선 급전 통보 시 (   )에게 전차선 (   )을 확인 후 전동차 기동하여 (   ) 확보 후 (   ) 해제
- 전기 전압 수시확인 ((   )이상 확보)

정답 ECON, 4개, OFF, 취거, 취거, 관제사, 전압, 주공기압력, 구름방지, 74V

[장시간 단전 시 서울교통공사 차량]

1. 관제사에게 정전 사유 확인
2. 구름방지 조치
3. 안내방송 시행
4. IRMN 2 ON(ECON ON: KORAIL에서는) 취급
5. Pan하강 및 BC 핸들 취거

헬요일 유발 지하철 2호선, '단전 사고'
반복되는 까닭: 네이버 포스트

※ IRMN(NFB for Inductive Radio: 무선전화장치차단기)

예제 장시간 전차선 단전 시 서울교통공사 차량 조치사항은?

① 관제사에 (   ) 확인
② (   ) 조치
③ (   ) 시행
④ (   ) ON
⑤ (   )하강 및 (   ) 취거

정답 정전사유, 구름방지, 안내방송시행, IRMN2, Pan, BC핸들

예제 다음 중 열차의 운행 도중 장시간 전차선 단전 시 서울교통공사 차량 조치사항으로 틀린 것은?

가. 관제사에 정전사유 확인　　　　　　나. 구름방지 조치

다. IRMN2 OFF　　　　　　　　　　라. 안내방송 시행

해설 **서울교통공사차량 조치사항**
① 관제사에 정전사유 확인
② 구름방지 조치
③ 안내방송 시행
④ IRMN2 ON
⑤ Pan하강 및 BC핸들 취거

예제 다음 중 열차의 운행 도중 장시간 단전 시 승무원의 조치사항으로 맞는 것은?

가. 출입문 열림상태가 유지되도록 BC핸들 및 MC Key 삽입 상태를 유지한다.

나. 전차선 급전 통보 시 운전실 HV로 전차선 전압을 확인 후 기동한다.

다. 장시간 단전 후 급전 시 직류구간에서는 최소 900V 이상에서 전동차를 기동해야 한다.

라. 전차선 단전 시 절연구간 내에 열차를 정차시켜서는 안 된다.

해설 전차선 장시간 단전 후 급전 시 관제사에게 전차선 전압을 확인 후 전동차를 기동시켜야 한다. 직류구간은 최소 900V 이상, 교류구간은 최소 20.0KV 이상 된 후 전동차를 기동할 것

예제 다음 중 열차의 운행 도중 전차선 단전사고 발생 시 승무원의 조치사항으로 틀린 것은?

가. 정거장간 운행 시 타력으로 가급적 최근 정거장까지 운행한다.

나. 정거장간 운행 시 지하구간에서는 가급적 최근 정거장까지 운행한다.

다. 장시간 단전 후 급전 시에는 관제사에게 전차선 전류를 확인해야 한다.

라. 장시간 단전 시에는 안내방송 후에 EOCN ON 취급한다.

해설 장시간 단전 후 급전 시에는 관제사에게 전차선 전압을 확인해야 한다.

예제 다음 중 열차의 운행 도중 정거장에서 전차선 장시간 단전 시 조치사항으로 틀린 것은?

가. 수용바퀴구름막이 고임

나. EOCN ON 취급 및 EON, EORN 확인

다. Pan 하강, 역전기 핸들 OFF 및 MC Key 취거, 제동핸들 투입

라. 1량 당 1개의 출입문 수동개방취급(정거장에서 대기 시)

해설 'Pan 하강, 역전기핸들 OFF, MC Key 취거, 제동핸들(BC핸들) 취거'가 맞다.

예제 다음 중 열차의 운행 도중 장시간 전차선 단전 시 조치사항 중 가장 적절하지 못한 것은?

가. 관제사에게 단전사유 및 급전시기를 확인하고 차장에게 안내방송을 지시한다.

나. EOCN을 ON 취급한 다음 Pan 하강하고 MC key 및 제동핸들을 취거한다.

다. 필요 시 출입문을 수동으로 개방 취급한다.

라. 전차선 급전 통보 시 전차선 전압을 확인하고 구름방지 해제 후 주공기압력을 확보한다.

해설 전차선 급전 통보 시 관제사에게 전차선 전압을 확인 후 전동차 기동하여 주공기압력 확보 후 구름방지 해제

3) 승강장 정차상태에서 장기간 단선 시 (역에서 단전이므로 덜 위험한 상황)

① 관제사에게 단전사유 및 급전시각 확인

② 관제사 지시에 의한 타 교통이용 안내방송 시행

③ 출입문 수동으로 개방산태 유지 및 승객유도

④ 축전지 방전 방지 조치

⑤ 구름방지 조치

⑥ 안내방송 시행

⑦ Pan하강 및 제동핸들 취거

⑧ 급전시까지 무선전화 통화대기(무선전화 계속 감청으로 급전개시 여부 확인)

※ 전차선 단전 시 열차를 선로전환기상, 교량상, 절연구간 내, 건널목 내에 정차시켜서는
   안 된다(이곳에 정차 시: 급전 시 문제발생 우려가 있다).

※ 전차선 장기간 단전 후 급전 시 관제사에게 전차선 전압을 확인 후 전동차를 기동시켜
   야 한다(모든 전동차가 기동해야 하므로 최소의 직류, 교류 전압 사용).

※ 직류구간은 최소 900V(1,500V 중), 교류구간은 20KV(25KV 중) 이상 된 후 전동차를 기동할 것

[예제] 다음 중 장시간 전차선 단전 시 조치사항으로 틀린 것은?

가. 관제사에게 단전사유 및 급전시기 확인

나. 안내 방송 후 EOCN ON(EON, EORN확인)(KORAIL)

다. 안내방송 후 HCRN ON(서울교통공사)

라. 정전 후 기동 시는 직류구간은 최소 900V 이상이다.

[해설] 안내방송 후 IRMN 2 ON(서울교통공사)
　　　 ※ IRMN(NFB for Inductive Radio: 무선전화장치차단기)

[예제] 다음 중 승강장 정차상태에서 장시간 단전 시 승무원의 조치사항으로 틀린 것은?

가. 출입문 열림 상태가 유지되도록 MC Key 및 BC핸들을 삽입하여 놓는다.

나. 관제사에게 급전시각을 확인하여야 한다.

다. 관제사 지시에 의한 타 교통이용 안내방송을 하여야 한다.

라. 급전 시까지 무선전화 통화 대기한다.

[해설] Pan 하강, 역전기핸들 OFF, MC Key 취거, 제동핸들(BC핸들) 취거

[예제] 다음 중 장시간 전차선 단전 시 정차 제외 장소가 아닌 것은?

가. 선로전환기　　　　　　　　　　나. 교량 위와 건널목 내

다. 교직 또는 교교 절연구간 내　　　**라. 안전측선 내**

[해설] 안전측선(본선 옆 선)은 본선보다도 안전한 선로. 단전 시 안전측선까지 갈 수도 없다.

[예제] 다음 중 열차의 운행 도중 전차선 단전 시 열차를 정지시킬 수 있는 장소로 맞는 곳은?

가. 터널 내　　　　　　　　　　나. 선로전환기상

다. 교량상　　　　　　　　　　　　라. 절연구간 내

해설 전차선 단전 시 열차를 선로전환기 상, 교량상, 절연구간 내, 건널목 내에 정차시켜서는 안 된다.

[국민방독면 착용요령]

1. 휴대주머니에서 방독면을 꺼낸 후 방습밀봉포장을 개봉하여 방독면을 꺼낸다. (처음 개봉시에는 화재용 정화통이 연결된 상태)

2. 호흡을 멈춘 상태에서 렌즈 쪽을 아래로 하여 착용한다.

3. 머리끈의 길이를 알맞게 조절한다.

4. 착용 후 정화통을 손으로 막고 숨을 들여 마신 후 착용상태를 확인한다. (이때 코틀이 얼굴로 빨려 들어와야 하며, 만일 빨려 들어오지 않으면 착용상태가 불량하여 공기가 새는 것이거나 또는 정화통의 덮개가 잘 닫혀 있지 않은 상태이므로 재조정을 해야 한다.)

5. 착용후 신속하게 안전한 곳으로 대피한다.

* 방독면 사용시분: 5~10분 (기출문제)
  정화통 일회용으로 불용시도 5년마다 교체
* 방연마스크 사용시분: 3분

예제 다음 중 국민방독면 착용에 관한 설명으로 틀린 것은?

가. 처음 개봉 시는 화재용 전화통이 연결된 상태이다.

나. 정화통은 일회용이므로 사용하지 않아도 5년마다 교체한다.

다. 방독면과 방연 마스크의 사용 시 분은 5~10분이다.

라. 호흡을 멈춘 상태에서 렌즈 쪽을 아래로 하여 착용한다.

해설 방독면의 사용 시 분은 5~10분으로 맞으나 방연 마스크의 사용 시 분은 3분이다.

예제 다음 중 국민방독면에 관한 설명으로 틀린 것은?

가. 방독면의 사용시분은 5~10분이다.

나. 정화통은 일회용으로 교체시기는 3년이다.

다. 방연마스크 사용시분은 3분이다.

라. 처음 개봉 시에는 화재용 정화통이 연결된 상태이다.

해설 정화통은 일회용으로 불용시도 5년마다 교체하여야 한다.

예제 다음 중 국민방독면 정화통의 사용내구연한은?

가. 3년   나. 5년

다. 10년   라. 무기한

해설 정화통 1회용으로 불용 시에도 5년마다 교체해 주어야 한다.

4. 객실 비상통화장치 동작 시 조치요령

비상통화장치(구형)	비상통화장치(신형)
• 1량당 1개 설치	• 1량당 2개 설치
• 운전실 음성경보, PA표시	• 운전실 경보(WWF차는 음성경보 및 PA표시)
• 해당차측등 점등(황생등)	• 해당 차측등 점등(황색등)
• 통화기능(비상통화버튼 취급)	• 통화가능(토글스위치order)
• 복귀 비상해체 버튼취급	• 복귀 마이크를 제자리에 끼움

예제 다음 중 전동차 객실의 비상통화장치(구형)에 관한 설명으로 틀린 것은?

가. 1량당 1개 설치

다. 통화가능(토글스위치 order)

나. 운전실 음성경보, PA표시

라. 복귀 - 비상해제 버튼취급

해설 **비상통화장치(구형)**

1량 당 1개설치, 운전실 음성경보, PA표시, 해당차측등 점등(황색등), 통화가능(비상통화버튼 취급), 복귀 - 비상해제 버튼취급

예제 다음 중 전기동차 객실 비상통화장시(신형)에 관한 설명으로 틀린 것은?

가. 1량 당 2개 설치

다. 통화가능(토글스위치 order)

나. 운전실 음성경보, PA표시

라. 복귀 - 비상해제 버튼취급

해설 **비상통화장치(신형)**

1량 당 2개설치, 운전실 경보(VVVF차는 음성경보 및 PA표시), 해당 차측등 점등(황색등) 통화가능(토글스위치 order), 복귀 - 마이크를 제자리에 끼움

1) 현상

① 운전실 모니터 운전상태 화면에서 고장화면으로 전환

② 전후 운전실에 "객실 비상입니다" 방송음과 비상부저음 발생

③ 동작차량 차측등 황색등 점등 (황색을 외울 것)

※ 객실 비상통화장치 복귀불능 시: 해당차 배전반 내 EBzN OFF한다.

※ EBzN(NFB for Emergency Buzzer: 비상부저회로차단기)

예제 객실 비상통화장치 동작 시 현상은?

• 운전실 모니터 운전상태 화면에서 (   )으로 전환
• 전후 운전실에 (   ) 방송음과 (   ) 발생
• 동작차량 차측등 (   ) 점등 (황색을 외울 것)

정답 고장화면, "객실 비상입니다", 비상부저음, 황색등

2) 승무원 조치사항

① 정거장 구내를 운행 시는 즉시 정차하여 조치

② 정거장 정거장 사이를 운행 시에 철도공사 지상구간은 교량이나 고가교를 피하여 정차 후 조치하고, 지하구간은 최근역까지 운행하여 조치한다.

③ 모니터 및 차측등으로 동작차량 확인

④ 운전실 내 비상통화장치로 객실 내 상황을 파악

⑤ 관제사에게 몇 호차에서 비상부저가 동작되었음을 보고

⑥ 안내방송 시행

⑦ 차장과 상호 협의히여 원인제거

⑧ 승무원 해당차량 출장하여 상황에 따른 적절한 조치 – 비상통호 장치 원위치로 복귀

⑨ 운전실로 돌아와 관제사 보고 후 정상운행

※ 객실 비상통화장치 복귀불능 시: 해당차 배전반 내 EBzN OFF한다.

예제 객실 비상통화장치 동작 시 승무원 조치사항으로 객실 비상통화장치 (   ) 해당 차 배전반 내 (   ) OFF한다.

정답 복귀불능 시, EBzN

예제 다음 중 객실 비상통화장치 동작 시 승무원의 조치사항으로 틀린 것은?

가. 정거장 구내를 운행 시는 즉시 정차하여 조치

나. 모니터 및 차측등으로 동작차량 확인

다. 승무원 해당차량 출장하여 상황에 따른 적절한 조치(비상통화장치 원위치 복귀)

라. 객실통화장치 복귀 불능 시 전부 TC차 배전반 내 EBzN OFF

해설 객실 비상통화장치 복귀 불능 시 해당차 배전반 내 EBzN OFF한다.

예제 전기동차 비상통화장치 동작 시의 현상 및 승무원의 조치사항으로 틀린 것은?

가. 운전실의 모니터는 운전상태 화면에서 비상상태 화면으로 전환된다.

나. 해당차 차측등 점등된다.

다. 비상통화장치가 동작된 객실에는 비상경보음이 동작하지 않는다.

라. 전, 후 운전실에 "객실 비상입니다" 방송음과 비상부저음이 동작한다.

해설 '운전실의 모니터는 운전상태 화면에서 고장화면으로 전환된다.'가 맞다.

예제 다음 중 객실 비상통화 장치 동작 시 현상 및 조치사항으로 틀린 것은?

가. 전, 후 운전실에 "객실 비상입니다" 방송음과 비상부저음 발생

나. 동작차량 백색 차측등 점등

다. 지하구간은 최근역까지 운행하여 조치

라. 정거장 구내를 운행 시는 즉시 정차

해설 객실 비상통화장치 동작차량의 황색 차측등이 점등된다.

예제 다음 중 객실비상통화장치에 관한 설명으로 틀린 것은?

가. 구형 비상통화장치는 1량당 1개씩 객실에 설치되어 있다.

나. 구형 비상통화장치 동작 시 "객실 비상입니다"하는 방송음이 울리고 비상부저음이 발생하지만 승무원과 승객과의 통화는 불가능하다.

다. 신형 비상통화장치는 1량 당 2개씩 객실에 설치되어 있다.

라. 신형 비상통화장치는 승무원과 승객과의 통화를 위한 마이크가 객실에도 설치되어 있다.

해설 승무원과 승객과의 통화 가능하다.

• 1량당 1개설치	• 1량 당 2개설치
• 운전실 음성경보, PA표시	• 운전실 경보(WWF차는 음성경보 및 PA표시)
• 해당차측등 점등(황생등)	• 해당 차측등 점등(황색등)
• 통화기능(비상통화버튼 취급)	• 통화가능(토글스위치order)
• 복귀 비상해체 버튼취급	• 복귀 마이크를 제자리에 끼움

5. 신호장애 발생 시 조치

1) 기본조치

[신호장애 발생 시 조치]

(1) 신호기 전방에 일단정지
(2) 관제처에 통보
(3) 운전취급 규정 및 관제사 지시에 따라 운전
    – 신호장애 발생역을 진출입하는 기관사는 신호보안장치가 불안전하다는 전제로 수신호 및 관계진로의 개통상태를 확인하고 제한속도를 엄수하여 주의운전하여야 한다.
    – 열차 운전 중 신호보안장치의 장애나 이상을 발견하였을 때에는 기관사는
     ① 신속히 관제처에 통보
     ② 승무일지에 기록
     ③ 귀소 후 당무 운용과장에게 보고
     ④ 보안장치 장애 및 보수기록부에 기록 유지

예제 다음 중 신호장애 발생 시 기관사의 조치 사항으로 틀린 것은?

가. 승무일지에 기록

나. 귀소 후 당무 운용과장에게 보고

다. 보안장치 장애 및 보수기록부에 기록유지

라. 신속히 승무처에 보고

해설 **열차 운전 중 신호보안장치의 장애나 이상을 발견하였을 때 기관사의 조치사항**
     ① 신속히 관계처에 통보
     ② 승무일지에 기록
     ③ 귀소 후 당무 운용과장에게 보고
     ④ 보안장치 장애 및 보수기록부에 기록 유지

2) 장내 및 출발신호기 고장 또는 미설치로 수신호 취급 시

(수신호 현시 때 기관사 운전취급 요령) (장내신호기: 역장이 관리하는 구간으로 들어간다.)

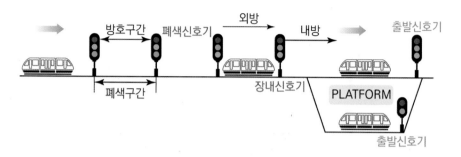

예제 정류장에 진입하려는 열차에 대하여 신호현시하는 신호기는?

가. 장내신호기   나. 출발신호기
다. 폐색신호기   라. 유도신호기

해설 '장내시호기'가 맞다.

(1) 장내신호기 고장 또는 미설치로 수신호 취급 시(들어가기 전 역장에게 통보)

[장내 및 출발신호기: 평상 시 정지신호]

① 기외정차 후 역장에게 기외정차 통보(사전예고 수보 시 기외정차 하지 않음)
② 운전명령 수보 – 장내신호기 고장 등으로 수신호 취급한다는 관제사의 지시에 의한 역
   장 통고
③ 진행 수신호 확인(역직원이 나와서 수신호 하는 등) (모든 수신호: 25km/h 속도로 운전)
④ 열차 진입선 진로확인
⑤ 장내신호기 지점부터 다음 신호의 현시위치 또는 정차위치까지 25km/h 이하 운전

예제 장내신호기 고장 또는 미설치로 수신호 취급 시 장내신호기 지점부터 다음 신호의 현시위
      치 또는 정차위치까지 (   ) 운전

정답 25km/h 이하

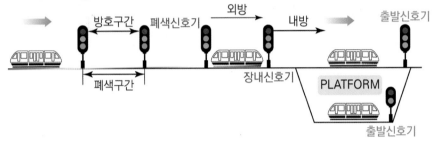

[주신호기(Main Signal)]

일정한 방호구역을 가진 신호기로서 다음과 같은 종류

1. 장내신호기(Home Signal): 정거장에 진입할 열차에 대하여 그 신호기 내방으로의 진입가부를 지시하는 신호기이다.
2. 출발신호기(Starting Signal): 정거장에서 출발하는 열차에 대하여 그 신호기 안쪽으로의 진출 가부를 지시하는 신호기
3. 폐색신호기(Block Signal): 폐색구간에 진입할 열차에 대하여 패색구간의 진입가부(여부)를 지시하는 신호기

주 신호기

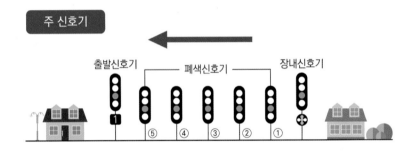

(2) 출발신호기 고장 또는 미설치로 수신호 취급 시

① 운전명령 수보(구두 또는 무선전화기) – 출발신호기 고장 등으로 수신호 취급한다는 운전명령 수보

② 진행수신호 확인

③ 진출선에 대한 진로확인

④ 최외방 선로전환기 지점까지는 25km/h 이하 주의 운전

　– 다음 폐색신호기까지 열차 없음을 확인할 수 없을 때는 폐색신호기까지 25km/h 이하로 운전

　– 다음 폐색신호기까지 열차 없음을 확인하였을 때는 폐색신호기까지 45km/h 이하로 운전

　– 다음 정거장까지 도중 폐색신호기가 없을 때에는 정상 속도로 운행

예제 출발신호기 고장 또는 미설치로 수신호 취급 시

최 외방 선로전환기 지점까지는 (   ) 주의 운전
- 다음 폐색신호기까지 열차 없음을 확인할 수 없을 때는 폐색신호기까지 (   )로 운전
- 다음 폐색신호기까지 열차 없음을 (   )는 폐색신호기까지 (   )로 운전
- 다음 정거장까지 도중 폐색신호기가 (   ) 정상 속도로 운행

정답 25km/h 이하, 25km/h 이하, 확인하였을 때, 45km/h 이하, 없을 때에는

예제 다음 중 신호장애 발생 시 운전취급 요령에 관한 설명으로 틀린 것은?

가. 장내신호기 고장으로 수신호 취급한다는 사전예고 수보 시 일단 기외정차 후 운전명령을 수보하고 진행수신호에 의하여 진입하여야 한다.

나. 장애가 발생한 장내신호기 지점으로부터 다음신호의 현시위치 또는 정차위치까지 25km/h 이하로 운전하여야 한다.

다. 출발신호기 고장으로 수신호 취급한다는 운전명령 수보 시 진행수신호 확인 후 진출선에 대한 진로 확인하면서 최외방 선로전환기 지점까지 25km/h 이하로 주의운전 하여야 한다.

라. 수신호 생략 취급 시에도 수신호 취급사유, 운전명령번호, 선로전환기 쇄정여부를 확인하고 선로전환기 상태 및 진로 이상 없음을 확인하면서 주의운전하여야 한다.

해설 운전명령을 수보 시 장내신호기 고장 등으로 수신호 취급한다는 관제사의 지시에 의한 역장의 통고가 있어야 진입가능하다.

예제 다음 중 출발신호기 고장 또는 미설치로 수신호 취급 시 조치사항으로 틀린 것은?

가. 최외방 선로전환기 지점까지는 25km/h 이하 주의운전한다.

나. 다음 폐색신호기까지 열차 없음을 확인하였을 때에는 다음 폐색신호기까지 45km/h 이하로 운전한다.

다. 다음 폐색신호기까지 열차 없음을 확인하지 못했을 EO에는 다음 폐색신호기까지 25km/h 이하로 운전한다.

라. 다음 정거장까지 도중 폐색신호기가 없을 때에는 45km/h 이하로 운전한다.

해설 다음 정거장까지 도중 폐색신호기가 없을 때에는 정상 속도로 운행한다.

(3) 수신호 생략 취급 시 (역장이 "수신호 생략입니다!"(기능시험 시 출제))

① 수신호 취급사유 (수신호를 왜 취급하려고 의도했는지?)
② 운전명령번호 확인 (운전명령번호 받고)
③ 선로전환기 쇄정여부 재차확인
④ 선로전환기 상태 및 진로 이상 없음을 확인하면서 주의운전으로 진입 또는 진출한다.

예제 출발신호기 고장 또는 미설치로 수신호 생략 취급 시

- 수신호 (   )
- (   ) 확인
- 선로전환기 (   ) 재차확인
- 선로전환기 상태 및 진로 이상 없음을 확인하면서 (   )으로 진입 또는 진출한다.

정답 취급사유, 운전명령번호, 쇄정여부, 주의운전

예제 다음 중 장내 신호기 장애 발생으로 수신호 생략 취급 시 기관사의 조치사항으로 틀린 것은?

가. 수신호 취급 사유를 확인한다.
나. 운전명령 번호를 확인한다.
다. 선로전환기 연동여부를 재차 확인한다.
라. 선로전환기 상태 및 진로 이상 없음을 확인하면서 주의운전으로 진입 또는 진출한다.

해설 선로전환기 쇄정여부를 재차 확인한다.

예제 다음 중 수신호 생략 취급 시 기관사의 조치 사항으로 틀린 것은?

가. 수신호 취급사유 확인
나. 운전명령 번호 확인
다. 선로전환기 쇄정여부 재차 확인
라. 선로전환기 상태 및 진로 이상을 없음을 확인하면서 정상운전

해설 선로전환기 상태 및 진로 이상 없음을 확인하면서 주의운전(진입 또는 진출)한다.

예제 다음 중 장내수신호 생략 취급 시 확인해야 할 사항과 가장 거리가 먼 것은?

가. 운전명령 번호 확인

나. 수신호 생략 사유 확인

다. 선로전환기 쇄정여부 재차 확인

라. 정거장 진입 시 선로전환기 상태 및 진로 이상 유무 확인

해설 **수신호 생략 취급 시**
① 수신호 취급 사유
② 운전명령 번호 확인
③ 선로전환기 쇄정여부 재차 확인
④ 선로전환기 상태 및 진로 이상 없음을 확인하면서 주의운전(진입 또는 진출)한다.

예제 다음 중 신호장애 발생 시 조치에 관한 설명으로 틀린 것은?

가. 기외정차 후 역장에게 기외정차 통보한다. 단, 사전예고 수보 시 기외정차하지 않는다.

나. 수신호 생략 취급 시 수신호 생략 취급사유, 관제명령번호확인, 선로전환기 쇄정여부를 재차 확인하여야 한다.

다. 출발신호기 고장으로 수신호 취급 시 최외방선로전환기 지점까지는 25km/h 이하로 주의운전하여야 한다.

라. 신호장애 발생역을 진출하는 기관사는 신호보안장치가 불안전하다는 전제로 수신호 및 관계진로의 개통상태를 확인하고 제한속도를 엄수하여 주의운전하여야 한다.

해설 수신호 생략 취급 시 수신호취급사유, 운전명령번호확인, 선로전환기 쇄정여부를 재차 확인하여야 한다.

예제 다음 중 열차운전 도중 신호장애 발생 시 승무원의 조치요령으로 틀린 것은?

가. 제한속도를 엄수하고 주의운전한다.　　나. 신속히 관계처에 통보한다.

다. 차량상태기록부에 기록한다.　　라. 귀소 후 당무 운용과장에게 보고한다.

해설 승무일지에 기록한다.

3) 출발수신호 취급 시 조치요령 도해

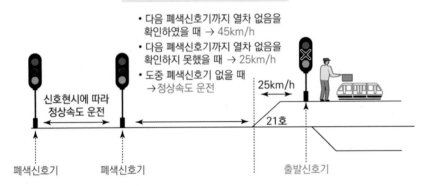

출발수신호 취급시 조치요령 도해

- 다음 폐색신호기까지 열차 없음을 확인하였을 때 → 45km/h
- 다음 폐색신호기까지 열차 없음을 확인하지 못했을 때 → 25km/h
- 도중 폐색신호기 없을 때 →정상속도 운전

신호현시에 따라 정상속도 운전

25km/h

21호

폐색신호기   폐색신호기   출발신호기

4) 장내수신호 취급 시 조치요령 도해

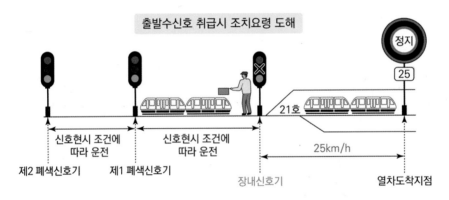

출발수신호 취급시 조치요령 도해

정지

25

신호현시 조건에 따라 운전   신호현시 조건에 따라 운전   21호   25km/h

제2 폐색신호기   제1 폐색신호기   장내신호기   열차도착지점

6. 승강장 비상정지 경고등(버튼) 동작 시 조치요령

철도안전법: 승강장 비상정지 경고등 함부로 만지면 과태료 50만원 (시험출제)

1) 승강장 비상정지 경고등

－승강장 비상정지 경고등이라 함은 역구내 승강장에서 여객의 선로추락, 화재발생, 테러 등의 사유가 발생하였을 경우 승강장에 설치된 비상정지버튼의 조작으로 정거장 진입 무렵 비상정지경고등에 적색등을 현시하여 승강장을 향하여 오던 열차 또는 차량에 대하여

경고하는 등을 말한다.

구분	경고등 현상	기관사 조치사항	역장(역무원) 조치사항
평상시	소등	정상운행	
승강장비상정지 버튼 동작시	적색등 점등 (약1초 간격으로 점멸)	즉시 정차조치, 관제사 및 역장에게 통보	관제사 및 기관사에게 통보 현장출동 적의조치 열차운행에 지장 없음을 확인 후 관제사에게 통보

예제 철도안전법에서는 승강장 비상정지 경고등 함부로 만지면 과태료 (   )에 해당된다.(시험출제)

정답 50만 원

2) 비상정지 경고등(버튼) 동작시 조치

(1) 상황발생

① 정거장 진입 무렵 비상정지등 경고등 점등
② ATS지상장치 작동에 의한 급제동 정차
※ 전동열차 정거장 도착 후 출발신호기 진행신호 현시 확인 후 발차하였으나 정지신호 현시될 경우 포함

예제 승강장 비상정지 경고등(버튼) 동작 상황 발생 시

• 정거장 진입 무렵 비상정지등 (   )
• (   ) 작동에 의한 급제동 정차

정답 경고등 점등, ATS지상장치

(2) 기관사 조치사항

① 즉시 정차조치(경고등 점등시 해당)
② 관제실에 급보 및 차장은 해당역에 통보
③ 관제실 및 역무원과 무선교신을 통한 상황파악 후 적절한 조치(상황에 따라 차장 또는 역무원과 합동 구호활동 전개)

예제 승강장 비상정지 경고등(버튼) 동작 시 기관사 조치사항

- 즉시 (   )조치 (경고등 점등 시 해당)
- 관제실에 (   ) 및 차장은 (   )에 통보
- (   ) 및 역무원과 (   )을 통한 상황파악 후 적절한 조치

정답 정차, 급보, 해당역, 관제실, 무선교신

(3) 상황 종료시

− 관제사 및 역장(역무원)으로부터 산황종료를 통보받은 기관사는 진행을 지시하는 신호 및 운전관계규정이 의거 주의운전으로 정거장 내 진입 (장치 오동작의 경우 포함)

예제 다음 중 전철 승강장 비상정지경고등(버튼)에 관한 설명으로 틀린 것은?

가. 경고등 동작 시 기관사는 즉시 정차하여야 한다.
나. 상황발생을 통보받은 기관사는 정거장 내 승강장까지는 주의운전으로 진입해야 한다.
다. 역구내 승강장에서 이례상황 발생 시 진행하여 오는 열차를 정차시키기 위한 등이다.
라. 평상 시 승강장 비상정지경고등은 소등되어 있다.

해설 상황종료를 통보받은 기관사는 정거장 내 승강장까지는 주의운전으로 진입해야 한다.

예제 다음 중 승강장 비상정지경고등(버튼) 동작 시 상황발생 시 조치상황으로 틀린 것은?

가. 정거장 진입 무렵 비상정지등 경고등 점등
나. ATC 차상장치 작동에 의한 급제동 정차

다. 기관사는 즉시 정차조치

라. 관제실에 급보 및 차장·해당역에 통보

해설 ATS 지상장치 작동에 의한 급제동 정차

7. 승강장 안전문(PSD) 작동불능 시 승무원 조치요령

가. 개요

(1) PSD(Platform Screen Door)

－PSD는 도시철도 운행선로의 선로부분과 승강장을 차단하는 안전설비이다. 승강장에 고정도어와 슬라이딩 도어를 설치하여 전동차가 역사의 지정된 위치에 정차하면 신호시스템에 따라 차량문과 연동개폐되는 승강장의 안전 도어 시스템이다.

(2) PSD필요성(장점)

① 쾌적한 승강장 환경 조성

② 안전사고 방지 및 열차 안전운행 효과

③ 에너지 효율 향상

④ 조명효과 증대 및 광고효과 기대

⑤ 열차무인운전 가능

⑥ 승객 유동성 향상

나. PSD방식

(1) 센서방식

① 전동차 출입문이 20cm 이상 열리면 그것을 감지하여 PSD가 열림

(2) RF방식(무선통신방식)

① 전동차에 PSD차상용 무선(RF)장치와 교신하여 전동차의 상태를 송신하고 스크린도어의 상태를 수신하여 승무원에게 알려준다.

② 설치노선: 2, 5호선, KORAIL공항철도(ATP와 연동)

(1) 센서 방식

예제 전동차 출입문이 (20cm 이상) 열리면 그 것을 감지하여 PSD가 열림

정답 20cm 이상

(2) RF방식(무선통신방식)

예제 전동차에 PSD차상용 (   )와 교신하여 전동차의 상태를 송신하고 (   )의
상태를 수신하여 (   )에게 알려준다.

정답 무선(RF)장치, 스크린도어, 승무원

예제 다음 중 PSD에 관한 설명으로 틀린 것은?

가. 센서방식은 2호선, 5호선 등에 설치되어 있다.
나. 센서방식은 전동차 출입문이 20cm 이상 열려지면 그것을 감지하여 PSD가 열린다.
다. 안전사고 방지 및 열차안전운행 효과가 높다.
라. 열차무인운전을 가능케 한다.

해설 RF방식 설치노선: 2호선, 5호선, 인천공항철도(ATP와 연동) 등

예제 다음 중 승강장 스크린 도어에 관한 설명으로 틀린 것은?

가.센서방식과 무선통신방식이 있다.
나. 승강장의 조명효과 및 광고효과가 있다.
다. 전동차 출입문이 열린 상태에서 스크린도어 1개가 열리지 않을 경우 전체 열림버튼을 취급해
야 한다.
라. 출입문을 닫고 출발부저를 누르기 전에 출입문 닫힘 표시등(녹색등)을 반드시 확인하여야 한다.

해설 출입문을 닫고 출발부저를 누르기 전에 동작완료 표시등(녹색등)을 반드시 확인하여야 한다.

(3) PSD의 구성

－고정문, 스라이딩 도어, 비상문, 장애물 센서, 해드박스, 가이드 장치

[PSD의 구성]

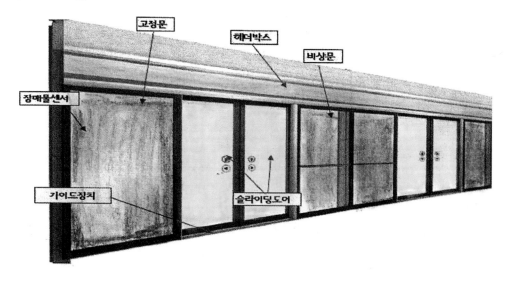

(4) PSD 승무원 조작반의 구성

가) 상태표시 램프

① 40개 스크린도어가 모두 정상적으로 닫히면 '전체 닫힘' 램프 점등

② 40개 중 한 개라도 열리지 않으면(닫히지 않으면) '전체 열림' 램프 점등

③ 40개 중 한 개라도 장애 발생하면 '장애'램프 점등

나) 제어버튼

① '전체닫힘 버튼'을 누르면 40개 스크린 도어가 모두 닫힌다.

② '전체열림 버튼'을 누르면 40개 스크린 도어가 모두 열린다.

③ '인터록 무시 버튼'(PSD와 연관되어 열차가 출발하는데 이를 무시하고 출발이 가능하
다)은 안전문 시스템과 전동차 시스템을 분리시키는 역할을 한다. 장애발생 시 버튼을
누르면 전광판의 적색이 녹색으로 변환되고, 전동차를 출발시킬 수 있다.

다) 인터폰

역무실, 승강장 조작반 등에 설치되어 있는 인터폰과 통화가 가능하다.

라) 방송용 마이크

승강장 스피커를 통하여 승무원이 직접 승객들에게 안내방송을 할 수 있다.

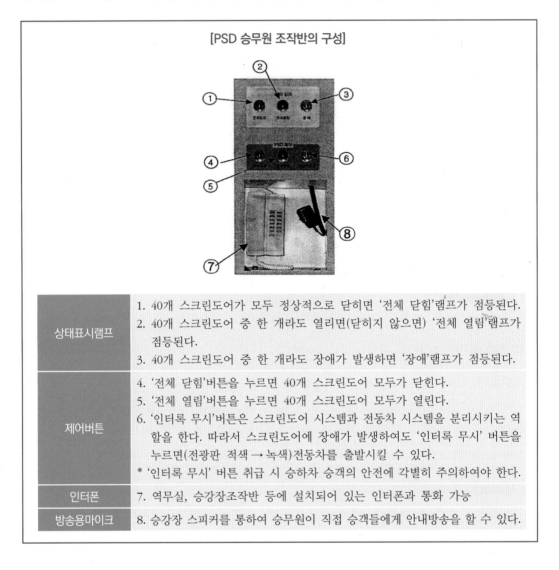

[PSD 승무원 조작반의 구성]

상태표시램프	1. 40개 스크린도어가 모두 정상적으로 닫히면 '전체 닫힘'램프가 점등된다. 2. 40개 스크린도어 중 한 개라도 열리면(닫히지 않으면) '전체 열림'램프가 점등된다. 3. 40개 스크린도어 중 한 개라도 장애가 발생하면 '장애'램프가 점등된다.
제어버튼	4. '전체 닫힘'버튼을 누르면 40개 스크린도어 모두가 닫힌다. 5. '전체 열림'버튼을 누르면 40개 스크린도어 모두가 열린다. 6. '인터록 무시'버튼은 스크린도어 시스템과 전동차 시스템을 분리시키는 역할을 한다. 따라서 스크린도어에 장애가 발생하여도 '인터록 무시' 버튼을 누르면(전광판 적색 → 녹색)전동차를 출발시킬 수 있다. * '인터록 무시' 버튼 취급 시 승하차 승객의 안전에 각별히 주의하여야 한다.
인터폰	7. 역무실, 승강장조작반 등에 설치되어 있는 인터폰과 통화 가능
방송용마이크	8. 승강장 스피커를 통하여 승무원이 직접 승객들에게 안내방송을 할 수 있다.

다. 승무원의 PSD 취급방법

(1) 도착시

① 출입문 열기 전 정차위치 합치여부 확인 철저(문자로 "양호"표시확인)

② 정차위치 불량(초과 또는 미달)시 차장은 출입문을 열지 말고 기관사와 협의하여 정지위치 조정 후 출입문 취급
③ 출입문 열림 후 안전시스템 동작확인(동작상태 불량 시에는 승무원 취급반으로 동작)

(2) 출발시

① 출입문 닫고 출발부저를 누르기 전에 동작완료 표시등(녹색등) 반드시 확인(적색등일 경우 출발엄금)
② 홈 안내원의 동태·CCTV 확인 및 열차감시 철저
③ 열차감시 중 스크린 도어 기둥에 부딪치는 직무사고 예방
※ 안전시스템 표시등 동작에 3~5초 소요되니 조급함을 버리고 여유있게 취급

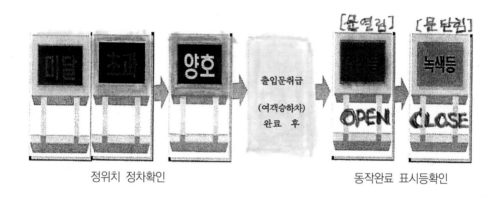

정위치 정차확인　　　　　　　　동작완료 표시등확인

예제 다음 중 승강장 스크린도어에 관한 설명으로 틀린 것은?

가. 승강장의 조명효과 증대 및 광고효과가 기대된다.
나. 센서방식과 무선통신방식이 있다.
다. 차장은 출입문을 닫고 부저를 누르기 전에 동작완료 표시등(황색등)을 확인해야 한다.
라. 전동차 출입문이 열린 상태에서 스크린도어가 1개가 열리지 않을 경우 전체 열림버튼을 취급해야 한다.

해설 출입문을 닫고 출발부저를 누르기 전에 동작완료 표시등(녹색등) 반드시 확인하여야 한다.

라. PSD 사용 중 이례상황 발생 시 조치

(1) 열차 정차 시 정지위치 초과 및 미달시의 조치

① 정위치 초과시: 운전취급규정(열차가 정지위치를 지나서 정차하였을 때 취급)에 의하는 외에 되돌이 단속단 운전취급으로 정지위치를 수정하여 정위치에 정차하여야 한다.
② 정위치 미달시: 차장과 협의하여 단속단 운전취급으로 정위치에 정차하여야 한다.

> **예제** 정위치 초과 시 (   ) 운전취급으로 정지위치를 (   )하여 (   )에 정차하여야 한다.

> **정답** 되돌이 단속단, 수정, 정위치

> **예제** 정위치 미달 시 (   )과 협의하여 (   )으로 (   )에 정차하여야 한다.

> **정답** 차장, 단속단 운전취급, 정위치

[스크린도어 1개 이상 열리거나 닫히지 않는 경우]

– 전체 열림버튼 또는 전체 닫힘버튼 취급
– 후부에서 열리지 않을 경우 전부에서 조치

> **예제** 다음 중 승강장 PSD 사용 시 이례상황 발생 시 승무원의 조치사항으로 틀린 것은?

가. 정위치 초과 시에는 되돌이 단속단으로 운전취급하여 정지위치를 수정한다.
나. 스크린도어 1개 이상 열리지 않을 경우 전체 열림버튼을 취급한다.
다. 후부에서 열리지 않을 경우 전부에서 취급한다.
라. 정위치 미달 시에는 관제사 보고 후 단속단으로 운전취급하여 정위치에 정차하여야 한다.

> **해설** 정위치 미달 시에는 차장과 협의하여 단속단 운전취급으로 정위치에 정차하여야 한다.

(2) 승강장에서 비상정차 시 조치

비상도어 동작 및 열차화재 등으로 비상정차 시 정차위치 수정 불가능으로 스크린도어를 정상적으로 이용할 수 없는 경우에는

① 관제사에 상황을 보고하고 승객안내와 질서유지를 위한 안내방송 시행
② 정차위치가 스크린도어를 이용하여 승개 승하차가 가능하다고 판단되면 승강장 조작반의 '전체 열림' 버튼을 취급하여 스크린도어를 개방한 다음 출입문을 개방한다.
③ 전동차 정차위치가 스크린도어를 이용하여 승객 승하차가 불가능하다고 판단되면 출입문을 개방하고 전동차 1량 기준으로 2조씩 설치된 스크린도어를 비상출입문을 이용하여 승객이 하차할 수 있도록 안내한다.

예제 다음 중 전철승강장 스크린도어(PSD)에 관한 설명으로 틀린 것은?

가. 운행선로와 승강장을 차단하는 안전설비이다.
나. 비상정지 시 승객 승하차가 가능하다고 판단되면 승강장 조작반의 '해당 스크린 도어 열림' 버튼을 취급하여 스크린도어를 개방한다.
다. 센서방식과 무선통신방식이 있다.
라. PSD가 후부에서 취급 시 열리지 않을 때에는 전부에서 조치한다.

해설 비상 정지 시 승강장 조작반의 '전체 열림버튼' 취급 후 스크린도어를 개방한 다음 출입문을 개방한다.

예제 다음 중 스크린도어(PSD)에 관한 설명으로 틀린 것은?

가. 5호선은 센서방식을 사용한다.
나. 안전시스템 표시등 동작에 3~5초 정도 소요된다.
다. 스크린도어가 1개 또는 1개 이상 열리지 않으면 전체 열림버튼을 취한다.
라. 출발부저를 누르기 전에 적색등을 반그시 확인하여야 한다.

해설 5호선은 FR방식을 사용한다.

(3) 선로측에서 탈출방법

[선로측에서 탈출방법]

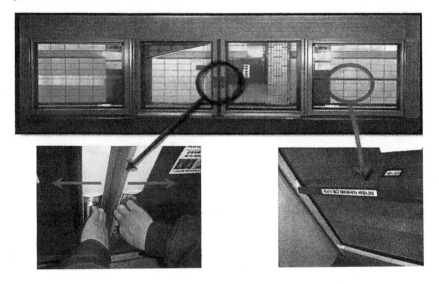

－슬라이딩 도어의 경우 양쪽 손잡이를 잡고 바깥쪽 양옆으로 밀어 개방
－비상문의 경우 적색 레버를 누르며 앞으로 밀어 개방

마. PSD 고장 시 취급(서울교통공사)

(1) 정위치 정차 후 PSD 일부 열림 불능 시

① 승무원 조작반의 전체열림버튼 취급
② 인접스크린도어 사용 및 비상열림레버 사용을 안내방송
③ 인터폰으로 역무실과 관제실에 발생 상황 신고

(2) 정위치 정차 후 PSD일부 닫힘 불능 시

① 승무원조작반의 전체닫힘버튼 취급
② 승객안전 확인 후 관제실에 신고하여 인터록 무시버튼 취급, 출발
③ 역무원은 수동개방 후 유지보수 요원 도착 시까지 현장에서 안전조치를 취해야 한다.

(3) 전동차 출발조건에서 승무원조작반의 출발반응등이 점등되지 않을 때

① 차장은 인터폰으로 기관사측 출발신호기 상태확인

② 승무원은 역무실 및 관제실에 장애신고 후 관제실 지시에 따라 출발

③ 역무원은 유지보수 부서에, 관제실은 모든 전동차에 장애사실 통보

(4) 전동차와 관계없이 PSD전체가 열리지 않을 경우

① 차내방송으로 수동으로 PSD열고(인터록 무시버튼으로 전체출입문을 열고) 하차하도록 방송

② 역무실과 관제실에 신고하여 HMI(승무원조작반)와 CCTV 및 육안으로 승객안전 확인 후 출발

③ 역무원은 유지보수부서 신고 후 수동개방조치 및 현장에서 안전조치

예제 다음 중 승강장 스크린도어(PSD)고장 시 조치방법으로 틀린 것은?

가. 정지위치 초과 시 정지위취를 수정한 후 출입문 개방한다.

나. 정지위치 미달 시 관제사 및 차장에게 통보 후 정지위치를 수정한다.

다. 스크린도어 1개가 닫히지 않을 경우 전체 닫힘버튼을 취급한다.

라. 스크린도어를 정상적으로 이용할 수 없을 경우 스크린도어 비상출입문을 이용하여 승객을 하차시킨다.

해설 차장과 협의하여 단속단 운전취급으로 정위치에 정차하여야 한다.

---

8. 방호장치에 의한 방호

1) 개요

[열차무선방호장치]

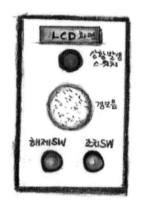

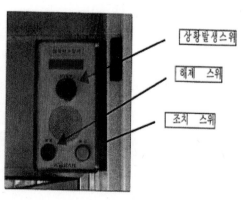

[열차방호장치]

① 열차방호장치라 함은 복선구간 및 자동폐색구간에서 열차 또는 차량 운행 중 사고발생으로 전차량 탈선 또는 인접선호 지장 등으로 병발사고 우려 시 조치할 시간적 여유가 없는 경우에

② 상황발생스위치를 눌러 2~4km 이내 운행 중인 열차에 방호신호를 송출하여 자동으로 경보 및 열차운행을 정지시키는 장치이다.

예제 열차방호장치는 (   )를 눌러 (   ) 운행 중인 열차에 방호신호를 송출하여 자동으로 (   ) 및 열차운행을 정지시키는 장치이다.

정답 상황발생스위치, 2~4km 이내, 경보

2) 열차방호장치 취급시기

① 복선운전구간 및 자동폐색구간에서 전 차량 탈선 또는 인접선로 지장 시

② 운행 중인 열차에 화재발생 시

예제 열차방호장치 취급시기는 복선운전구간 및 (   )에서 전 차량 (   ) 또는 (   )와 운행 중인 열차에 (   ) 시이다.

정답 자동폐색구간, 탈선, 인접선로 지장 시, 화재발생

3) 열차방호장치 취급

가) 상황발생 스위치

(1) 역할

방호신호 송출(해제: 송출한 사람이 해제)

(2) 취급시 현상

[동작차량]

① 적색의 상황발생등 점멸

② 약 10초간 경보음 발생

③ LCD화면 상황발생 송출메시지 현시

예제 열차방호장치 취급할 경우 동작차량 취급 시 현상은?

- ( )의 상황발생등 점멸
- 약 ( ) 경보음 발생
- LCD화면 상황발생 ( ) 현시

정답 적색, 10초간, 송출메시지

[수신차량]
① 적색의 상황발생등 점멸
② 경보음 발생
③ 즉시 비상제동체결
④ LCD화면 상황발생 수신메시지 현시

예제 열차방호장치 취급할 경우 수신차량 취급 시 현상은?

- ( )의 상황발생등 점멸
- ( ) 발생
- 즉시 ( )체결
- LCD화면 상황발생 ( ) 현시

정답 적색, 경보음, 비상제동, 수신메시지

예제 다음 중 열차방호장치의 상황발생스위치 취급 시 동작차량의 운전실에 나타나는 현상으로 맞지 않는 것은?

가. 적색의 상황발생등 점멸　　　　나. 약 10초 간 경보음 발생
다. LCD화면 상황발생 송출 메시지 현시　　**라. 즉시 비상제동 체결**

　　　① 적색의 상황발생등 점멸 ② 약 10초간 경보음 발생 ③ LCD 화면 상황발생 송출메시지 현시

나) 조치스위치(비상정차 당한 차량)

－수신차량이 발호신호를 수신하여 비상제동이 체결된 경우 비상제동을 완해시키는 스위치

[열차무선방호장치]

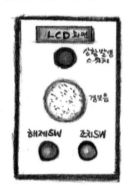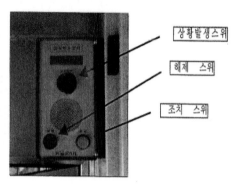

다) 해제스위치

(1) 역할

　　방호신호 송출 해제

(2) 취급시기

　　방호신호를 송출한 기관사가 신호의 송출을 중단해도 문제없다고 판단 시

(3) 취급시 현상

　　① 상황발생등 소등

　　② 녹색의 해제등 점등

　　③ LCD화면의 상황해제 송출메시지 현시

　　④ 20초 경과시 해제신호 송출 종료

　　⑤ 해제등 소등

　　⑥ LCD화면 초기의 송수신 대기화면으로 전환

　　⑦ 방호신호를 20초 이상 연속해서 수신하지 않으면 자동해제

예제 열차방호장치 해제스위치 취급 시 현상은?

- 상황발생등 (   )
- (   )의 해제등 (   )
- LCD화면의 상황(   ) 송출메시지 현시
- (   ) 해제신호 송출 종료
- 해제등 (   )
- LCD화면 초기의 송수신 (   )으로 전환
- 방호신호를 (   ) 연속해서 수신하지 않으면 (   )

정답 소등, 녹색, 점등, 해제, 20초 경과 시, 소등, 대기화면, 20초 이상, 자동해제

예제 다음 중 열차방호장치의 해제스위치에 관한 설명으로 틀린 것은?

가. 방호신호를 송출한 기관사가 신호의 송출을 중단해도 문제가 없다고 판단 시 사용한다.

나. 적색의 상황 발생등이 소등되고 녹색의 해제등이 점등된다.

다. 10초 경과 시 해제 신호 송출이 종료되고 해제등이 소등된다.

라. LCD화면 초기의 송수신 재기화면으로 전달된다.

해설 '10초 경과 시'가 아니라 '20초 경과 시'가 맞다.

라. 열차방호 수신 시 승무원의 조치사항

1) 전기동차 승무원

[현상]

① 경보음 발생

② 비상제동체결은 되지 않음

예제 열차방호 수신 시 현상은?

- (   ) 발생
- 비상제동체결은 (   )

정답 경보음, 되지 않음

[조치]
① 방호 수신 즉시 감속하여 주의 운전하고(비상제동 체결되지 않아도), 방호상황을 확인하여 적절한 조치
② 무선통화를 사용하여 인근지역을 운행하고 있는 동력차에 방호상황 발생 전파

예제 열차방호 수신 시 조치는?

- 방호 수신 즉시 감속하여 (   )하고(비상제동 체결되지 않아도), (   )을 확인하여 적절한 조치
- (   )를 사용하여 (   )을 운행하고 있는 동력차에 방호상황 발생 전파

정답 주의 운전, 방호상황, 무선통화, 인근지역

2) 일반열차
  [현상]
  ① 경보음 울림
  ② 방호 수신 즉시 비상제동 동작

  [조치]
  ① 비상제동 동작 정차 후
  ② 무선전화를 사용하여 인근지역을 운행하고 있는 동력차에 방호상황 발생 전파

예제 다음 중 일반열차 열차방호 수신 시 현상 및 승무원 조치사항으로 틀린 것은?

가. 경보음이 울림

나. 방호 수신 즉시 비상제동 동작

다. 방호 수신 즉시 비상제동 체결은 되지 않음

라. 무선전화를 사용하여 인근지역을 운행하고 있는 동력차에 방호상황 전파

해설 **일반열차방호 수신 시 현상 및 승무원 조치사항**

① 현상
   ㉮ 경보음 울린
   ㉯ 방호 수신 즉시 비상제동 동작
② 조치
   ㉮ 비상제동 동작 정차 후
   ㉯ 무선전화를 사용하여 인근지역을 운행하고 있는 동력차에 방호상황 발생 전파

제8장

차량고장 발생 시 일반적인 조치요령

1. 개요

승무원(기관사)은 운전 중 전동차 고장 등 기타 부득이 한 사유로 정차하였을 때에는

① 신속한 응급조치로 열차지연을 최소화하여

② 후속열차에 지장이 없도록 하여야 하며,

③ 신속한 응급조치가 불가능하다고 판단될 때에는 즉시 구원을 요청하며

④ 원활한 본선개통이 되도록 노력하여야 한

2. 승무원의 조치사항

 1) 관제사에 현 차량상태를 신속정확히 보고 후 조치한다(앞뒤 고장상태를 보고).

 (1) 고장의 상태

① 고장표시등 점등상태

② 공기압력 상태

③ 축전지 전압

④ 고장 차량번호

관제사에 현 차량상태를 신속정확히 보고 후 승무원이 조치하는 고장의 상태는?

- 고장표시등 (   )상태
- (   )압력 상태
- (   ) 전압
- 고장 차량 (   )

점등, 공기, 축전지, 번호

(2) 열차의 운행위치 및 정차위치

(3) 예상되는 응급처치 시분과 제2보고서(조치 후 보고)시기

※ 신속한 본선개통을 우선으로 주고 조치를 하여야 한다.

2) 차장에게 통보하여 안내방송을 시행한다.

3) 고장차량 응급조치 시 최소한의 필요조치

① 인명피해 및 병발조치 예방을 최우선으로 조치하되 특히 안전사고에 유의할 것
② 차가 굴러가지 않도록 구름방지에 유의할 것

4) 현장 출동하여 차량 응급조치 시

① 차장에게 무선전화기 수신대기 및 안내방송 반복시행 후 현장에 출두하여 조치
② 차장을 파견하여 응급조치 시 기관사는 보고와 안내방송을 수시로 실시하여야 한다.

5) 응급조치가 장시간 소요될 경우

① 승객의 동요방지를 위해 수시로 안내방송 시행
② 필요시 객실의 환풍기 또는 냉방장치 최대한 가동하여 승객 불만이 최소화되도록 노력할 것
③ 축전지 방전방지를 위한 조치

6) 응급조치 되지 않을 시 재기동을 시도한다(Pan하강, BC핸들취급 재개동:10초).

7) 전부운전실에서 처치 불능 시 후부운전실 가서 시도(밀기운동)

8) 재기동 또는 후부운전실에서도 처치 불능 시에는 관제사에게 구원을 요청하여야 한다.

※ 응급조치를 하여도 추진운전(밀기운전) 등 자력운행이 불가능할 때는 관제사에 상황 통보 및 구원요구하고 구름방지에 철저를 기한다.

예제 차량고장 발생 시 승무원 조치사항

- 응급조치 되지 않을 시 (   )을 시도한다(Pan하강, BC핸들취급 재개동: 10초).
- 전부운전실에서 처치 불능 시 (   ) 가서 시도
- (   ) 또는 (   )에서도 처치 불능 시에는 (   )에게 구원을 요청하여야 한다.
- 응급조치를 하여도 (   )(밀기운전) 등 (   )이 불가능할 때는 관제사에 상황 통보 및 (   )하고 (   )에 철저를 기한다.

정답 재기동, 후부운전실, 재기동, 후부운전실, 관제사, 추진운전, 자력운행, 구원요구, 구름방지

9) 구원연결 후 회송운전

[사상사고 책임판정 기준표]

공사책임	1. 열차충돌, 접촉, 전복사고로 인한 여객사상사고 2. 열차분리 및 차량일주 사고로 인한 여객사상사고 3. 비상제동시 열차충격으로 인한 여객사상사고 4. 철도차량, 시설물 기타 공작물의 설치 또는 보존의 하자에 기인된 사고 5. 철도종사원의 직무상 과실이 명백한 사고
공사면책	1. 열차운행 중 뛰어 타거나 뛰어 내리는 행위 2. 철도직원의 지시에 위배하여 열차운행 중 여객이 승차할 수 없는 개소에 승차한 행위 3. 본인 부주의로 운행중인 열차에서 추락한 사고 4. 승강장 반대편으로 승하차하다가 발생한 사고 5. 자살, 자살미수 및 자해행위 6. 역구내 선로횡단 및 차량 밑 횡단으로 인한 사고 7. 선로 보행횡단으로 인한 사고

8. 철도교량 및 터널 내 통행으로 인한 사고
9. 전차선 주의사항을 위배하여 발생한 감전사고
10. 기타 사상자 본인 과실에 기인한 사고
11. 제3자의 책임으로 발생한 사고(열차투석사고 등)
12. 철도지역내에서 사전승인 없는 공사 또한 부당한 작업행위로 인하여 발생된 사고
13. 출입문 개폐사고(승객 손이 끼거나, 문과 충돌 등)(열 때 2.5초, 닫힐 때 3초)
14. 에스컬에이터 사용시 부주의 사고

[예제] 다음 중 사상사고 책임판정에 의한 공사의 책임인 사항은?

가. 열차 투석사고 등으로 발생한 사고

나. 출입문 개폐사고

다. 비상제동 시 열차충격으로 인한 여객 사상사고

라. 에스컬레이터 사용 시 부주의 사고

[해설] '비상제동 시 열차충격으로 인한 여객 사상사고'는 공사책임이다.
- 열차사고와 시설물의 설치 보존과 관련된 사고 및 종사자와 관련된 사항은 공사책임이다(미끄러운 계단도 공사책임이다).

[예제] 다음 중 차량고장 발생 시 일반적인 승무원의 조치사항으로 틀린 것은?

가. 우선 관제사에게 통보하여 안내방송 시행한다.

나. 고장차량 응급조치 시 최소한의 필요조치를 한다.

다. 응급조치 되지 않을 시 재기동을 시도한다.

라. 전부운전실에서 처치 불능 시 후부운전실에 가서 시도한다.

[해설] 차장에게 통보하여 안내방송 시행토록 한다.

[예제] 다음 중 차량고장 발생 시 승무원의 조치사항으로 틀린 것은?

가. 차량고장 발생 시 객실의 환풍기 구동을 최대한 가동하여 승객불만이 최소화되도록 한다.

나. 승객의 동요방지를 위한 수시 안내방송을 시행하여야 한다.

다. 축전지 방전 방지를 위한 조치를 하여야 한다.

라. 전부운전실에서 처치 불능 시 관제실에 구원을 요청한다.

해설 전부운전실에서 처치 불능 시 후부운전실에 가서 시도한다.

예제 다음 중 열차운전 도중 차량고장 발생 등으로 정거장 간 도중에 정차 시 기관사의 조치사
항으로 틀린 것은?

가. 선 조치 후 보고한다.

나. 상황발생 보고 시 고장차량번호도 보고해야 한다.

다. 응급조치가 장시간 소요될 경우 환풍기를 최대한 가동해야 한다.

라. 신속한 응급조치가 불가능하다고 판단 시 즉시 구원을 요청해야 한다.

해설 '선보고 후조치'해야 한다.

부록

주관식 문제 총정리

제1부

인적오류

제1장 인적오류

1. 인적오류란?

예제 인적오류는 (   )을 이루기 위해 계획한 어떤 행위가 (   )하여 (   )로 발생하는 것을 말한다.

정답 의도한 목적, 실패, 의도하지 않은 결과

예제 오류란 계획한 어떤 행위가 (   )과 (   )로 발생하는 것

정답 의도한 목적, 다른 결과

예제 오류를 철도분야에서는 (   )이나 (   )로 정의하고 있다.

정답 부적절한 의사결정, 행위

예제 인적 오류에 대한 새로운 인식은 철도사고의 원인은 (　　　　)의 (　　　　　　)
및 (　　　)으로 이루어져 있다는 점이다.

정답 하나 이상, 복합적인 위험요인, 결합

2. 인적오류 사고 통계

예제 과학기술의 지속적인 발전으로 (　　　　　　)은 높아지고 있다. 즉 (　　　)이 줄어든다.

정답 기계적 안정성, 고장률

예제 인간 (　　　　)은 크게 바뀌지 않기 때문에 (　　　)에 의한 (　　　)이 상대적으
로 더 높아지고 있다.

정답 고유의 특성, 인간의 행위, 사고 비중

3. 인적오류의 분류

예제 인적오류는 의도하지 않는 행위인 (　　　　)와 의도한 행위인 (　　　　)으로 나눌
수 있다.

정답 오류(error), 위반(violation)

예제 오류는 (　　　　), (　　　　), (　　　　)로 구분할 수 있다.

정답 실수(slip), 망각(lapse), 착오(mistake)

예제 실수는 (　　　)는 적절하지만 (　　　)가 계획대로 (　　　　　) 것이다.

정답 계획자체, 행위, 이루어지지 않는

예제 망각은 ( )한 것을 잊어버리거나 ( )이 기억나지 않는 상태이다.

정답 계획, 규정

예제 착오는 ( )는 계획대로 이루어졌지만 ( )이 ( )하여 ( )가 발생하는 경우를 말한다.

정답 행위, 계획, 부적절, 오류

예제 일상적 위반은 ( ) 자체가 조직 내에서 또는 ( )으로 ( )이 된 경우 발생된다.

정답 위반행위, 개인적, 일반 관습

예제 상황적 위반은 현재의 ( )이 절차를 ( )하지 않으면 안 되는 경우 발생한다.

정답 작업 상황, 위반

예제 예외적 위반은 ( )의 발생, 설비의 고장과 같은 ( )에서 발생한다.

정답 비상사태, 예외적 상황

예제 고의가 아닌 위반은

① 작업자 스스로 시행할 수 없는 ( )를 ( )하기 위해 발생한 경우
② 작업자가 ( ) 또는 ( )을 모르거나 제대로 ( )하지 못한 경우에 발생한다.

정답 절차(작업), 통제, 절차, 규칙, 이해

예제 즐기기 위한 위반은 장기간의 (   )로 생긴 (   )을 벗어나기 위해 또는 단순히 (   )로 발생한다.

정답 단조로운 일, 지루함, 재미

4. 인적 오류의 요인

예제 Reason의 스위스 치즈모델은 인간이 (   )로 범할 수 있는 (   )에 대한 (   )을 제시한 모델이다. 사람의 (   )는 사고의 (   )이 아니라 (   )을 분석하는 시작점이 된다고 주장한다.

정답 실수, 요인, 시스템적 접근방향, 불안전한 행위(즉, 인적오류), 원인, 사고원인의 근본요인

5. 기관사 인적요류의 종류 및 발생원인

예제 정차역 통과는 최근 가장 많이 발생하는 (   )이며 (   )로 착각하거나 (   )(지적확인을 하면 본인의 집중력 향상), (정차역 통과방지장치(철도공사 구간)의 (   ), (   )에서 발생된다.

정답 인적오류, 통과열차, 정차역 지적확인 미시행, 무효화, 열차시각 미확인

예제 신호 확인 소홀은 (   ) 등으로 인해 (   ), (   ), (   ) 등의 신호기를 확인하지 않아 발생하는 오류이다.

정답 주의분산, 장내, 출발, 폐색

예제 출입문 취급 소홀은 (   ), (   ) 등으로 정차역에서 정확한 (   )을 하지 못하거나 (   ) 등으로 발생하는 오류이다.

정답 집중력 저하, 출입문 취급 망각, 출입문 취급, 승강장 안전문 확인 미흡

예제 집중력 저하로 발생되는 오류는 무엇인가?

정답 출입문 취급 소홀

예제 최근에 가장 빈번하게 발생하는 오류는 어떤 오류인가?

정답 정차역 통과

6. 기관사 인적오류의 개선대책

예제 기능기반행동은 외부에서 (   )이 주어지면 특별한 (   ) 없이 (   )인 행동으로 이어지는 수준으로 (   )이 거의 필요하지 않은 수준이다.

정답 자극, 사고 과정, 무의식적, 주의력

예제 규칙기반행동은 행해야 할 (   )를 사전에 정해진 (   )이나 (   )에 따라 (   )이 이어지는 수준이다.

정답 직무, 규칙, 절차, 행동

예제 지식기반행동은 (   )이나 (   )가 없거나 (   )에 도달될 수 있는 축적된 (   )가 없을 때 적용되는 행동수준으로 본인이 보유하고 있는 (   )에 기반을 두고 문제를 해결하는 수준이다.

정답 규정, 절차, 목표, 노하우, 지식

예제 1건의 (   )에 대하여 (   )의 (   )와 (   )의 (   )가 발생하며, 보고되지 않은 사건의 발생(Occurrences)은 최소한 (   )에 달한다.

정답 중대사고(Major Accident), 3-5건, 경미한 사고(Less Significant Accidents), 7-10건, 준사고 (Incidents), 수백 건

예제 깨진 유리창 이론은 깨진 유리창 하나를 방치해 두면, 그 (   )을 중심으로 (   )되기 시작한다는 이론으로 (   )를 (   )하면 (   )로 이어질 가능성이 높다는 의미를 담고 있다.

정답 지점, 범죄가 확산, 사소한 무질서, 방치, 큰 문제

예제 깨진 유리창 이론은 (   ) 한 명을 방치하면 (   )이 조직 전체로 확산되어 (   )의 가능성이 (   )로 확대되는 경향을 보이는 것을 암시해 준다.

정답 나태한 직원, 태만, 인적오류, 부분에서 전체

예제 다음 중 기관사가 당황하였을 때 발생하는 오류는 무엇인가?

정답 기기취급 오류

제2장 지적확인 환호응답

1. 지적확인 환호응답이란?

예제 지적확인은 기관사 (   )하고자 하는 (   )을 가리키며 (   )하는 행위이다.

정답 혼자 확인, 대상물, 눈으로 확인

예제 환호는 기관사 혼자 (　　)한 (　　)의 명칭이나 (　　　)에 대한 (　　)을 강화하기 위하여 (　　)를 내어 확인하는 것을 말한다.

정답 지적, 대상물, 현재 상태, 인식, 소리

예제 응답은 (　　　)이 확인 및 조작 대상을 (　　)하면 (　　　)이 대상의 (　　)와 (　　　)을 (　　)하며 확인하는 것을 말한다.

정답 한 사람, 지적, 나머지 사람, 상태, 동작 내용, 복창

4. 지적확인 환호응답의 효과

예제 지적확인 시 눈의 초점은 손으로 지적된 대상이나 상태에 맞추어져 시각기능의 (　　　)을 (　　)으로 유지하도록 해 줌으로써 작업자의 시력 기능을 강화시켜 준다.

정답 동체시력, 정체시력

예제 지적과 환호에 따른 오류율은 (　　)%, 소요시간은 (　　)초로 나타났다.

정답 0.08, 0.75

예제 점착력은 (　　), 실제동거리는 (　　)이다.

정답 0.08, 0.75

제2부

이례상황

1. 철도사고 개요

예제 비상 대응을 위한 주요단계는 제1단계: (   )', 제2단계: (   ), 제3단계: (   ), 제4단계: (   )로 이루어진다.

정답 예방단계, 대비단계, 대응단계, 복구단계

예제 위기대응 실무매뉴얼은 (   )과 (   )을 근거로 정부의 유관 부처와 기관에서 (   )이 발생할 경우 현장에서 신속하게 적용할 구체적 조치사항을 유형별로 분류한 매뉴얼이다.

정답 국가위기관리 기본지침, 위기관리 표준매뉴얼, 국가위기상황

예제 (   )은 국토교통부 소관 매뉴얼을 근거로 (   ) 매뉴얼을 제작한다.

정답 철도운영기관, 실무기관

3. 사고발생시 기본조치

3) 철도사고 복구의 우선순위 (출제 가능)

예제 사고복구 작업에 있어서의 우선순위는?

- 인명의 (   ) 및 (   ) 조치
- 본선의 (   )
- 민간 및 철도재산의 (   )

정답 구조, 안전, 개통, 보호

다. 열차방호

(1) 열차방호의 정의 (다른 열차가 오는 것을 막는 조치)

예제 열차방호란 정거장 외의 선로에서 시고 기타 등으로 열차가 (   )한 경우 및 선로 또는 전차선로에 열차의 (   )를 요하는 (   ) 또는 (   )가 발생한 경우에 (   )하여 오는 열차를 정차시키기 위한 조치를 말한다.

정답 정차, 정차, 사고, 장애, 진행

예제 열차방호의 경우 열차사고 발생 시에는 즉시 (   )를 시행한 후 (   ) 지장유무를 확인하여야 한다.

정답 열차방호장치 방호, 인접선

예제 열차방호장치 방호를 우선 시행해야 하는 경우

- 열차사고(열차(   ), 열차(   ), 열차(   ))발생 시
- 건널목 사고((   )의 구간에서 (   )를 지장한 경우)발생 시

정답 충돌, 탈선, 화재, 복선이상, 인접선로

(2) 열차 방호시 유의사항

예제 열차방호를 할 지점이 (   )일 때 (   )에게 통보하고 그 방향에 대한 방호를 (   )할 수 있다.

정답 정거장 구내, 관제사, 생략

예제 자동폐색 시행구간에 (   )의 (   )에 의하여 정차한 경우 그 (   )의 신호기가 (   )인 경우에는 방호를 (   ).

정답 반자동 신호기, 정지신호, 후방 반자동신호, 하지 않는다

예제 자동폐색 시행구간에 반자동 신호기의 정지신호에 의하여 정차한 경우 차장은 속히 열차의 후방에 (   )를 하여야 한다.

정답 2종 방호

예제 자동폐색 시행구간에 반자동 신호기의 정지신호에 의하여 정차한 경우 (   )에 의하여 후속열차에게 그 사실이 (   )에는 (   )할 수 있다.

정답 무선방호, 통보된 경우, 방호를 생략

예제 자동폐색식을 시행하는 구간의 (   )에서 반자동 신호기의 정지신호에 의하여 열차가 정차한 경우 (   )를 하여야 한다.

정답 정거장 외, 제2종 방호

예제 자동폐색식을 시행하는 구간의 정거장 외에서 반자동 신호기의 정지신호에 의하여 열차가 정차한 경우 열차방호 시 (   )로부터 정지수신호의 (   )가 (   ) 이상 되지 않을 때는 열차후방(   ) 이상의 거리에 (정지수신호)를 현시하여야 한다.

정답 후속열차, 인식거리, 300m, 100m, 정지수신호

예제 전 차량 탈선 등으로 (   )를 단락할 수 없을 때는 즉시 (   )를 실시하여야 한다.

정답 궤도회로, 제1종 방호

예제 대용폐색방식 시행구간에서 열차가 사고 기타로서 (   )한 경우 (   )를 휴대한 경우에는 열차방호를 (   )할 수 있다.

정답 정차, 지도표, 생략

예제 대용폐색방식 시행구간에서 열차가 사고 기타로서 정차한 경우 (   )를 휴대하지 않은 경우 (   )를 한다.

정답 지도표, 2종 방호

예제 구원열차 운전의 (   )가 있을 경우에는 (   )를 하여야 한다.

정답 통고, 2종 방호

예제 정거장 외에서 차량고장으로 구원열차를 요구하였을 때 취하여야 할 방호로 적절한 것은 제 1종 방호이다.

정답 (X) '제2종 방호'가 맞다.

예제 구원열차 도착 전에 사고복구되어 자력으로 운행 가능 시 관제사의 지시없이 운전하여서는 안 된다.

정답 (O)

예제 구원열차 요구한 후 이동 가능한 경우는 응급작업 상 필요하다고 인정하였을 때다.

정답 (O)

(3) 운영기관별 열차방호

가) 한국철도공사 열차방호의 종류(6개)

예제 지장열차(고장열차)의 열차승무원 또는 기관사는 (   )으로부터 정지수신호를 현시하면서 주행하여 (   )에 (   )를 현시하여야 한다. 다만 (   )의 경우에는 (   )에 정지수신호를 현시하여야 한다.

정답 지장 지점, 400m 이상의 지점, 정지수신호, 수도권 전동열차 구간, 200m 이상의 지점

예제 열차무선방호장치란 동력차 운전실에 설치된 (   )를 눌러 (   ) 운행 중인 열차에 (   )를 송출하여 (   ) (   ) 및 (   )시키는 장치이다.

정답 상황발생스위치, 2~4km 이내, 방호신호, 주위의 모든 열차들에게, 경보, 열차운행을 정지

예제 열차방호장치 취급 경우 상황발생 스위치 취급 시 동작차량의 현상은?

- (   )의 상황발생등 (   )
- 약 (   ) 경보음 발생
- LCD화면 상황발생 (   ) 현시

정답 적색, 점멸, 10초간, 송출메시지

예제 열차방호장치 취급 경우 상황발생 스위치 취급 시 수신차량(2~4km 근처에 있는 차량)의
현상은?

- (   )의 상황발생등 점멸 (동작차량이 스위치ON하지 않았는데도)
- (   ) 발생
- 즉시 (   ) 체결
- LCD화면 상황발생(   ) 현시

정답 적색, 경보음, 비상제동, 수신메시지

예제 해제스위치 취급 시 현상은?

- 상황발생등 (   )
- (   )의 해제등 점등
- LCD화면의 (   ) 송출메시지 현시
- (   ) 경과 시 해제신호 송출 종료
- 해제등 (   )
- LCD화면 초기의 (   )으로 전환
- 방호신호를 (   ) 연속해서 수신하지 않으면 (   )

정답 소등, 녹색, 상황해제, 20초, 소등, 송수신 대기화면, 20초 이상, 자동해제

나) 한국철도공사 지하구간에서의 열차방호(전동열차) (지하구간이나 전동열차구간에 오면 관제사가 모든 것을 관리)

예제 관제사와 무선전화기 통신이 불가한 경우에는 전동열차 승무원은 (   ) 또는 (   )을 설치하여 (   )를 (   )시킨 후 기관사에게 그 (   )하여야 한다.

정답 정지수신호 방호, 궤도회로 단락용 동선, 후속 열차, 정지, 사유를 통보

예제 한국철도공사 ATS구간에서의 무선방호를 수신한 모든 열차의 기관사는 본인이 승무한 열차가 (   )인지 주의하여 (   )하여야 한다.

정답 관계열차, 경청

예제 한국철도공사 ATS구간에서의 열차방호는 정지수신호를 현시하면서 주행하여 400m 이상의 지점에 정지수신호를 현시하여야 한다.

정답 (O)

예제 한국철도공사 ATC구간에서의 제1종 방호는 뒤 운전실의 점조등을 점등시킨 후 정지수신호를 현시하면서 기다려 지장점으로부터 200m 이상의 거리에 정지수신호를 현시한다.

정답 (O)

예제 한국철도공사 ATC구간 및 서울교통공사 운행구간에서의 열차방호에서 전 차량 탈선 등의 경우에는 먼저 단락용 동선으로 궤도회로를 단락 후 1종 방호를 시행한다.

정답 (O)

예제 한국철도공사 ATC구간 및 서울교통공사 운행구간에서의 제2종 방호는 접근하는 열차가 확인하기 쉬운 지점에 정지수신호를 현시하여야 한다.

정답 (O)

예제 한국철도공사 ATC구간 및 서울교통공사 운행구간 열차방호에서 터널에서는 뒤 운전실 전조등 명멸로 대신할 수 있다.

정답 (O)

예제 한국철도공사 ATC구간 및 서울교통공사 운행구간 무선방호에서 관계열차의 지장사실이 통보된 것을 확인한 경우 제2종 방호는 생략할 수 있다.

정답 (O)

예제 한국철도공사 ATC구간 및 서울교통공사 운행구간 제1종 방호는 '뒤 운전실의 전조등을 점등시킨다.'

정답 (O)

다) 서울교통공사 운행구간에서의 열차방호(관제사가가 관리. 3가지 방호(1,2종 방호, 무선방호의 3가지)(KORAIL은 6가지))

(1) 제1종 방호(제일 우선순위 높은 방호)

예제 서울교통공사 운행구간에서의 제1종 방호는 (   )을 점등시킨 후, 열차의 지장 개소의 (   )의 지점에 정지수신호 현시한다.

정답 후부 운전실의 전조등, 외방 200m 이상

예제 전 차량이 탈선 등으로 신호 (   )를 단락할 수 없을 경우에는 (   )를 시행하여야
한다.

정답 궤도회로, 제1종 방어

(2) 제2종 방호

예제 무선방호에 의하여 관계열차에 (관제사에 의해)(   )이 (   )된 것을 확인한 경우
(   )를 생략할 수 있다.

정답 지장사실, 확실히 통보, 제2종 방호

라) 열차방호의 우선순위

예제 열차운행 중 열차탈선, 사상사고 발생 등으로 인접선로를 지장하였을 경우, 열차방호의 우
선순위는 (   )에 (   ) 열차에 대한 방호를 (   )한 후 후속열차에 대한 방호를
실시하여야 한다.

정답 인접선, 마주오는, 우선시행

(4) 열차운행 중 열차방호를 인지한 기관사의 조치

예제 열차운행 중 열차방호의 있음을 발견한 기관사는 즉시 열차를 (   )하여 (   )를 확인
하고 (   )에 대해서는 (   )의 지시에 따라야 한다.

정답 정차, 사유, 전도운전, 관제사

예제 열차운행 중 열차방호의 정지신호 현시를 인지한 (화염신호도 여기에 포함) 기관사는 그
현시지점 (   )에 (   )하고 별도의 지시가 있을 때까지는 (   )하여서는
아니된다.

정답 바깥쪽 50m거리, 정차, 운전

예제 열차방호의 있음을 확인한 기관사는 즉시 열차를 정차하고 (   )의 지시를 받을 수 없는 경우에는 (   )에 의하여 운전한다.

정답 관제사, 차내신호

(5) 궤도회로 및 단락용 동선 장치

예제 궤도회로는 레일에 (   )를 구성하여 그 회로를 (   )에 의하여 레일 전기회로를 (   ) 또는 (   )함에 따라 (   )를 검지하도록 구성된 회로를 말한다.

정답 전기회로, 차량의 차축, 단락, 개방, 열차의 유무

나) 단락용 동선 장치

예제 열차운행 중 탈선 등으로 차축에 의해 (   )하지 못할 때 다른 열차 또는 차량이 그 구간으로 (   ) 해당신호기에 (   )가 현시되도록 (   )를 동선으로 이어주어 궤도회로를 (   ) 역할을 한다.

정답 궤도회로를 단락, 진입하지 못하도록, 정지신호, 양 선로 궤도, 끊어주는

3) 자동폐색 시행구간에 반자동신호기의 정지신호에 의하여 열차 정차한 경우의 방호

예제 자동폐색 시행구간의 (   )에서 반자동의 신호기 또는 이에 대용하는 수신호의 정지신호에 의하여 (   )한 경우 차장은 속히 열차의 (   )에 (   )를 하여야 한다.

정답 정거장 외, 열차가 정차, 후방, 제2종 방호

예제 후속열차로부터 정지수신호의 인식거리가 (   ) 되지 않을 때에는 (   )
거리에 정지수신호를 현시하여야 한다.

정답 300m이상, 열차 후방 100m 이상

4) 대용폐색식 시행구간에서 열차 정차한 경우의 방호

예제 대용폐색식 (철도차량운전규칙: (   ), 도시철도차량운전규칙: (   ))에 의하여 운
전하는 열차가 (   )에서 사고 기타로 (   )하였을 때에는 (   )를 해야
한다.

정답 지도식, 지령식, 정거장 외, 정차, 제2종 방호

5) 구원열차를 요구한 경우 조치사항

예제 구원을 요구한 후 열차 또는 차량을 (   )시켰을 때 기관사와 차장은 관제사
또는 최근 정거장 역장에게 (   )를 (   )하고 그 방향에 대하여 방호를 이동시키는
동시에 (   )를 시행하여야 한다.

정답 상당거리 이동, 이동사유, 급보, 제1종 방호

예제 구원열차 (   )에 사고복구 또는 조치완료 등으로 (   )을 계속할 수 있게
되었을 때, (   ) 또는 (   )은 (   ) 또는 (   )의 지시를 받지
않고서 열차 또는 차량을 (   ).

정답 도착 전, 열차의 운전. 기관사, 차장, 관제사, 최근정거장 역장, 이동하여서는 안 된다.

예제 구원열차 도착 전에 (   )되어 (   )으로 운행 가능 시에 (   )의 지시 없이
운전하여서는 안 된다.

정답 사고복구, 자력, 관제사

마. 열차사고 시의 조치

1) 보고 및 통보 대상자

예제 기관사는 열차 운행 중 철도사고 및 차량고장 등 (   )이 발생하였을 때에는 즉시 (   ) 또는 (   )에게 보고하고, 차장에게 통보하여야 한다.

정답 이례적인 상황, 관제사, 인접역장

예제 정거장 내에서 사고 발생 시 급보 책임자는 (   )이다.

정답 역장

예제 정거장 외에서 사고 발생 시 급보 책임자는 (   ) 또는 (   )이다.

정답 기관사 또는 차장

예제 기타 장소에서 사고 발생 시 급보 책임자는 (   ) 또는 (   )이다.

정답 사고현장의 장, 발견자

예제 중대한 철도사고 보고 시 (   ) → (   ) → (   ) → (   ) 순으로 보고한다.

정답 최초, 중간, 복구진행상황, 최종보고

3) 사고 발생 시 주요 사고보고 내용

예제 지도통신식을 시행하는 구간에서 운전허가증 (   )인 경우 방호시행자는 (   ) 및 (   )이다.

정답 무휴대, 기관사, 차장

5) 되돌이(퇴행)운전의 금지

예제 열차 도는 선로의 고장으로 정거장 간 도중에서 (   )할 필요가 있을 때에는 관계승무원은 (   ) 또는 (   )의 승인을 (   ) 되돌이 운전을 할 수 없다.

정답 되돌이(퇴행)운전, 관제사, 후방 역장, 받지 아니하고는

예제 되돌이운전은 (   )로 운전하여야 한다.

정답 25km/h 이하

예제 되돌이운전을 (   )하고 있는 열차는 관제사의 (   ) 정거장 내 (   )가능하다.

정답 예정, 승인 없이, 진입

예제 되돌이운전 열차는 (   ) 또는 (   )의 승인을 받아야 한다.

정답 관제사, 후방역장

6) 열차가 정지 위치를 지나서 정차하였을 경우의 취급 (흔히 발생)

가. 서울교통공사 운행구간

예제 열차의 전 차량이 출발 신호를 (   )하여 (   )하였을 때 차장에게 즉시 (   )를 하여 (   )하고 관제사 보고 후 지시를 받을 것

정답 통과, 정차, 비상부저 전호, 출입문을 열지 않도록 통보

예제 열차의 일부가 출발신호기를 지나서 정차하였을 때 (   )에게 즉시 (   )를 하여 (   ) 통보하고, (   )에게 보고 하여 (   )을 받고 차장과 협의 후 (   )에 의해 퇴행, 정차 위치 합치한 후 출입문 취급할 것

정답 차장, 비상 부저 전호, 출입문을 열지 않도록 관제사, 퇴행 승인, 차장의 유도전호

예제 열차의 일부가 지나서 (   )하였을 경우 차장과 협의 후 차장의 (   )에 위해 정차위치를 수정한다.

정답 정차, 유도전호

예제 열차의 전 차량이 출발신호기를 통과하여 정차한 경우 (   )의 영향으로 되돌이운전이 (   )하다고 판단되면 (   ) 시행 후 (   )운행을 계속한다.

정답 후속열차, 불가능, 객실 안내방송, 전도

예제 무선방호에 의하여 관계열차에 (   )이 통보된 것을 확인한 경우에는 (   )를 생략한다.

정답 지장사실, 제2종 방호

나. KORAIL ATC 자동폐색구간

예제 열차의 전 차량이 승강장을 벗어나지 않았으나 출발경계표지를 지나 정차하였을 경우

- (   )에게 즉시 (   )를 하여 출입문을 (   ) 통보
- 관제사의 (   )에 의하여 운전취급

정답 차장, 비상부저 전호, 열지 않도록, 퇴행승인

예제 열차의 전 차량이 승강장을 벗어나지 않고 출발경계표지전방에 정차하였을 경우

- (   )에게 즉시 (   )를 하여 출입문을 열지 않도록 통보
- 차장과 협의하여 (   ) 후 (   )에게 사후 통보 (정차위치 수정)

정답 차장, 비상부저 전호, 퇴행운전, 관제사,

다. KORAIL ATS 자동폐색구간 (ATS구간이므로 지상신호기)

예제 열차의 전 차량이 승강장을 벗어나지 않았으나 출발신호기를 지나 정차하였을 경우

- 차장에게 즉시 (   )를 하여 출입문을 (   ) 통보
- 관제사의 (   )에 의하여 운전취급

정답 비상부저 전호, 열지 않도록, 퇴행승인

7) 기관사가 운전실 이석 시의 조치사항

예제 열차 운행 중 철도사고, 차량고장 등 기타의 사유로 정차하여 기관사가 (   )에는 (   ) 또는 (   )을 체결하고, 전동차가 굴러가지 않도록 (   )를 한 후 (   ) 휴대하여야 한다.

정답 운전실을 떠날 때, 수제동기, 주차제동, 구름방지 조치

8) 전동차의 전부 운전실이 고장인 경우의 조치

예제 25km/h 이하의 속도로 운전해야 하는 경우는 (　　　), (　　　), (　　　　　),
(　　), (　　　　)할 때이다.

정답 차량고장, 전령법, 선로전환기 통과, 후진, 밀기운전

예제 전동차의 전부 운전실에 고장발생으로 전부 운전실에서 운전할 수 없을 경우 (　　　　)
에서 열차를 (　　　　　　)로 (　　　　)까지 운전할 수 있다.

정답 후부 운전실, 25km/h 이하의 속도, 최근정거장

(10) 폐색신호기 정지신호일 경우의 운전 취급 (정지신호 2개: R1, R0)

예제 폐색신호기 R1 을 넘어서 운전할 경우 (　　　　)로 운전한다. 다만, 관제사의 승인이
있을 경우 (　　　　　　)를 취급 후 (　　　)로 운전한다.

정답 15km/h 이하, 특수스위치 (특수스위치, ASOS), 45km/h 이하

사. 폐색의 사고

(1) 운전허가증 무휴대인 경우의 조치

예제 폐색구간에서 정당한 운전허가증을 (　　　　　　) 또는 전령자가 승차하지 않을 것을
발견한 기관사는 즉시 (　　　)시키고 기관사 및 차장은 즉시 (　　　)에 (　　　)를
실시한다.

정답 휴대하지 않았거나, 열차를 정차, 전후 양방향, 제1종 방호

예제 무선전화기 고장 등으로 지시(제1종 방호를 한 후 관제사 또는 최근 정거장 역장에게 사유를 통고)를 받을 수 없을 경우 기관사는 (   )을 여러 번 울리면서 (   )의 속도로 운전할 수 있다.

정답 기적, 15km/h 이하

제3장 철도사고의 구분

가. 철도사고의 특성

예제 철도사고의 특성은 다음과 같다.

1. 제동거리가 (   ).
2. 운전 중 연결된 차량 간에 분리될 (   ).
3. 사고의 규모와 피해가 (   ).
4. 병발사고의 위험이 (   ).
5. 사고발생시 관련되는 사람이 (   ).
6. 관계되는 열차에 대한 영향이 (   ).

정답 1. 길다, 2. 우려가 있다, 3. 크다, 4. 크다, 5. 많다, 6. 크다

다. 용어의 정의

예제 "철도사고"라 함은 철도운영 또는 철도시설관리와 관련하여 사람이 (   ) 물건이 (   ) 사고를 말하며 (   ) 및 (   )로 구분된다.

정답 죽거나 다치거나, 파손되는, 철도교통사고, 철도안전사고

예제 "수습"이라 함은 철도사고 발생시 신속한 (   ), (   )를 구축하여 열차운행을 (   )시키기 위하여 취해지는 조직적인 조치과정을 말한다.

정답 보고와 복구, 대내·외 협조체계, 정상화

예제 "철도교통사고"라 함은 열차 또는 철도차량의 운행으로 발생된 사고로서 (   ), (   ), (   )로 구분한다.

정답 열차사고, 건널목 사고, 철도교통 사상사고

예제 "철도안전사고"라 함은 열차 또는 철도차량의 (   ) (   ) 및 (   )와 관련하여 사고로서 사람이 죽거나 다치거나 물건이 파손되는 사고를 말하며 다음과 같이 분류된다.

정답 운행과 관련없이, 철도운영, 철도시설관리

예제 "운행장애"라 함은 철도차량의 운행에 (   )하는 것으로서 철도(   )에 해당되지 (   )을 말하며 (   ) 및 (   )으로 구분한다.

정답 지장을 초래, 사고, 않는 것, 위험사건, 지연운행

예제 '관리장애'라 함은 (   )의 범주에 (   )으로 안전확보를 위해 관리가 필요한 장애를 말한다.

정답 운행장애, 해당되지 않는 것

예제 "재난"이라 함은 폭풍, 폭우, 호우, 폭설, 홍수, 지진, 낙뢰 등 (   ) 또는 (   ), (   ) 등으로 (   ) 또는 (   )에 (   )가 발생한 경우를 말한다.

정답 자연현상, 대규모 화재, 폭발, 철도시설, 철도차량, 피해

예제 "사망자"라 함는 현장사망자 및 부상 후 그 (　　　)에 기인하여 (　　　　　　　)자를 말한다.

정답 부상, 30일 이내에 사망한

예제 "부상자"라 함는 (　　　　　　　)를 요하는 상해를 입은 자를 말하며 이때 부상자 중 "(　　　)"라 함은 (　　　　　　)의 입원치료를 요하는 상해를 입은 자와 신체활동 부분을 상실하거나 혹은 그 기능을 영구적으로 상실한 자이다.

정답 24시간 치료, 중상자, 3주일 이상

예제 "작업원"이라 함은 공사의 (　　) 및 (　　　　　)와 관련하여 (　　)와 (　　)에 의해 업무를 수행하는 (　　　　)을 말한다.

정답 운영, 철도시설관리, 공사, 계약, 업체 직원

예제 "가해자"란 철도사고 등을 (　　　　　) 또는 기관 중 (　　　　)이 (　　) 경우를 말한다.

정답 유발한 사람, 공사직원, 아닌

예제 "철도사고 등"이란 철도운영 또는 철도시설 관리와 관련하여 사람이 죽거나 다치거나 물건이 파손되는 사고를 말하는 '(　　　)'와 철도차량의 운행에 (　　　　　　　) 철도사고에 (　　　　) '(　　　)'를 말한다.

정답 철도사고, 지장을 초래한 것으로서, 해당되지 않는, 운행장애

라. 철도교통사고의 종류(열차사고, 건널목사고, 철도교통사상사고) (열건철)

`예제` 철도교통사고의 종류에는 (   ), (   ), (   ), (   )가 있다.

`정답` 열차충돌사고, 열차탈선사고, 열차화재사고, 기타열차사고

1) 열차사고 (열차충돌, 탈선, 화재) (충선화)

`예제` 열차사고에는 (   ), (   ), (   ), (   )가 있다.

`정답` 열차충돌사고, 열차탈선사고, 열차화재사고, 기타열차사고

3) 철도교통 사상 사고 (운행과 관련하여 발생한 사상 사고) (여공직)

`예제` 철도교통 사상 사고에는 (   ), (   ), (   )가 있다.

`정답` 여객교통사상사고, 공중교통사망사고, 직원교통사상사고

마. 철도안전사고의 종류 (화시사)

`예제` 철도화재사고는 역사, 기계실 등 (   ) 또는 (   )에서 발생한 화재사고이다.

`정답` 철도시설, 철도차량

`예제` 철도안전 사상사고는 대합실 승강장, 선로 등 (   )에서 (   ), (   ), (   ) 등으로 여객, 공중, 공사직원(작업원 포함)이 (   )하거나 (   )을 당한 사고를 말한다.

`정답` 철도시설, 추락, 감전, 충격, 사망, 부상

2) 지연운행

예제 지연운행은 고속열차 및 전동열차는 (　　　), 일반여객 열차는 (　　　), 화물열차 및 기타 열차는 (　　　) 이상 지연하여 운행한 경우를 말한다.

정답 10분, 20분, 40분

3) 관리장애 (지연 운행에 해당되지 않는 장애)

2. 철도사고 보고

가. 철도안전법에 의한 사고보고

(1) 즉시보고

예제 철도운영자 등은 (　　　)가 많은 사고 등 (　　　　)이 정하는 철도사고 등이 발생한 때에는 (　　　　　　)이 정하는 바에 의하여 즉시 (　　　　　　)에게 보고하여야 한다.

정답 사상자, 대통령령, 국토교통부장관, 국토교통부장관

(2) 조사보고

예제 철도운영자 등은 (　　　　) 등이 발생한 때에는 사고내용을 (　　　)하여 그 (　　　)를 (　　　　　)에게 보고하여야 한다.

정답 철도사고, 조사, 결과, 국토교통부장관

1) 국토교통부장관에게 즉시 보고하여야 하는 철도사고 (반드시 외울 것)

예제 [국토교통부장관에게 즉시 보고하여야 하는 철도사고]

① 열차의 충돌 · (   )사고
② 철도차량 또는 열차에서 (   )가 발생하여 운행을 (   )시킨 사고
③ 철도차량 또는 열차의 운행과 관련하여 (   )의 사상자가 발생한 사고
④ 철도차량 또는 열차의 운행과 관련하여(   )의 재산피해가 발생한 사고

정답 탈선, 화재, 중지, 3인 이상, 5천만원 이상

예제 국토교통부장관에게 즉시 보고하여야 하는 철도사고는?

• 철도차량 또는 열차의 운행과 관련하여 (   )의 (   )가 발생한 사고
• 철도차량 또는 열차의 운행과 관련하여 (   )의 (   )가 발생한 사고

정답 3인 이상, 사상자, 5천만원 이상, 재산피해

나. 철도사고 등의 보고내용

예제 철도사고 발생 시 국토교통부장관에게 즉시보고하여야 할 내용은

1. 사고발생 (   ) 및 (   )
2. 사상자 등 (   )
3. 사고발생 (   )
4. 사고수습 및 (   )

정답 일시, 장소, 피해상황, 경위, 복구계획

다. 철도사고 등의 보고방법

1) 철도사고 등의 즉시보고

예제 즉시보고를 할 때에는 전화 등 가능한 (　　　)을 이용하여 (　　)로 보고하여야 한다.

    (1) 일과시간: 국토교통부(　　　　) 및 (　　　　　　　　　　　　)
    (2) 일과시간 이외: 국토교통부 및 (　　　　　　　　　　　　　　)

정답 통신수단, 구두, 관련팀, 항공철도사고조사위원회, 항공철도사고조사위원회의 당직실

예제 즉시보고는 사고발생 후 (　　　　　)에 보고하여야 한다.

정답 30분 이내

예제 철도운영자 등은 즉시보고 후 철도사고 등의 보고에 관한 지침에 따라 (　　　　　) 및
(　　　　)를 (　　　　　　　)에게 (　　　　)으로 보고해야 한다.

정답 중간보고, 결과보고, 국토교통부장관, 서면

2) 철도사고 등의 조사보고(초기- 중간 - 종결보고(재난))

(1) 초기보고

예제 즉시보고사고 등을 제외한 철도사고 등이 발생한 후 또는 (　　　　)를 접수한 (　　　　)에
(　　　　　)을 보고계통에 따라 전화 등 가능한 통신수단을 이용하여 (　　　　　　)에
보고하여야 한다.

정답 사고발생신고, 1시간 이내, 사고발생 현황, 국토교통부(관련과)

(2) 중간보고

예제 중간보고 단계에서는 철도사고 보고서에 ( ) 및 ( ) 등을 사고수습 복구기간 중에 ( ) 또는 수습상황 변동 시 ( )로 보고하여야 한다.

정답 사고수습, 복구사항, 1일 2회, 수시

(3) 종결보고

예제 발생한 철도사고 등의 수습, 복구가 끝나 열차가 ( )하는 경우에 다음 각목의 사항이 포함된 ( )와 ( ) 및 ( )를 작성하여 보고하여야 한다.

- 철도사고 등의 ( )
- 철도사고 등과 관련하여 ( )
- 철도사고 등의 ( )
- 철도사고 등에 대한 ( )

정답 정상 운행, 조사결과 보고서, 사고현장상황, 사고발생원인 조사표
- 조사경위
- 확인된 사실
- 원인 분석
- 대책

(4) 재난 발생 시

예제 재난이 발생한 경우에는 응급복구 후 ( )에 ( ), ( ), ( ), 발생 후 대응 등을 기재한 '재난 및 위기관리기본법 시행규칙' 서식의 "( )"를 작성하여 보고하여야 한다.

정답 10일 이내, 발생일시 장소, 재난개황, 피해상황, 재난상황서

1. 열차화재 발생 시 일반적인 조치사항

예제 열차에 화재가 발생한 경우에는 조속히

- (   )를 하고
- 여객을 (   )시키거나
- 화재가 발생한 (   )을 다른 차량에서 (   )시키고
- (   ) 등의 필요한 조치를 하여야 한다.

정답
- 소화조치
- 대피
- 차량
- 격리
- 열차방호

예제 정거장 도착 후 즉시 출입문을 (   )하여 신속히 여객을 (   )로 유도하여야 하며, 또한 출입문 (   )가 유지되도록 (   ) 또는 (   )를 삽입하여 놓아야 한다.

정답 개방, 안전한 장소, 개방상태, 제동제어기(BC)핸들, MC Key

2. 운행 중 열차화재 발생 시 승무원 조치

1) 운전취급

예제 화재발생 시 지상구간의 정거장 간 운행 시에는 즉시 (   )하여 조치하고 (   ) 또는 (   ) 운전 중일 때에는 (   ) 운전하고 (   )하여 조치할 것.

정답 정차, 교량, 터널 내, 그 밖까지, 정차

예제 화재발생 시 (   ) 또는 서울교통공사 운행구간은 (   )까지 운전하여 조치한다.

정답 지하구간, 최근 역

4) 열차정차 후 승무원은 신속한 소화조치 및 여객의 대피 유도

예제 화재 발생 시 최근정거장까지 운행이 가능하여 (   )에는 즉시 (   )을 (   )
하여 신속히 승객을 (   )하고, 출입문 개방상태가 유지되도록 (   )
또는 (   )를 (   )하여 놓아야 한다.

정답 정거장 도착 시, 출입문, 개방, 안내유도, 제동제어기(BC)핸들, MC Key, 삽입

(2) 병발사고 방지조치

예제 병발사고 발생우려가 있을 때 승무원은 지체없이 관계열차 (   ) 및 (   ), 상황에
따라 (   ) 조치와 (   )을 요구하여야 한다.

정답 통제요구, 정차조치, Pan하강, 전차선 단전

5) 최근 정거장까지 운전 불가능하여 도중에 정차하였을 때

예제 소화가 불가능하고 (   )이 불가능 할 때에는 (   ) 또는 (   )에게 통보
후 (   ) 및 승객을 안전한 장소로 (   ) 안내를 하여야 한다.

정답 전도운전, 관제사, 인접역장, 구원요구, 대피 유도

5. 정거장 구내 운전 중 열차 화재가 발생한 때

예제 정거장 구내 운전 중 열차 화재가 발생한 때 기관사의 조치 순서는?

[즉시 정차] → [관제사 또는 (   )에게 화재상황 통보, (   )에게 안내방송 지시] → [정거장 내로 (   )] → [출입문 (   )하여 (   ) 유도] → [관제사에 보고]

정답 역장, 차장, 되돌이 운전, 개방, 승객대피

예제 정거장 구내 운전 중 열차 화재가 발생한 때 차장의 조치 순서는?

[즉시 (   )(차장변)를 취급, (   )에게 화재상황 보고] → [(   ) 반복시행, 승객에게 (   ) 협조] → [(   ) 운전 시 (   ) 확인] → [출입문 (   ), 승객을 (   )로 대피] → [(   ) 실시]

정답 비상제동 스위치, 기관사, 안내방송, 초기 소화, 되돌이, 열차후부, 열고, 안전한 장소, 소화작업

제5장 사상사고 발생 시 조치요령

1. 사상사고 발생 또는 사상자 발견 시 조치

1) 사상사고 발생 또는 사상자 발견 시 조치사항

예제 부상자는 즉시 (   ) 및 (   )에 승차하여 (   )에 후송조치하고 사망자는 열차운행에 지장이 없는 (   )에 안치해야 한다.

정답 응급조치, 객실, 최근역, 선로변(옆)

2. 사고관련 법과 규정

가. KORAIL 영업사고 처리지침

예제 여객사상사고가 발생하거나 사상자가 발견되었을 경우 다음과 같이 지정한 책임자는 사고 발생일로부터 (   )에 (   )에게 서면보고를 하여야 한다.

정답 3일 이내, 지역본부장(영업처장)

다. 사상 사고 발생 시 비용부담

1) 응급처리비 부담원칙 (자주 출제)

예제 사고의 원인이 제3자에 기인되었을 경우에는 (   )의 부담으로 한다.

정답 사상자측

예제 사고가 운영기관과 사상자의 귀책이 (   )되었을 경우에는 상호 간의 (   )에 따라 각각 부담한다.

정답 경합, 책임비율

1. 선로침수 시 운전취급요령 (간혹 시험에 출제)

예제 기관사는 열차운행 중 수위가 레일면 이하까지 침수된 때에는 그 전방지점에 일단 정차한
다음, 선로상태를 확인하고 (   )하다고 인정될 때에는 (   )로
주의운전 하여 통과하고, 차장에게 안내방송을 지시한다.

정답 통과 가능, 15km/h 이하의 속도

예제 레일면을 초과(레일위로 물이 올라왔을 때)하여 침수된 경우에는

- 열차운전을 (   )하고 침수지점 (   )하여 관제사에 급보한 다음
- (   )의 지시에 따라 조치하고, 차장에게 (   )을 지시한다.

정답 중지, 전방에 정차, 관제사, 안내방송

2. 지진발생 시 조치요령

가. 서울교통공사 운행구간에서 조치

예제 진도 3 (   ), 약진: (   )
진도 4 (   ), 중진: 상황에 따라 열차운전 (   )
진도 5이상 (   ), 강진, 열진, 격진: 열차운전 (   )

정답 예보, 주의 운전, 경보, 일시 중지, 비상경보, 중지

1) 지진예보 (진도 3, 4 경우)

예제 (　　　) 또는 경보해제 후 이상유무를 확인할 때까지는 (　　　　　　)로 주의운전하여야 한다.

정답 지진예보, 25km/h 이하의 속도

2) 지진경보 또는 비상경보

예제 (　　　) 발령 시: 정거장 간을 운행 중인 열차는 (　　　　　　)로 주의운전하여야 한다.

정답 지진경보, 25km/h 이하의 속도

예제 (　　　) 발령 시 정거장 간을 운행 중인 열차는 (　　　　　　)로 주의운전하여야 한다.

정답 지진비상경보, 15km/h 이하의 속도

나. 한국철도공사(KORAIL) 운행구간에서 조치

1) 지진황색경보 발령 시

예제 지진황색경보 발령 시 관제사는 지진 통과했다고 판단 시 (　　　　　) 주의운전 지시 한다.

정답 30km/h 이하

2) 지진 적색경보 발령 시

예제 지진 적색경보 발령 시 관제사는 일단 정차 후 지진 통과했다고 판단 시 (   )
(   ) 주의운전 지시한다. 이상 없을 경우 (   ) (   ) 운행조치

정답 최초열차, 30km/h 이하, 후속열차, 65km/h 이하

예제 지진 적색경보 수보 즉시 기관사는 (   ) 장소에 열차 (   ) 후 관제사에게 보고
관제사의 지시에 따라 (   ) 시계운전 후, (   )를 관제사에게
보고 이후 열차운행사항은 관제사의 지시에 따름

정답 안전한, 정차, 최초열차 30km/h 이하, 이상유무

예제 안개 또는 눈보라가 앞이 보이는 범위 내에서 정차시킬 수 있는 (   ) 속도로 주의운전
하여야 한다.

정답 15km/h

예제 선로침수 시는 (   ) 이하의 속도로 주위운전하여 통과한다.

정답 15km/h

예제 지진예보 및 경보 발령 시 (   ) 이하의 속도로 주의운전하여야 한다.

정답 15km/h

예제 폭풍우 발생 시 시설물의 불안전 상태 확인 시는 (   )한다.

정답 즉시 정차

예제 한국철도공사 ATC운행구간에서 메일면 이하까지 침수된 경우 (   )속도로 운전해야 한다.

정답 15km/h

예제 한국철도공사 구간에서 지진예보 시 전거장 간 운행 중인 열차의 경우 (   ) 속도로 운전해야 한다.

정답 15km/h

예제 안개 또는 눈보라 시 신호의 확인거리가 50m 이하인 경우 관제사의 운전중지 명령이 없는 경우 (   ) 속도로 운전해야 한다.

정답 15km/h

예제 전부운전실 고장으로 후부운전실에서는 (   )속도로 운전해야 한다.

정답 25km/h

1. 철도 테러

1) 철도테러경보 발령단계 (독극물, 무장단체 등)

예제
1단계(관심단계): (   ) – 테러에 대한 (   )이 요구될 때
2단계(주의단계): (   ) – 테러에 대한 (   )가 요구될 때
3단계(경계단계): (   ) – 테러 징후가 높아 (   )가 요구될 때
4단계(심각단계): (   ) – 국내에서 테러가 (발생)하였거나 테러가 심하게 (   )될 때

정답
1단계(관심단계): 청색경보(Blue), 관심
2단계(주의단계): 황색경보(Yellow), 주의
3단계(경계단계): 주황색경보(Orange), 경계
4단계(심각단계): 적색경보(Red), 우려

3. 전차선 단전사고 발생 시 승무원 조치

1) 열차운행 중 전차선 단전 시 기본적인 운전 취급

예제

- 열차운행 중 전차선 단전 시 정거장 구내를 운전 중일 때에는 그 위치에 (   )할 것
- 정거장 운행시는 (   )으로 가급적 (   )까지 운행(단 전차선 요동 등 이상을 감지 시는 즉시 (   ) 취급하여 정차 확인)
- 정거장간 도중 정차한 경우에는 (   )을 체결하고 (   ) 조치를 취할 것

정답 즉시 정차, 타력, 최근정거장, EPANDS, 제동, 구름방지

2) 열차운행 중 장기간 전차선 단전 시 조치사항

예제 열차운행 중 장기간 전차선 단전 시 KORAIL 차량 조치사항은?

- 안내방송 후 (   )(비상시 무전기) ON을 취급(일반배전반 내 EON, EORN 확인)(KORAIL구간).
- 객실비상등(방공등) (   )가 점등된다.
- Pan하강, 역전기 핸들 (   ), MC Key (   ), 재동핸들(BC핸들)(   )
- 전차선 급전 통보 시 (   )에게 전차선 (   )을 확인 후 전동차 기동하여 (   ) 확보 후
  (   ) 해제
- 전기 전압 수시확인 ((   )이상 확보)

정답 ECON, 4개, OFF, 취거, 취거, 관제사, 전압, 주공기압력, 구름방지, 74V

예제 장시간 전차선 단전 시 서울교통공사 차량 조치사항은?

① 관제사에 (   ) 확인
② (   ) 조치
③ (   ) 시행
④ (   ) ON
⑤ (   ) 하강 및 (   ) 취거

정답 정전사유, 구름방지, 안내방송시행, IRMN2, Pan, BC핸들

예제 객실 비상통화장치 동작 시 승무원 조치사항으로 객실 비상통화장치 (   )해당차
배전반내 (   ) OFF한다.

정답 복귀불능 시, EBzN

5. 신호장애 발생 시 조치

2) 장내 및 출발신호기 고장 또는 미설치로 수신호 취급 시

(1) 장내신호기 고장 또는 미설치로 수신호 취급 시 (들어가기 전 역장에게 통보)

예제 장내신호기 고장 또는 미설치로 수신호 취급 시 장내신호기 지점부터 다음 신호의 현시위치 또는 정차위치까지 (   ) 운전

정답 25km/h 이하

(2) 출발신호기 고장 또는 미설치로 수신호 취급 시

최 외방 선로전환기 지점까지는 25km/h 이하 주의 운전
- 다음 폐색신호기까지 열차 없음을 확인할 수 없을 때는 폐색신호기까지 25km/h 이하로 운전
- 다음 폐색신호기까지 열차없음을 확인하였을 때는 폐색신호기까지 45km/h 이하로 운전
- 다음 정거장까지 도중 폐색신호기가 없을 때에는 정상 속도로 운행

예제 출발신호기 고장 또는 미설치로 수신호 취급 시 최 외방 선로전환기 지점까지는 (   ) 주의 운전

- 다음 폐색신호기까지 열차 없음을 확인할 수 없을 때는 폐색신호기까지 (   )로 운전
- 다음 폐색신호기까지 열차 없음을 (   )는 폐색신호기까지 (   )로 운전
- 다음 정거장까지 도중 폐색신호기가 (   ) 정상 속도로 운행

정답 25km/h 이하, 25km/h 이하, 확인하였을 때, 45km/h 이하, 없을 때에는

(3) 수신호 생략 취급 시 (역장이 "수신호 생략입니다!"(기능시험 시 출제))

예제 출발신호기 고장 또는 미설치로 수신호 생략 취급 시

- 수신호 (　　　　　)
- (　　　　　　) 확인
- 선로전환기 (　　　　　) 재차확인
- 선로전환기 상태 및 진로 이상 없음을 확인하면서 (　　　　　)으로 진입 또는 진출한다.

정답 취급사유, 운전명령번호, 쇄정여부, 주의운전

6. 승강장 비상정지 경고등(버튼) 동작 시 조치요령

예제 철도안전법에서는 승강장 비상정지 경고등 함부로 만지면 과태료 (　　　　)에 해당된다. (시험출제)

정답 50만원

2) 비상정지 경고등(버튼) 동작시 조치

예제 승강장 비상정지 경고등(버튼) 동작 상황 발생 시

- 정거장 진입 무렵 비상정지등 (　　　　)
- (　　　　) 작동에 의한 급제동 정차

정답 경고등 점등, ATS지상장치

예제 승강장 비상정지 경고등(버튼) 동작 시 기관사 조치사항

- 즉시 (　　　)조치 (경고등 점등 시 해당)
- 관제실에 (　　　) 및 차장은 (　　　　)에 통보
- (　　　　) 및 역무원과 (　　　　)을 통한 상황파악 후 적절한 조치

7. 승강장 안전문(PSD) 작동불능 시 승무원 조치요령

나. PSD(Platform Screen Door) 방식

(1) 센서 방식

예제 전동차 출입문이 (20cm 이상) 열리면 그 것을 감지하여 PSD가 열림

정답 20cm 이상

(2) RF방식(무선통신방식)

예제 전동차에 PSD차상용 (   )와 교신하여 전동차의 상태를 송신하고 (   ) 의 상태를 수신하여 (   )에게 알려준다.

정답 무선(RF)장치, 스크린도어, 승무원

라. PSD 사용 중 이례상황 발생 시 조치

1) 열차 정차 시 정지위치 초과 및 미달시의 조치

예제 정위치 초과 시 (   ) 운전취급으로 정지위치를 (   )하여 (   )에 정차하여야 한다.

정답 되돌이 단속단, 수정, 정위치

예제 정위치 미달 시 (   )과 협의하여 (   )으로 (   )에 정차하여야 한다.

정답 차장, 단속단 운전취급, 정위치

8. 방호장치에 의한 방호

1) 개요

예제 열차방호장치는 (   )를 눌러 (   ) 운행 중인 열차에 방호신호를 송출하여 자동으로 (   ) 및 열차운행을 정지시키는 장치이다.

정답 상황발생스위치, 2~4km 이내, 경보

2) 열차방호장치 취급 시기

예제 열차방호장치 취급시기는 복선운전구간 및 (   )에서 전 차량 (   ) 또는 (   )와 운행 중인 열차에 (   ) 시이다.

정답 자동폐색구간, 탈선, 인접선로 지장 시, 화재발생

3) 열차방호장치 취급

(2) 취급시 현상

[동작차량]

예제 열차방호장치 취급할 경우 동작차량 취급 시 현상은?

- (   )의 상황발생등 점멸
- 약 (   ) 경보음 발생
- LCD화면 상황발생 (   ) 현시

정답 적색, 10초간, 송출메시지

[수신차량]

예제 열차방호장치 취급할 경우 수신차량 취급 시 현상은?

- (   )의 상황발생등 점멸
- (   ) 발생
- 즉시 (   )체결
- LCD화면 상황발생 (   ) 현시

정답 적색, 경보음, 비상제동, 수신메시지

다) 해제 스위치

예제 열차방호장치 해제스위치 취급 시 현상은?

- 상황발생등 (   )
- (   )의 해제등 (   )
- LCD화면의 상황(   ) 송출메시지 현시
- (   ) 해제신호 송출 종료
- 해제등 (   )
- LCD화면 초기의 송수신 (   )으로 전환
- 방호신호를 (   ) 연속해서 수신하지 않으면 (   )

정답 소등, 녹색, 점등, 해제, 20초 경과 시, 소등, 대기화면, 20초 이상, 자동해제

라. 열차방호 수신 시 승무원의 조치사항

예제 열차방호 수신 시 현상은?

- (   ) 발생
- 비상제동체결은 (   )

정답 경보음, 되지 않음

예제 열차방호 수신 시 조치는?

- 방호 수신 즉시 감속하여 (   )하고(비상제동 체결되지 않아도), (   )을 확인하여 적절한 조치
- (   )를 사용하여 (   )을 운행하고 있는 동력차에 방호상황 발생 전파

정답 주의 운전, 방호상황, 무선통화, 인근지역

제8장 차량고장 발생 시 일반적인 조치요령

2. 승무원의 조치사항

예제 관제사에 현 차량상태를 신속정확히 보고 후 승무원이 조치하는 고장의 상태는?

- 고장표시등 (   )상태
- (   )압력 상태
- (   ) 전압
- 고장 차량 (   )

정답 점등, 공기, 축전지, 번호

예제 차량고장 발생 시 승무원 조치사항

- 응급조치 되지 않을 시 (   )을 시도한다.(Pan하강, BC핸들취급 재개동:10초)
- 전부운전실에서 처치 불능 시 (   ) 가서 시도
- (   ) 또는 (   )에서도 처치 불능 시에는 (   )에게 구원을 요청하여야 한다.
- 응급조치를 하여도 (   )(밀기운전) 등 (   )이 불가능할 때는 관제사에 상황 통보 및 (   )하고 (   )에 철저를 기한다.

정답 재기동, 후부운전실, 재기동, 후부운전실, 관제사, 추진운전, 자력운행, 구원요구, 구름방지

[국내문헌]

곽정호, 도시철도운영론, 골든벨, 2014.

김경유·이항구, 스마트 전기동력 이동수단 개발 및 상용화 전략, 산업연구원, 2015.

김기화, 김현연, 정이섭, 유원연, 철도시스템의 이해, 태영문화사, 2007.

박정수, 도시철도시스템 공학, 북스홀릭, 2019.

박정수, 열차운전취급규정, 북스홀릭, 2019.

박정수, 철도관련법의 해설과 이해, 북스홀릭, 2019.

박정수, 철도차량운전면허 자격시험대비 최종수험서, 북스홀릭, 2019.

박정수, 최신철도교통공학, 2017.

박정수·선우영호, 운전이론일반, 철단기, 2017.

박찬배, 철도차량용 견인전동기의 기술 개발 현황. 한국자기학회 학술연구발 표회 논문개요
　　　집, 28(1), 14－16. [2], 2018.

박찬배·정광우. (2016). 철도차량 추진용 전기기기 기술동향. 전력전자학회지, 21(4), 27－34.

백남욱·장경수, 철도공학 용어해설서, 아카데미서적, 2003.

백남욱·장경수, 철도차량 핸드북, 1999.

서사범, 철도공학, BG북갤러리 ,2006.

서사범, 철도공학의 이해, 얼과알, 2000.

서울교통공사, 도시철도시스템 일반, 2019.

서울교통공사, 비상시 조치, 2019.

서울교통공사, 전동차구조 및 기능, 2019.

손영진 외 3명, 신편철도차량공학, 2011.

원제무, 대중교통경제론, 보성각, 2003.

원제무, 도시교통론, 박영사, 2009.

원제무·박정수·서은영, 철도교통계획론, 한국학술정보, 2012.

원제무·박정수·서은영, 철도교통시스템론, 2010.

이종득, 철도공학개론, 노해, 2007.

이현우 외, 철도운전제어 개발동향 분석 (철도차량 동력장치의 제어방식을 중심으로), 2018.

장승민·박준형·양진송·류경수·박정수. (2018). 철도신호시스템의 역사 및 동향분석. 2018.

한국철도학회 학술발표대회논문집, , 46-5276호, 국토연구원, 2008.

한국철도학회, 알기 쉬운 철도용어 해설집, 2008.

한국철도학회, 알기쉬운 철도용어 해설집, 2008.

KORAIL, 운전이론 일반, 2017.

KORAIL, 전동차 구조 및 기능, 2017.

[외국문헌]

Álvaro Jesús López López, Optimising the electrical infrastructure of mass transit systems to improve the
use of regenerative braking, 2016.

C. J. Goodman, Overview of electric railway systems and the calculation of train performance 2006

Canadian Urban Transit Association, Canadian Transit Handbook, 1989.

CHUANG, H.J., 2005. Optimisation of inverter placement for mass rapid transit systems by immune
algorithm. IEE Proceedings -- Electric Power Applications, 152(1), pp. 61-71.

COTO, M., ARBOLEYA, P. and GONZALEZ-MORAN, C., 2013. Optimization approach to unified AC/
DC power flow applied to traction systems with catenary voltage constraints. International Journal of
Electrical Power & Energy Systems, 53(0), pp. 434

DE RUS, G. a nd NOMBELA, G., 2 007. I s I nvestment i n H igh Speed R ail S ocially P rofitable? J ournal of
Transport Economics and Policy, 41(1), pp. 3-23

DOMÍNGUEZ, M., FERNÁNDEZ-CARDADOR, A., CUCALA, P. and BLANQUER, J., 2010. Efficient
design of ATO speed profiles with on board energy storage devices. WIT Transactions

on The Built

Environment, 114, pp. 509-520.

EN 50163, 2004. European Standard. Railway Applications—Supply voltages of traction
systems.

Hammad Alnuman, Daniel Gladwin and Martin Foster, Electrical Modelling of a DC
Railway System with

Multiple Trains.

ITE, Prentice Hall, 1992.

Lang, A.S. and Soberman, R.M., Urban Rail Transit; 9ts Economics and Technology,
MIT press, 1964.

Levinson, H.S. and etc, Capacity in Transportation Planning, Transportation Planning
Handbook

MARTÍNEZ, I., VITORIANO, B., FERNANDEZ—CARDADOR, A. and CUCALA, A.P.,
2007. Statistical dwell

time model for metro lines. WIT Transactions on The Built Environment, 96, pp.
$1-10$.

MELLITT, B., GOODMAN, C.J. and ARTHURTON, R.I.M., 1978. Simulator for studying
operational

and power—supply conditions in rapid—transit railways. Proceedings of the Institution
of Electrical

Engineers, 125(4), pp. $298-303$

Morris Brenna, Federica Foiadelli, Dario Zaninelli, Electrical Railway Transportation
Systems, John Wiley &

Sons, 2018

ÖSTLUND, S., 2012. Electric Railway Traction. Stockholm, Sweden: Royal Institute of
Technology.

PROFILLIDIS, V.A., 2006. Railway Management and Engineering. Ashgate Publishing
Limited.

SCHAFER, A. and VICTOR, D.G., 2000. The future mobility of the world population.
Transportation

Research Part A: Policy and Practice, 34(3), pp. 171-205. · Moshe Givoni, Development
and Impact of

the Modern High-Speed Train: A review, Transport Reciewsm Vol. 26, 2006.

SIEMENS, Rail Electrification, 2018.

Steve Taranovich, Electric rail traction systems need specialized power management, 2018

Vuchic, Vukan R., Urban Public Transportation Systems and Technology, Pretice-Hall Inc., 1981.

W. F. Skene, Mcgraw Electric Railway Manual, 2017

[웹사이트]

한국철도공사 http://www.korail.com

서울교통공사 http://www.seoulmetro.co.kr

한국철도기술연구원 http://www.krii.re.kr

한국개발연구원 http://www.kdi.re.kr

한국교통연구원 http://www.koti.re.kr

서울시정개발연구원 http://www.sdi.re.kr

한국철도시설공단 http://www.kr.or.kr

국토교통부: http://www.moct.go.kr/

법제처: http://www.moleg.go.kr/

서울시청: http://www.seoul.go.kr/

일본 국토교통성 도로국: http://www.mlit.go.jp/road

국토교통통계누리: http://www.stat.mltm.go.kr

통계청: http://www.kostat.go.kr

JR동일본철도 주식회사 https://www.jreast.co.jp/kr/

철도기술웹사이트 http://www.railway-technical.com/trains/

색인

ㄱ

가해자 / 146

객실 비상통화장치 동작 시 조치요령 / 224

객실 비상통화장치 동작 시 현상 / 225

건널목 사고 / 151

경미한 사고(Less Significant Accidents) / 31

경부선 대구역 무궁화열차와 KTX 충돌사고 / 52

고상홈 / 60

고의가 아닌 위반(Unintentional Violation) / 12

고장의 상태 / 252

고장차량 응급조치 시 최소한의 필요조치 / 253

공중교통사망사고 / 152

공항철도 계양↔검안역 간 사고 / 50

관리장애 / 144, 159

관리장애(지연 운행에 해당되지 않는 장애) / 286

관제사 또는 인접 역장에게 화재발생 및 상황 급보
  / 176

교육훈련 개선 / 20, 25

구원연결 후 회송운전 / 254

구원열차를 요구한 경우 조치사항 / 107

국민방독면 착용요령 / 223

국토교통부장관에게 즉시 보고하여야 하는 철도사고

  / 162, 287

궤도회로 및 단락용 동선 장치 / 97, 275

궤도회로(Track Circuit) / 97

궤도회로의 열차유무 검지장치 / 98

규칙기반행동 / 21

급보방법 / 115

급보책임자 / 114, 187, 188

기관사 및 차장 / 101

기관사 인적오류의 개선대책 / 20, 263

기관사 인적요류의 종류 및 발생원인 / 16, 262

기관사가 운전실 이석 시의 조치사항 / 127, 280

기관사의 인적 오류 저감을 위한 교육훈련 / 24

기관사의 조치 / 183

기기점검 / 45

기기취급 시 안전사고 사전 예방 / 42

기기취급 오류 / 17, 19, 35

기능기반행동 / 21

기본기능 모의운전연습기(Personal Type Simulator)
  / 27, 28

기본동작 / 44

기타 열차사고 / 149

기타 오류 / 35

기타 위험 사건 / 156

기타 이례사항 조치 / 210, 298

기타 철도안전사고 / 144, 154

깨진 유리창 이론(Broken Windows Theory, BWT)
/ 32

ㄷ

단락용 동선 / 100

단락용 동선의 설치법 / 99

단락용 동선 장치 / 99, 275

대 테러 안전수칙 / 211

대구지하철 1호선 중앙로역 화재사고 / 49

대상물 확인 / 45

대용폐색식 시행구간에서 열차 정차한 경우의 방호
/ 104, 276

독가스 테러 발견 시 / 212

동작차량 / 246, 303

동체시력 / 39

되돌이(퇴행)운전의 금지 / 117, 278

둘 이상의 기관과 관련된 철도사고의 처리(KORAIL과
서울교통, 서울교통과 인천교통 등) / 170

ㄹ

레일두부에 설치 / 100

ㅁ

망각(lapse) / 7, 8, 9

목적, 계획, 행위에서 의도하지 않은 일의 발생 과정
/ 3

무선방호 / 92

무선전화기에 의한 방호 / 82

무허가 운행 / 155

물리적 방지벽 예시 / 29

ㅂ

방독면 사용시분 / 223

방송용 마이크 / 240

방연마스크 사용시분 / 223

방호스위치에 의한 방호 / 87

방호시행자 / 96, 101

방호장치에 의한 방호 / 84, 245, 303

병발사고 방지조치 / 178, 291

보고 및 통보 대상자 / 113, 277

보고 및 통보요령 / 116

본선지장 차량탈선 / 155

부산 3호선 배산↔물만골역 충돌, 탈선 사고 / 51

부상자 / 145

비상 대응을 위한 주요단계 / 65

비상경보 / 198

비상정지 경고등(버튼) 동작시 조치 / 235, 301

비상통화장치(구형) / 225

비상통화장치(신형) / 225

ㅅ

사고 발생 시 주요 사고보고 내용 / 116, 278

사고 시의 방호 요령 / 102

사고 요인의 변화 추세 / 6

사고(응급)조치 기본 개요 / 65

사고관련 법과 규정 / 190, 293

사고급보 / 190

사고발생시 기본조치 / 70, 267

사고사례 / 49

사고유형별 반생빈도 / 19

사고유형별 인적오류 개선대책 / 34

사망자 / 145

사상사고 발생 시 비용부담 / 192, 293

사상사고 발생 또는 사상자 발견 시 조치 / 186, 292

사상사고 책임판정 기준표 / 254

산업별 인적오류 통계 / 7
상태표시 램프 / 239
상황발생 스위치 / 84, 246
상황적 위반(Situational Violation) / 11
서면급보 / 190
서울 2호선 상왕십리역 열차 충돌, 탈선사고 / 54
서울교통공사 사상사고 처리 규정 / 191
서울교통공사 운행구간 / 119
서울교통공사 운행구간에서 조치 / 197, 294
서울교통공사 운행구간에서의 열차방호 / 91, 273
선로 기타의 고장을 발견하였을 경우 승무원 등의 조치
  / 134
선로장애 우려 개소의 운전 / 134
선로침수 시 운전취급요령 / 194, 196, 294
선보고 후조치 원칙 / 72
센서방식 / 237
소화작업 / 178
수습 / 142
수신차량 / 247, 304
수신호 생략 취급 시 / 232, 301
수용바퀴구름막이(Portable Wheel Stopper) / 127
숙련자 / 16
스위스 치즈 효과 / 14
스크린도어 1개 이상 열리거나 닫히지 않는 경우
  / 242
승강장 비상정지 경고등 / 234
승강장 비상정지 경고등(버튼) 동작 시 기관사 조치
  사항 / 234, 236, 301
승강장 안전문(PSD) 작동불능 시 승무원 조치요령
  / 237, 302
승강장 정차상태에서 장기간 단선 시 / 221
승강장에서 비상정차 시 조치 / 243
승객 대피 유도 / 178
승무원 연락부저 사용불능 / 218

승무원 조치사항 / 226
승무원에 대한 폐색방식 변경 통보 / 130
승무원의 PSD 취급방법 / 240
승무원의 기본조치 사항 / 72
승무원의 조치사항 / 252, 305
시뮬레이터 훈련 절차 / 24
시뮬레이터 훈련의 종류 및 훈련 목표 / 25
시스템적 개선 / 25, 28
시행순서 / 44
신경자극을 통한 오류방지 / 42
신입근로자 / 16
신호장애 발생 시 조치 / 228, 300
신호확인 소홀 / 17, 19, 34
실무기관 매뉴얼 / 67
실수(slip) / 7, 8
실수의 근원방지 / 42
심리적 개선 / 20, 25
3단계(경계단계) / 210
4가지 방법별 오류율과 소요시간 / 40
4단계(심각단계) / 210

ㅇ ───────────────

아차사고란? / 14
안개 또는 눈보라 시 기관사 조치 / 205
안전관리 / 30
안전문화 확립 / 30
안전의식 내재화 / 30
안전지장 시설고장 / 155
안전지장 차량고장 / 156
업무의 숙달 정도 / 16
여객교통사상사고 / 152
여객사상사고처리 / 190
역구내 또는 터널(지하구간)에서 독가스테러 발생 시
  / 215

역구내 이외에서의 사고처리 / 192

역구내 신호기 일괄제어에 의한 방호 / 88

역구내에서의 사고처리 / 191

열차 방호시 유의사항 / 77, 268

열차 정차 시 정지위치 초과 및 미달시의 조치 / 242,
  302

열차가 정지 위치를 지나서 정차하였을 경우의 취급
  / 119, 279

열차를 방호할 지점이 정거장 구내일 때의 방호 / 102

열차무선방호장치에 의한 방호 / 82

열차방호 / 75, 267

열차방호 및 구름방지 조치 (역장이 시행) / 178

열차방호 수신 시 승무원의 조치사항 / 86, 249, 304

열차방호의 우선순위 / 93, 274

열차방호의 정의 / 76, 267

열차방호의 해제 / 108

열차방호장치 / 246

열차방호장치 방호를 우선 시행해야 하는 경우 / 76

열차방호장치 취급 / 84, 246, 303

열차방호장치 취급시기 / 246

열차방호장치 취급할 경우 동작차량 취급 시 현상
  / 247

열차방호장치(ATP) / 94

열차사고(열차충돌, 탈선, 화재) / 285

열차사고 시의 조치 / 113, 277

열차안전운행을 확보 / 41

열차운전 중 사고 발생 조치 / 72

열차운전 중 사상사고 발생 또는 발견 시 / 187

열차운행 중 열차방호를 인지한 기관사의 조치 / 274

열차운행 중 장기간 전차선 단전 시 KORAIL 조치사항
  / 218, 219, 299

열차운행 중 전차선 단전 시 기본적인 운전 취급
  / 217, 298

열차의 일부가 신호기 영향을 주지 않고 지나서

정차하였을 경우 / 120

열차의 일부가 출발신호기를 지나서 정차하였을 때
  / 119

열차의 전 차량이 승강장을 벗어나지 않고
  출발경계표지전방에 정차하였을 경우 / 122

열차의 전 차량이 승강장을 벗어나지 않고 출발신호기
  전방에 정차하였을 경우 / 123, 124

열차의 전 차량이 승강장을 벗어나지 않았으나
  출발경계표지를 지나 정차하였을 경우 / 122

열차의 전 차량이 승강장을 벗어나지 않았으나
  출발신호기를 지나 정차하였을 경우 / 123

열차의 전 차량이 출발 신호를 통과하여 정차하였을 때
  / 119

열차정차 후 승무원은 신속한 소화조치 및 여객의 대피
  유도 / 291

열차정차 후 승무원은 신속한 소화조치 및 여객의 대피
  유도 / 177

열차충돌사고 / 148

열차탈선사고 / 149

열차표지에 의한 방호 / 87

열차화재 발생 시 일반적인 조치사항 / 173, 290

열차화재 발생 시 조치요령 / 173

열차화재사고 / 149

예외적 위반(Exceptional Violation) / 12

오감을 통한 정확도 향상 / 41

오류(error) / 8

용어의 정의 / 142, 282

운영기관별 열차방호 / 81, 270

운전 중 화재발생으로 정거장 간 도중에 정차 시
  / 182

운전 중 화재발생으로 최근 역까지 운행하는 경우
  / 181

운전장애의 종류 / 155

운전취급 / 175, 290

운전허가증 무휴대인 경우의 조치 / 101, 281

운전허가증을 분실한 경우의 조치 / 136

운행 중 역구내에서 폭발물 테러사고 발생 / 215

운행 중 열차 내에서 독가스 테러 발생 시 / 215

운행 중 열차에서 폭발물 테러사고 발생 시 / 214

운행 중 열차화재 발생 시 승무원 조치 / 175, 290

운행장애 / 144

원인별 안전오류 개선 대책 / 25

원인별 인적오류 개선대책 / 20

위기관리 표준매뉴얼 / 67

위기대응 실무매뉴얼 / 67

위반(violation) / 8, 11

위험도 기반 철도 안전관리시스템 구축 / 29

위험물 누출 / 156

위험물 또는 그에 속하는 물건을 발견했을 때 / 216

위험사건 / 155

위험정보의 공유 문화 확립 / 30

응급조치 되지 않을 시 재기동을 시도 / 254

응급조치 미흡 / 18, 19

응급조치가 장시간 소요될 경우 / 253

응급처리비 부담 / 193

응급처리비 부담원칙 / 192, 293

응급처리비 이외 부대비용 지급 / 193

응답 / 38

의도하지 않는 행위 / 8

의도한 행위 / 8

의심되는 물건 발견 시 / 211

이례상황 / 266

이상기후 발생 시 조치요령 / 194, 294

인간 고유의 특성 / 6

인간-기계체계의 인간공학적 설계상의 결함 / 15

인력운영 / 30

인적 오류의 요인 / 13, 262

인적오류 분석체계를 통한 철저한 원인 분석 / 29

인적오류 사고 통계 / 6, 260

인적오류 사전감소 / 42

인적오류 유발요인 / 15

인적오류가 발생해도 사고로 확산되지 않도록 방지벽 설계 / 29

인적오류란? / 259

인적오류에 대한 새로운 인식 / 4

인적오류에 대한 올바른 이해 / 30

인적오류의 분류 / 7, 8, 260

인적오류의 정의 / 3

인터폰 / 239

일반열차방호 수신 시 현상 및 승무원 조치사항 / 251

일상적 위반(Routine Violation) / 11

1단계(관심단계) / 210

2단계(주의단계) / 210

ㅈ ───────────────

자동폐색 시행구간에 반자동신호기의 정지신호에 의하여 열차 정차한 경우의 방호 / 103, 275

자동폐색식 또는 차내신호폐색식 시행구간에서 열차가 정지한 경우의 방호 / 102

작업구간 열차운행 / 155

작업자의 개인적 특성 / 15

작업자의 교육, 훈련, 교시의 문제 / 15

장내 및 출발신호기 고장 또는 미설치로 수신호 취급 시 / 229, 300

장내수신호 취급 시 조치요령 도해 / 234

장내신호기 고장 또는 미설치로 수신호 취급 시 / 229

장시간 단전 시 서울교통공사 차량 / 219

장시간 전차선 단전 시 서울교통공사 차량 조치사항 / 219

재기동 또는 후부운전실에서도 처치 불능 시에는 관제사에게 구원을 요청 / 254

재난 / 144

재난 발생 시 / 169, 289

전기능 모의운전연습기 FTS / 28
전기능 모의운전연습기(Full Type Simulator) / 27
전동차 기관사 안전수칙 / 61
전동차 승무원 준수사항 / 59
전동차 출발조건에서 승무원조작반의 출발반응등이
　점등되지 않을 때 / 244
전동차와 관계없이 PSD전체가 열리지 않을 경우
　/ 245
전동차의 전부 운전실이 고장인 경우의 조치
　/ 128, 281
전부운전실에서 처치 불능 시 후부운전실 가서 시도
　/ 254
전차선 단전사고 발생 시 승무원 조치 / 217
점착력과 실제동거리 / 41
정거장 구내 운전 중 열차 화재가 발생한 때
　/ 182, 292
정거장 도착 시 / 178
정거장 밖으로 차량구름 / 155
정류장 간 도중에 정차 / 180
정위치 정차 후 PSD 일부 닫힘 불능 시 / 244
정위치 정차 후 PSD 일부 열림 불능 시 / 244
정지수신호에 의한 방호 / 81
정지신호 위반운전 / 155
정차역 통과 / 16, 19, 34
정체시력 / 39
정형화된 훈련 프로세스 / 24
제1단계: 예방단계 / 65
제1종 방호 / 91, 92, 273
제2단계: 대비단계 / 65
제2종 방호 / 92, 274
제3단계: 대응단계 / 65
제4단계: 복구단계 / 65
제어버튼 / 239
조사보고 / 162, 166, 286

조직의 안전문화 개선 / 25, 30
조치스위치(비상정차 당한 차량) / 248
조치스위치(수신차량이 취한다) / 84
종결보고 / 168, 289
주체신호기 / 45
준사고(Incidents) / 31
중간보고 / 289
중대사고(Major Accident) / 31
즉시보고 / 161, 165, 286
즉시보고 내용 / 165
즐기기 위한 위반(Optimizing or Thrill-seeking
　Violation) / 12
지식기반행동 / 21
지연운행 / 157, 286
지적동작 생략 / 45
지적확인 / 37
지적확인 및 환호시기 / 46
지적확인 환호와 주의력과의 관계 / 39
지적확인 환호응답 / 37
지적확인 환호응답 기본동작 및 요령 / 44
지적확인 환호응답 세부시행시기 및 요령 / 46
지적확인 환호응답 시행시기 / 45
지적확인 환호응답 이행 대상자 / 46
지적확인 환호응답 필요성 / 41
지적확인 환호응답의 도입 / 38
지적확인 환호응답의 효과 / 39, 265
지적확인 환호응답이란? / 264
지진 적색경보 발령 시 / 201, 296
지진경보 / 198
지진경보 또는 비상경보 / 295
지진발생 시 조치요령 / 197, 294
지진예보(진도 3, 4 경우) / 198, 295
지진황색경보 발령 시 / 200, 295
직무사상사고 발생 위험요인 / 61

직무사상사고 예방을 위한 안전수칙 / 59
직원교통사상사고 / 152
진행신호 잘못 현시 / 155

ㅊ

차내 승객을 안전한 장소로 안내 유도 대피 / 180
차량고장 발생 시 일반적인 조치요령 / 252, 305
차량고장인 경우의 조치 / 134
차량 및 선로의 고장 / 134
차장 / 101
차장에게 통보하여 승객동요방지를 위한 안내방송
  반복시행 지시 / 177
차장의 조치 / 183
착오(mistake) / 7, 8, 9
철도 테러 / 210, 298
철도 테러 발생 시 승무원 조치 / 214
철도교통 사상사고 (운행과 관련하여 발생한 사상
  사고) / 152, 285
철도교통사고 / 143
철도교통사고의 종류(열차사고, 건널목사고, 철도교통
  사상사고) / 148, 285
철도사고 / 142
철도사고 개요 / 266
철도사고 대응 매뉴얼 / 67
철도사고 등의 보고내용 / 165, 287
철도사고 등의 보고방법 / 166, 288
철도사고 등의 보고에 관한 지침 제정 목적 / 142
철도사고 등의 조사보고 방법 / 170
철도사고 등의 조사보고(초기- 중간 - 종결보고(재난))
  / 167, 288
철도사고 등의 즉시보고 / 166, 288
철도사고 등이 발생 시 철도운영자의 준수사항 / 70
철도사고 발생시 조치 / 70
철도사고 보고 / 161, 286

철도사고 복구의 우선순위 / 267
철도사고의 구분 / 140, 282
철도사고의 특성 / 140, 282
철도시설 파손사고 / 144, 154
철도안전 사상사고 / 154
철도안전법에 의한 사고보고 / 161
철도안전사고 / 143
철도안전사고의 종류 / 153, 285
철도안전사상사고 / 144
철도운영자는 철도사고 등이 발생 시 / 70
철도운영자등이 사고내용을 조사하여 그 결과를
  보고하여야 할 철도사고 및 운행장애 / 164
철도테러경보 발령단계 / 210, 298
철도화재사고 / 143, 153
철도교통사고의 분류 / 148
초기보고 / 167, 288
최근 정거장까지 운전 불가능하여 도중에 정차하였을 때
  / 179, 291
출발수신호 취급 시 조치요령 도해 / 234
출발신호기 고장 또는 미설치로 수신호 생략 취급 시
  / 232
출발신호기 고장 또는 미설치로 수신호 취급 시 / 230, 300
출입문 취급소홀 / 18, 19

ㅌ

탄저균(생물테러) 발견 시 / 213

ㅍ

폐색신호기 정지신호일 경우의 운전 취급 / 131, 281
폐색의 사고 / 281
폭발로 화재 발생 시 / 212
폭풍우 발생시 조치 / 204
표지 및 스위치류 개선 / 28

ㅎ

하인리히 법칙(1:29:300) / 32

하인리히 피라미드 / 31

한국철도공사 열차방호의 종류(6개) / 81, 270

한국철도공사 지하구간에서의 열차방호(전동열차) / 88, 272

한국철도공사(KORAIL) 운행구간에서 조치 / 200, 295

해제스위치 / 85, 248, 304

행동수준개선 / 20

행동수준과 안전도 향상 간의 관계 / 23

행정/절차적 방지벽 예시 / 30

허용정지(R1)와 절대정지(R0) / 132

현장 출동하여 차량 응급조치 시 / 253

현장조치 매뉴얼 / 67

협의 소홀 / 18

환호 / 38

환호용어 / 46

A~Z

CAI(Computer-Aided Instructor) / 25

EBzN(NFB for Emergency Buzzer: 비상부저회로차단기) / 225

FTS(FULL-Type Simulator) / 25

IRMN(NFB for Inductive Radio: 무선전화장치 차단기) / 219

J. Reason의 스위스 치즈모델 / 13

KORAIL ATC 자동폐색구간 / 122

KORAIL ATS 자동폐색구간(ATS구간이므로 지상신호기) / 123

KORAIL 영업사고 처리지침 / 190, 293

PSD 고장 시 취급(서울교통공사) / 244

PSD 사용 중 이례상황 발생 시 조치 / 242, 302

PSD 승무원 조작반의 구성 / 239

PSD(Platform Screen Door) / 237

PSD(Platform Screen Door) 방식 / 302

PSD방식 / 237

PSD의 구성 / 239

PSD필요성(장점) / 237

PTS(Personal-Type Simulator) / 25

Real Cab / 25

RF방식(무선통신방식) / 237

저자소개

원제무

원제무 교수는 한양 공대와 서울대 환경대학원을 거쳐 미국 MIT에서 교통공학 박사학위를 받고, KAIST 도시교통연구본부장, 서울시립대 교수와 한양대 도시대학원장을 역임한 바 있다. 도시교통론, 대중교통론, 도시철도론, 철도정책론 등에 관한 연구와 강의를 진행해 오고 있다. 최근에는 김포대 철도경영과 석좌교수로서 전동차 구조 및 기능, 철도운전이론, 철도관련법 등을 강의하고 있다.

서은영

서은영 교수는 한양대 경영학과, 한양대 공학대학원 도시SOC계획 석사학위를 받은 후 한양대 도시대학원에서 '고속철도개통 전후의 역세권 주변 토지 용도별 지가 변화 특성에 미치는 영향 요인분석'으로 도시공학박사를 취득하였다. 그동안 철도정책, 도시철도시스템, 철도관련법, SOC개발론, 도시부동산투자금융 등에도 관심을 가지고 연구논문을 발표해 오고 있다.

현재 김포대학교 철도경영과 학과장으로 철도정책, 철도관련법, 도시철도시스템, 철도경영, 서비스 브랜드 마케팅 등의 과목을 강의하고 있다.

철도 비상 시 조치 Ⅲ

초판발행	2021년 6월 15일
지은이	원제무·서은영
펴낸이	안종만·안상준
편 집	전채린
기획/마케팅	이후근
표지디자인	이미연
제 작	고철민·조영환
펴낸곳	**(주) 박영사**
	서울특별시 금천구 가산디지털2로 53, 210호(가산동, 한라시그마밸리)
	등록 1959. 3. 11. 제300-1959-1호(倫)
전 화	02)733-6771
f a x	02)736-4818
e-mail	pys@pybook.co.kr
homepage	www.pybook.co.kr
ISBN	979-11-303-1305-4 93550

copyright©원제무·서은영, 2021, Printed in Korea

정 가   25,000원